JN411864

KWAIDAN - Stories and studies of strange things

일본 괴담집 怪談

라프카디오 헌 지음

김시덕 옮김

도서출판 문

도쿄 조시가야雜司ヶ谷 묘지에 자리한 라프카디오 헌의 묘소

서문

〈이상한 이야기〉라는 뜻의 단어를 제목으로 한 이 『괴담怪談』에 실린 대부분의 이야기는 『야창귀담夜窗鬼談』·『불교백과전서仏教百科全書』·『고금저문집古今著聞集』·『다마스다레玉すだれ』·『백 가지 이야기百物語』와 같은 옛 일본 책에서 고른 것이다. 여기에 실린 이야기 중 몇 가지는 중국에서 유래했을 것이다. 예를 들어, 매우 주목할 만한 이야기 〈아키노스케의 꿈〉은 명백히 중국 작품에서 기원했다. 그러나 일본의 작가들은 빌려온 이야기를 늘 새로이 채색하고 새로운 모습으로 바꾸어 일본에 귀화시킨다… 기이한 이야기 〈설녀〉는 무사시 지방 니시타마군 조후武蔵西多摩郡調布 마을의 농부가 들려준 그 지방의 전설이다. 이 전설이 일본어로 기록된 적이 있었는지는 알 수 없지만, 이야기에서 말해지는 이상한 신앙은 일본 대부분의 지방에서 여러 가지 진기한 형태로 존재해왔다… 〈티키바카〉 사건은 나의 개인적 체험이다. 나는 일본인 화자話者의 이야기 중 가문家門의 성씨를 바꾼 이외에는 그 사건을 거의 그대로 적었다.

L.H.

일본 도쿄, 1904년 1월 20일

목차

괴담

곤충연구

『괴담』의 일본어 원전

괴담

귀 없는 호이치의 이야기

지금으로부터 칠백여 년 전, 오랫동안 전투를 거듭해 온 헤이케 일족平家과 겐지 일족源氏 간에 최후의 전투가 시모노세키 해협下関海峽의 단노우라壇ノ浦에서 벌어졌다. 여자와 아이들, 그리고 오늘날 안토쿠 덴노安德天皇[1]이라는 이름으로 기억되는 그들의 나이 어린 덴노를 포함한 헤이케 일족은 그곳에서 완전히 멸망했다… 나는 다른 책에서, 그곳에서 잡히는 헤이케 게平家蟹라고 불리는 이상한 게에 대해 여러분에게 말한 적이 있다.[2] 그 게의 등에는 사람의 얼굴이 있는데, 사람들은 이 게가 헤이케 무사들의 영혼이라고 말하고는 한다. 이곳의 해안을 따라 걷다 보면, 수많은 기이한 것들이 보

1) 재위 1180-1185년. 헤이케 측에 의해 덴노에 즉위한 그는, 여덟 살 되던 1185년에 이곳 단노우라에서 헤이케 일족과 함께 죽었다.

2) 『골동Kotto』(1902년) 중 한 편인 〈헤이케 게Heike-gani〉를 가리킨다.

이고 그들의 소리가 들린다. 어부들이 **오니비**鬼火 즉 도깨비불이라 부르는 창백한 빛을 띤 수천 개의 영혼의 불이 어두운 밤마다 바닷가를 떠돌고 파도 위를 날아다닌다. 바람이 불 때마다 전쟁의 함성과 같은 거대한 함성이 바다 저쪽에서 들려오고는 한다.

이전에는 오늘날보다 헤이케의 영혼들이 더욱 자주 나타났다. 그들은 밤에 그곳을 지나가는 배 주위에 나타나서는 배를 침몰시키려 하기도 하고, 헤엄치는 사람들을 지켜보고 있다가는 그들을 바다에 익사시키기도 했다. 그래서 사람들은 헤이케의 영혼을 달래기 위해 아카마가세키赤間関에 아미다지 절阿弥陀寺을 지었다. 바닷가 가까운 곳에는 묘지도 만들어졌는데, 그곳에는 물에 빠져 죽은 천황과 신하들의 이름을 새겨 넣은 비석들이 세워졌고, 정기적으로 그들의 영혼을 위한 법회法會가 행해졌다. 절과 무덤이 만들어진 뒤로 헤이케의 영혼들은 이전만큼 문제를 일으키지는 않게 되었으나, 자신들이 아직 완전한 평화를 찾지 못했다는 것을 증명이라도 하듯이 여전히 가끔 기묘한 일들을 일으키고는 했다.

지금으로부터 몇 백 년 전, 아카마가세키에 호이치芳一라는 맹인이 살았다. 그는 비파琵琶를 켜면서 옛 이야기를 잘 읊는 것으로 유명했다. 그는 어릴 때부터 그 예능을 익혀서 이미 청년 시절에 자기 스승들을 능가했다. 전문적인 **비와호시**琵琶法師[3]가 된 그는 헤이케

3) 비파 선율에 맞추어 『헤이케 이야기平家物語』를 읊는 것을 직업으로 가진 사람들.

와 겐지의 역사를 잘 읊는 것으로 유명해서, 그가 단노우라 전투에 대한 노래를 읊으면 "귀신들조차도 눈물을 멈출 수 없었다"[4]고 전해진다.

처음에 비와호시를 업으로 삼았을 때 호이치는 매우 가난했지만, 그는 자신을 도와줄 좋은 친구를 찾아냈다. 시와 음악을 좋아하던 아미다지 절의 주지 스님은 종종 호이치를 절로 초대해서는 노래를 읊고 비파를 연주하게 했는데, 그 젊은이의 놀라운 재능에 깊이 감명 받은 주지는 호이치에게 절에서 살도록 제의했다. 호이치는 이 제의를 기꺼이 받아들였다. 호이치에게는 절의 방 한 칸이 주어졌으며, 음식과 주거를 제공받는 대가로 그에게 요구된 것은, 특별한 일이 없는 밤에 비파를 연주해서 주지를 기쁘게 해주는 일뿐이었다.

어느 여름 밤, 주지는 사망한 시주施主의 법회를 해달라는 요청을 받고, 호이치를 절에 혼자 남겨두고는 제자승을 데리고 시주의 집으로 갔다. 무더운 밤이었기 때문에 호이치는 침실 앞의 시원한 툇마루로 나갔다. 툇마루는 아미다지 절 뒤의 작은 뜰에 면해 있었다. 그곳에 앉아 주지가 돌아오기를 기다리던 호이치는, 비파를 연습하면서 쓸쓸함을 달래려 했다. 그러나 깊은 밤이 되도록 주지는 돌아

4) 이 이야기의 원전인 『와유기담臥遊奇談』 권2 「비파의 숨은 명곡이 유령을 울리다」에 나오는 "호이치가 헤이케의 옛 일을 노래하면 사람들을 감읍感泣시키고 귀신을 감동시킨다"라는 구절을 인용한 것이다.

오지 않았고 침실은 여전히 너무 더웠기 때문에 호이치는 계속 바깥에 있었다.

마침내 뒷문으로부터 다가오는 발자국 소리가 들렸다. 누군가가 정원을 가로질러 툇마루로 다가와서는 정확히 그의 앞에서 멈추었다. 그러나 그것은 주지가 아니었다. 낮은 목소리가 급하고 거만하게, 마치 사무라이侍가 아랫사람을 부르듯이 그의 이름을 불렀다.

"호이치!"

너무 당황한 호이치는 대답하지 못했다. 그 목소리는 다시 한 번 거칠게 명령하는 어조로 다시 한 번 그의 이름을 불렀다.

"호이치!"

"예!" 위협적인 목소리에 겁먹은 그가 대답했다. "저는 맹인입니다! 누가 절 부르시는지 모르겠습니다!"

"두려워할 것 없다." 그 낯선 사람은 좀 더 부드럽게 말했다. "나는 이 근처 절에 머물고 있는 사람이다. 너에게 전갈을 전해주기 위해 왔다. 대단히 귀하신 신분이신 나의 주군께서 많은 귀인貴人들과 함께 지금 아카마가세키에 머무르고 계신다. 주군께서는 단노우라 전투의 현장을 보시기 위해 오늘 그곳을 방문하셨다가, 네가 그 전투에 대한 노래를 잘 읊는다는 이야기를 들으시고는 너의 연주를 듣고 싶어 하고 계신다. 지금 즉시 비파를 챙겨서 나를 따라 귀인들께서 기다리고 계신 집으로 가자."

그 당시, 사무라이의 명령은 함부로 무시할 수 없었다. 그래서 호이치는 신발을 신고 비파를 들고는 그 낯선 사람을 따라나섰다. 사무라이는 맹인인 호이치를 솜씨 좋게, 그러나 빨리 걷도록 재촉하면서 데려 갔다. 호이치를 인도하는 손은 쇳덩어리 같았고, 걸을 때마다 철컹철컹 들리는 소리는 그가 완전 무장한 전사라는 것을 알려주고 있었다. 아마도 어느 분인가의 저택을 지키는 근위병이겠지. 처음에 품고 있던 경계심은 어느새 사라지고, 이제 호이치는 자기가 행운을 얻었다고 생각하기 시작했다. 자기를 데리러 온 사무라이가 '대단히 귀하신 신분의 주군'이라고 말한 것을 떠올리고는, 자신의 낭송을 듣고 싶어 하시는 주군이라는 분은 적어도 최상급의 다이묘大名 이상은 되리라고 생각했다.

잠시 후 사무라이는 발걸음을 멈추었다. 자신과 사구라이가 커다란 문 앞에 도착했다는 것을 알게 된 호이치는, 그 마을에는 아미다지 절의 대문 이외에는 커다란 문이 없었다는 사실을 기억해 내고는 이상하게 여겼다.

"**개문**(開門 : 문을 열라고 하는 정중한 표현. 사무라이가, 주군이 머무는 곳의 출입구를 지키는 임무를 맡은 자들에게 자신을 통과시켜줄 것을 요청할 때 사용되었다-원주)!"

사무라이가 외쳤다. 그러자 빗장 푸는 소리가 들렸다. 두 사람은 문을 통과해서는 정원을 지나 또다시 어떤 문 앞에서 멈추었다. 사무라이가 큰 소리로 외쳤다.

"계십니까! 호이치를 데리고 왔습니다!"

그러자, 서두르는 발소리, 장지문 여는 소리, 창의 덧문을 여는 소리, 소곤거리는 여자들의 소리가 들려왔다. 호이치는 여자들의 목소리를 듣고는 그들이 어떤 귀하신 분의 저택에서 일하는 시녀들이라고 생각했지만, 자기가 어떤 곳으로 이끌려 왔는지는 짐작할 수 없었다. 그에게는 생각할 수 있는 시간 여유도 많지 않았다. 부축을 받아 몇 단의 돌계단을 올라간 그가 마지막 계단에 올라서자 신발을 벗으라는 말이 들렸다. 거기서부터 그는 어떤 여자의 손에 이끌려, 매끈하게 다듬어진 판자들이 깔려 있는 끝없이 긴 복도를 따라 기둥이 있는 귀퉁이를 몇 번이고 돌았다. 놀랄 만큼 넓은 방을 몇 칸이나 가로지른 끝에, 이윽고 건물 한 가운데의 대단히 넓은 방에 이르렀다. 그곳에 훌륭한 분들이 많이 모여 있는 것이라고 생각했다. 비단 옷 스치는 소리가 숲 속의 나뭇잎 소리처럼 들렸다. 사람들이 낮은 목소리로 속삭이고 있는 것도 들렸다. 그들의 말은 궁궐 사람들이 쓰는 말이었다.

그들은 호이치에게 긴장을 풀라고 말해주었다. 그를 위한 방석도 준비되어 있었다. 호이치가 방석 위에 앉아 비파를 조율하자, **로조** 老女 즉 시녀들을 관리하는 총책임자로 생각되는 여자의 목소리가 들려왔다.

"비파 반주에 맞추어 헤이케의 역사를 읊으라 하십니다."

하지만 그 이야기를 전부 읊으려면 몇 날 며칠의 시간이 필요했으므로, 호이치는 용기를 내어 물었다.

"그 이야기를 전부 읊으려면 시간이 많이 걸립니다. 황송하옵니다만, 이야기의 어느 부분을 읊을까요?"

로조가 답했다.

"단노우라 전투의 이야기가 특히 슬프니, 그 부분을 읊어주십시오."

그래서 호이치는 소리 높여 그 거친 바다 위에서 벌어진 전투의 노래를 읊었다. 배 젓는 노들이 부딪히는 소리, 배가 내달리는 소리, 핑! 퓽! 화살소리, 고함 소리, 갑판 밟는 소리, 투구에 칼 부딪히는 소리, 사람들이 바다 속에 빠지는 소리, 이 모든 소리를 그의 비파는 놀랍게 표현해 내었다. 그가 잠깐씩 연주를 멈출 때마다 연주를 칭찬하는 소리가 좌우에서 들려왔다.

"이 얼마나 놀라운 연주자인가!"

"우리 지방에서는 이처럼 훌륭한 연주를 들어본 적이 없어요!"

"이 나라 어디에도 호이치만 한 가수는 없을 겁니다!"

이런 소리들이 그에게 새로이 용기를 북돋아주어, 그는 이전보다 더욱 훌륭하게 노래하고 연주했다. 그를 둘러싼 사람들 사이에서는 감탄 섞인 침묵이 깊어져갔다. 마침내 그의 노래가 아름답고 무력한 자들의 운명—여자들과 아이들의 고통스러운 죽음과, 어린 천황을 가슴에 안은 니이노아마二位の尼의 투신投身을 읊는 대목에 이르자, 듣고 있던 사람들은 일제히 떨리는 소리로 고통의 신음을 내뱉었다.[5] 그들이 너무나도 큰 소리로 거칠게 울고 한탄했기 때문에,

5) 『헤이케 이야기』 권11 〈선제 투신先帝身投〉을 보면, 바다 속으로 뛰어들어가기를 두

그 맹인은 자신이 자아낸 그 격한 슬픔에 겁을 먹었다. 오랫동안 이어지던 울음과 한탄의 소리가 서서히 잦아들어 가자, 또 다시 깊은 침묵이 뒤따랐다. 호이치가 로조라고 추측한 여자가 다시 그에게 말했다.

"당신이 매우 뛰어난 비파 연주자이며 헤이케 이야기의 낭송에 그 누구와도 비교할 수 없다는 소문은 진작부터 듣고 있었습니다만, 과연 오늘밤 당신은 그것을 증명하였습니다. 저희 주군께서도 당신의 연주에 만족하셔서 그에 상응하는 선물을 하사하고 싶어하십니다. 다만, 그 전에 주군께서는 당신이 앞으로 엿새 동안 매일 밤 연주를 해주기를 바라고 계십니다. 주군께서는 그런 후에 귀향길에 오르실 것입니다. 그러니 내일 밤에도 같은 시간에 여기에 와 주십시오. 오늘 밤 당신을 안내했던 사무라이를 내일도 보내겠습니다… 그런데, 당신에게 또 한 가지 전해드릴 말씀이 있습니다. 주군께서 아카마가세키에 머무르시는 동안에는 당신이 이곳으로 온다는 사실을 누구에게도 알리면 안 됩니다. 주군께서는 비밀리에 여행하시는 중이시므로, 이 여행이 남들에게 알려지지 않도록 하라고 말씀하셨습니다… 이제는 당신 절로 돌아가셔도 좋습니다."

호이치는 이에 대해 깊은 감사의 뜻을 표했고, 어떤 여자의 손이 그를 저택의 정문까지 인도했다. 그곳에서는 아까 호이치를 이곳으

려워했던 안토쿠 덴노를, 니이노아마는 "바닷 속에도 도성都城이 있사옵니다"라고 말하며 껴안고 함께 투신했다.

로 데려 왔던 사무라이가 그를 절로 데려다 주기 위해 기다리고 있었다. 사무라이는 호이치를 절 뒤편의 툇마루까지 데려다 준 뒤 되돌아갔다.

호이치가 돌아왔을 때에는 벌써 거의 새벽이 다 도어 있었다. 아무도 그가 절을 비웠다는 사실을 눈치 채지 못했다. 밤늦게서야 절에 돌아온 주지는 호이치가 자고 있을 것이라고 생각했던 것이다. 낮 시간 동안 호이치는 잠시 휴식을 취할 수 있었다. 자신의 불가사의한 경험에 대해서는 아무것도 말하지 않았다.

다음날 한밤중에도 사무라이가 그에게로 와, 고귀한 분들이 계시는 곳으로 그를 데려갔다. 그 날의 연주 역시 전날 밤의 연주 때와 마찬가지로 성공적이었지만, 그가 절에서 사라졌다는 것이 이 두 번째 외출 중에 우연히 밝혀졌다. 아침에 돌아온 호이치는 주지에게로 불려갔다. 주지는 타이르듯 부드럽게 그에게 말했다.

"호이치, 우리는 자네 때문에 너무나 걱정했네. 그렇게 늦은 시간에 맹인인 자네 혼자 밖에 나가는 건 위험해. 왜 우리한테 아무 말도 없이 나간 거지? 자네와 함께 가 줄 사람을 한 명 동행하게 해 줄 수도 있었는데 말이야. 그런데, 자넨 어디에 갔던 건가?"

호이치는 얼버무렸다.

"용서해 주십시오, 주지 스님. 사적인 일이 있었습니다. 그 일은 다른 시간에는 할 수 없습니다."

호이치가 이유를 말하지 않는 것에 대해, 주지는 안타까웠다기보다는 놀랐다. 호이치의 이러한 태도가 자연스럽지 않다고 생각하고는, 뭔가 잘못되어가고 있는 것이라고 의심했다. 악령들이 이 맹인 청년에게 씌어서 그를 홀리고 있는 게 아닌가 걱정했다. 주지는 더 이상 호이치에게 아무것도 묻지 않는 대신 절에서 일하는 하인들에게 은밀히 명령해서, 호이치의 동정을 살피다가 그가 또다시 밤중에 절을 나가면 그의 뒤를 밟도록 했다.

과연 그날 밤 호이치가 절에서 나가는 것이 목격되었다. 하인들은 즉시 등불을 켜고 그를 뒤따라갔다. 비가 내리는 아주 어두운 밤이었다. 호이치는 하인들이 큰길로 나서기 전에 사라졌다. 아무리 봐도 걷기에는 좋지 않은 질퍽한 길을 호이치는 매우 빨리 걷고 있었다. 그가 맹인이라는 걸 생각하면 이건 좀 이상한 일이었다. 하인들은 서둘러 큰길로 나가, 호이치가 평소에 자주 들르던 집들을 전부 찾아보았다. 그러나 어디서도 호이치의 소식을 들을 수는 없었다.

그리하여 바닷가를 따라 절로 돌아오던 그들은, 아미다지 절의 묘지에서 흘러나오는 격렬한 비파소리를 듣고는 놀랐다. 어두운 밤이면 늘 날아다니는 도깨비불 외에는, 그 묘지는 완전한 어둠에 쌓여 있었다. 그들은 놀라서 등불을 비추며 묘지를 향해 발걸음을 서둘렀다. 안토쿠 덴노의 무덤 앞에 혼자 앉아 비를 맞으며, 비파의 가락에 맞추어 단노우라 전투의 노래를 큰 소리로 읊고 있는 호이치가 보였다. 그의 뒤와 주변과 모든 무덤 위에서는 죽은 자들의 불꽃이 마치 촛불처럼 타오르고 있었다. 이렇게 거대한 도깨비불의 무리가 인간들의 눈에 띈 적은 일찍이 없었다…

"호이치 씨! 호이치 씨!" 하인들이 소리쳤다. "당신은 귀신에 홀렸어요!… 호이치 씨!"

하지만 맹인은 그들의 말을 듣는 것 같지 않았다. 그는 여러 가지 소리를 내며 열심히 비파를 켜고 있었다. 단노우라 전투를 읊는 그의 목소리가 점점 더 거칠어졌다. 그들은 그를 붙잡고는 그의 귀에다 대고 소리쳤다.

"호이치 씨! 호이치 씨! 지금 당장 우리와 함께 돌아갑시다!"

그러자, 호이치는 꾸짖듯이 말했다.

"이렇게 높으신 분들 앞에서 이런 식으로 나를 방해하면 당신들은 용서받지 못할 겁니다."

그의 말을 듣고는, 이런 이상한 상황에서도 하인들은 웃음을 참을 수 없었다. 호이치가 무언가에 홀려 있다고 확신한 그들은 그를 붙잡아 일으켜 세우고는 온 힘을 다해 절로 데리고 달려갔다.

주지는 즉시 그의 젖은 옷을 벗기게 하고는, 먹을 것과 마실 것을 권했다. 그리고는 방금 전의 기묘한 행동에 대해 모든 것을 설명할 것을 요구했다. 한동안 주저하던 호이치는, 사람 좋은 이 주지 스님이 자신의 행동 때문에 걱정하고 화났음을 알게 되었다. 그리하여 마침내 모든 것을 숨김없이 밝히기로 결심하고는, 사무라이의 첫 방문 이후 일어난 모든 일을 털어놓았다.

주지가 말했다.

"호이치, 이 불쌍한 친구야! 자네는 지금 큰 위험에 처해 있어! 자네가 이 모든 이야기를 진작에 나에게 말하지 않은 것은 너무나도 큰 불행이었네. 자네의 훌륭한 재능이 자네를 예상치 못한 사건에 말려들게 했군. 지금쯤은 자네도 알게 되었겠지만, 자네는 어딘가의 저택을 방문했던 것이 아니라 묘지에 있는 헤이케 일족의 무덤에 둘러싸여서 몇 날 밤을 보낸 게야. 그리고 오늘 밤, 안토쿠 덴노의 무덤 앞에 앉아 비를 맞고 있는 자네를 이 사람들이 발견했네. 자네가 머릿속으로 상상한 모든 것은, 죽은 자들이 자네를 홀려서 끌고 간 사실만 빼고는 모두 환상이야. 자네가 한 번 그들에게 복종함으로써 자네는 그들의 술수에 말려들고 만 게지. 상황이 이렇게 된 이상, 만약 자네가 또 한 번 그들에게 복종하면 그때는 그들이 자네를 갈기갈기 찢어버릴지도 몰라. 하긴 그들은 언제든 자네를 죽일 수 있었겠지… 그런데, 유감스럽게도 오늘 밤에 나는 다른 곳에서 열리는 법회에 가야하기 때문에 자네와 함께 있어줄 수가 없어. 그래서 나가기 전에 자네 몸에 불경을 적어서 자네의 몸을 지켜주겠네."

땅거미가 질 무렵, 주지와 제자승은 호이치의 옷을 벗게 하고는 붓을 들어 그의 가슴과 등과 얼굴과 머리와 목과 사지와 손과 발과 -심지어는 발바닥까지!- 그의 온몸에 『반야심경般若心経』의 글자들을 적었다. 이 작업이 끝나자 주지는 호이치에게 말했다.

"오늘밤 내가 나간 뒤에, 자네는 툇마루에 앉아서 가만히 기다리고 있게. 그러면 누군가 자네의 이름을 부르겠지만, 무슨 일이 있어도 대답을 하거나 움직이면 안 돼. 명상할 때처럼 아무 말도 하지 말고 가만히 앉아있게. 만약 자네가 움직이거나 소리를 내게 되면 자네는 갈기갈기 찢겨져 버릴 거야. 겁을 먹고서 도와달라고 소리치거나 하면 안 되네. 아무도 자네를 도와줄 수 없어. 하지만 내가 시킨 대로만 한다면 위험은 사라질 거고, 자네는 더 이상 아무것도 두려워하지 않아도 돼."

어두워지자 주지와 제자승은 밖으로 나갔다. 호이치는 주지가 시킨 대로 비파를 자기 옆의 마루 위에 두고는 툇마루에 명상의 자세로 앉아 미동도 하지 않았다. 기침을 하거나 소리 내어 숨을 쉬지 않도록 주의했다. 몇 시간이고 그렇게 가만히 앉아 있었다.

길가로부터 이쪽으로 다가오는 발자국 소리가 들렸다. 그 소리는 문을 지나 정원을 가로질러, 툇마루 가까이 그의 바로 앞에서 멈췄다.

"호이치!"

묵직한 소리로 그의 이름을 불렀다. 그러나 맹인은 숨을 죽인 채로 미동도 하지 않고 앉아 있었다.

"호이치!"

두 번째로 그 기분 나쁜 목소리가 들렸다. 그리고 세 번째로 거친 소리가 들렸다.

"호이치!"

호이치는 바위처럼 가만히 있었다. 그러자 불만스러운 듯한 소리가 들렸다.

"대답이 없군! 괘씸한걸!… 그놈이 어디 있는지 찾아야 하는데…"

툇마루로 올라오는 묵직한 발소리가 들렸다. 그 발은 천천히 다가와서는 그의 옆에서 멈추었다. 그리고는 긴 시간이 흘렀다. 호이치는 심장 박동 때문에 온몸이 흔들리는 것을 느꼈다. 완전한 침묵이었다.

마침내 그 기분 나쁜 중얼거리는 소리가 그의 가까이서 들렸다.

"여기에 비파가 있지만 비파법사는 귀 두 개만 보이는군! … 그가 왜 대답을 안 하는지 이제야 알겠다. 대답하려고 해도 그에게는 대답할 입이 없는 거야. 그는 귀밖에 남지 않았어… 내가 최선을 다해 명령을 수행했다는 증거로 이 두 귀를 주군께 가져가야겠다…"

그 순간 호이치는 쇠로 된 손가락이 자신의 귀를 그러잡고는 찢어내는 것을 느꼈다. 너무나도 아팠지만 그는 외마디 비명도 지르지 않았다. 묵직한 발소리는 툇마루를 따라 정원으로 내려가서는 길가로 나아갔고, 이윽고 들리지 않게 되었다. 머리 양쪽에서 끈적끈적하고 따뜻한 것이 흘러내리는 것이 느껴졌지만 그에게는 두 손을 들어 올릴 기력조차 없었다…

새벽녘에 돌아온 주지는 곧장 뒤뜰로 달려가 툇마루를 오르다가 뭔가 끈적한 것에 미끄러졌다. 그는 자기도 모르게 공포의 비명을 질렀다. 불빛에 비추어진 그 끈적한 것이 피였기 때문이다. 호이치가 명상의 자세로 그곳에 앉아있는 것이 보였다. 두 귀의 상처에서는 여전히 피가 흐르고 있었다.

"불쌍한 호이치!" 주지는 놀라서 소리쳤다. "이게 무슨 일인가?… 다친 겐가?"

주지의 소리를 듣고 안심이 된 맹인은 갑자기 울음을 터뜨리며, 울음 섞인 목소리로 그날 밤의 모험담을 말했다.

"호이치, 불쌍한 호이치!" 하고 주지는 소리쳤다. "다 내 잘못이다! 나의 큰 잘못이야! 자네 몸에 빠짐없이 불경을 적어 넣는다는 것이 그만 귀를 빠뜨렸구나! 제자가 그곳에도 불경을 적어 넣었을 거라고만 생각하고는 직접 확인하지 않은 게 잘못이었어!… 하지만 이제는 돌이킬 수가 없구나. 그 상처를 빨리 치료할 수밖에… 하지만, 기운 내게! 이제 위험은 모두 끝났네. 이제 더 이상 그 방문자들 때문에 자네가 곤란해지는 일은 없을 게야."

호이치의 상처는 실력 있는 의사의 치료를 받아 곧 나았다. 그의 불가사의한 경험담은 널리 멀리 퍼져 곧 그를 유명하게 만들어 주

었다. 많은 고귀한 분들이 아카마가세키에 와서 그의 낭송을 듣고 그에게 많은 돈을 주었다. 그리하여 그는 부자가 되었다… 그 모험이 있은 뒤로, 그는 **미미나시호이치**耳無し芳一 즉 '귀 없는 호이치'라 불리게 되었다.

【역주】

〈귀 없는 호이치의 이야기〉의 역사적 배경을 이루고 있는 겐페이의 싸움源平の合戦은, 당시 일본을 지배하고 있던 헤이케 무사 정권에 대하여 1180년에 일본 각지의 겐지 일족이 거병하면서 시작되어, 1185년 3월에 단노우라 해전에서 헤이케 일족 최후의 저항군이 전멸하면서 끝났다.

왕실의 외척外戚으로서 오랫동안 집권해 온 후지와라씨藤原氏 귀족 정권에 불만을 갖고 있던 무사들의 여망을 등에 업고 등장한 것이 헤이케 정권이었으나, 그들은 집권 후 무사들의 기대를 충족시켜주는 정치를 행하지 못했기 때문에 무사들은 또다시 불만을 갖게 되었다. 헤이케 정권의 독재에 위기감을 느낀 왕실 측이 무사들의 동요를 눈치 채고 이들과 손을 잡고 일으킨 것이 1180년의 모치히토왕의 난以仁王の乱이었다. 이 거병은 곧 진압되었지만, 모치히토왕의 명령을 받았던 여러 지역의 겐지 일족이 거병하면서 전쟁은 일본 전국으로 확대되었다.

이 전쟁 후에 가마쿠라 막부鎌倉幕府를 수립하게 되는 미나모토노 요리토모源頼朝(1147-1199)가 1180년 8월에 동일본의 이즈伊豆에서 거병하여, 몇 번의 큰 전투를 통해 서일본에 기반을 둔 헤이케를 점점 서쪽으로 몰아갔고, 서일본의 끝인 단노우라에서 헤이케 일족은 마침내 전멸하게 된 것이다.

이 전쟁에서 패자가 되어 멸망해 간 헤이케 일족의 이야기는 약자를 동정하는 민중들 속으로 점차 퍼져 갔고, 이들의 이야기를 비파 선율에 맞추어 연주하는 떠돌이 음악가들을 비와호시라 불렀다. 그리고 비파법사들이 읊던 이야기 및 대본이 작품으로 정착한 것이 『헤이케 이야기』이다.

라프카디오 헌이 호이치의 이야기를 대단히 좋아했다는 것이 그의 부인 고이즈미 세쓰小泉セツ의 『회상기想い出の記』에 나와 있다.

『괴담』의 처음에 있는 호이치의 이야기는 헌이 대단히 마음에 들어했던 이야기입니다. 원래 짧은 이야기였던 원작을 대단히 고심한 끝에 저렇게까지 만들어 냈습니다. "문을 열어라門を開け"라고 무사가 말하는 대목도 "문을 열어라"로는 약하다고 하기에, 여러 가지로 궁리해서 "개문開門"이라고 했습니다.

〈귀 없는 호이치〉를 쓰고 있을 때의 일이었습니다. 날이 저물어도 램프를 켜지 않는 겁니다. 저는 장지문을 열지 않고 옆방에서 작은 소리로 "호이치, 호이치"라고 불러 보았습니다. "예, 저는 맹인입니다. 당신은 누구십니까?"라고 안에서 말할 뿐, 헌은 아무 말도 하지 않고 있었습니다. 언제나 그런 식으로, 무언가 쓰고 있을 때에는 그것에만 몰두해 있었습니다.

또, 이 무렵의 일입니다만, 외출에서 돌아오는 길에 맹인 법사가 비파를 켜고 있는 모습의 하카타 인형博多人形*을 선물로 사와서는 슬그머니 책상 위에 두었더니, 헌은 그것을 보고는 곧 "야아, 호이치"라고 말하면서 마치 기다리고 있던 사람이라도 만난 듯이 대단히 기뻐했습니다. 그리고 또, 밤에 서재 주위의 조릿대 덤불에 바람이 불어 잎사귀들이 사각사각하고 소리를 내면 "아아, 헤이케가 멸망하고 있습니다"라던가, 바람 소리를 듣고는 "단노우라의 파도 소리입니다"라면서 진지하게 귀를 기울이고 있었습니다. (『고이즈미 야쿠모집』 372-373쪽)

* 하카타 인형(博多人形) : 유약을 안 바르고 구운 다음 호분을 발라 채색한 하카타 특산의 점토 인형

원앙새

옛날, 무쓰 지방 다무라 고을陸奧国田村鄕에 매사냥끈 손조尊允라는 사람이 있었다. 어느 날, 사냥을 나갔다가 허탕치고 집으로 돌아가던 길에 아카누마赤沼라고 하는 연못을 지나던 그는, 원앙새 한 쌍이 헤엄치고 있는 것을 보았다. 원앙새를 죽이는 것은 불길하다. 하지만 그때 마침 손조는 너무 배가 고팠기 때문에 그 원앙새 한 쌍을 향해 화살을 쏘았다. 화살은 수컷의 몸을 꿰뚫었고 암컷은 건너편 강기슭의 골풀 덤불 속으로 사라졌다. 손조는 죽은 수컷 원앙을 집으로 가져와서는 곧 요리해 먹었다.

그날 밤 그는 음산한 꿈을 꾸었다. 어떤 아름다운 여자가 방으로 들어와서는 그의 베갯머리에서 울기 시작했다. 너무나도 슬프게 울었기 때문에, 그 울음소리를 듣고 있던 손조의 마음도 찢어질 듯했다. 여자가 그를 향해 하소연했다.

"왜, 아아… 왜 당신은 그를 죽였죠? 그가 어떤 잘못을 한 거죠?… 아카누마 연못에서 우리는 서로 너무나도 행복했는데, 당신은 그를 죽였어요!… 그가 당신에게 무슨 해를 끼쳤죠? 당신은 자기가 무슨 짓을 했는지 알기나 하나요? 아아, 당신이 얼마나 잔인하고 사악한 짓을 저질렀는지 알고 있나요?… 당신은 나 역시도 죽인 거예요. 나는 남편 없이는 살 수 없어요! 이 말을 하러 여기 왔습니다…"

그리고 그녀는 다시 큰 소리로 울었다. 그 울음소리는 너무나도 슬퍼서 듣는 사람의 뼛속까지 스며들었다. 그녀는 흐느끼며 이 노래를 읊었다.

> 히쿠루레바 사소이시모노오 아카누마노 마코모가쿠레노 히토리네조우키
> 日暮るれば さそひしものを 赤沼の 真菰がくれの ひとり寝ぞ憂き
> "저녁이 되면, 나는 그에게 함께 둥지로 돌아가자고 말하고는 했었지요. 하지만 지금은 아카누마 연못의 골풀 덤불 그늘에서 나 홀로 잠들어야 합니다. 그 괴로움은 말로 다할 수 없어요."
> (이 '아카누마노'라는 구절에는 이중적 의미가 있다. 지명으로서의 '아카누마(赤沼, 붉은 연못)'는, '우리가 서로 떨어질 수 없었던(행복하게 지냈던) 시간'이라는 뜻의 '아카누 마(飽かぬ間)'로도 읽힐 수 있다. 그러므로 이 시는 다음과 같이 번역될 수도 있다 : "저녁이 되면, 함께 둥지로 돌아가자고 나는 그에게 말하고는 했었지요…! 그 행복했던 나날이 끝난 지금, 골풀 덤불 그늘에서 홀로 잠들어야하는 자의 괴로움은 얼마나 큰지!"-원주)

이 노래를 읊은 뒤 여자가 단호한 어조로 말했다.

"아아, 당신은 모릅니다. 자기 자신이 무슨 짓을 했는지 당신은 모를 거예요. 하지만 내일 아카누마 연못에 오면 알게 될 거예요…"

그렇게 말하고는, 구슬프게 울면서 여자는 사라졌다.

다음날 아침, 잠에서 깨어난 손조는 너무나도 생생한 꿈 때문에 괴로웠다. 그는 '하지만 내일 아카누마 연못에 오면 알게 될 거예요'라는 말을 기억해 냈다. 그래서 즉시 그곳으로 가서, 이 꿈이 단순한 꿈이었는지 아니면 그 이상의 무엇인지 확인하기로 했다.

그래서 아카누마 연못의 강둑에 다다른 그는 암컷 원앙새가 혼자 헤엄치고 있는 것을 발견했다. 그 새도 손조를 발견했다. 하지만 암컷 새는 도망치기는커녕 이상한 눈으로 그를 바라보면서 그를 향해 곧장 헤엄쳐 왔다. 그리고 갑자기 암컷 새는 사냥꾼의 눈앞에서 자기 부리로 자기 배를 찢어서는 죽었다…

손조는 머리를 깎고 승려가 되었다.

오테이의 이야기

옛날, 에치고 지방 니가타越後国新潟에 나가오 교세이長尾杏生라는 남자가 살았다.

의사의 아들인 나가오는 아버지의 직업을 잇기 위한 교육을 받았다. 그는 어렸을 때 아버지 친구의 딸인 오테이お貞라는 여자와 약혼하였고, 두 집안에서는 나가오가 공부를 끝내면 곧 둘을 결혼시키기로 약속되어 있었다. 그러나 몸이 약했던 오테이는 열다섯 살 되는 해에 불치의 폐병에 걸렸다. 자신이 죽게 될 것임을 직감한 오테이는 마지막 인사를 하기 위해 나가오를 불렀다. 나가오가 그녀 옆에 무릎을 꿇고 앉았을 때, 그녀가 그에게 말했다.

"나의 약혼자 나가오 님. 우리는 어렸을 때 약혼했었고 올해 말에는 결혼하기로 되어 있었지만, 지금 저는 죽게 될 거예요. 어느 편이 우리를 위해 더 좋을지는 신들만이 아시겠지요. 설사 제가 몇 년 더 살 수 있다고 해도, 그건 다른 사람들에게 고민과 슬픔만을 불러 일으키게 될 거예요. 이렇게 몸이 약해서는 좋은 아내도 될 수 없을 것이기에, 설령 당신을 위해서라도 더 살고 싶다고 생각하는 것은 너무나도 제 멋대로의 바람이겠지요. 저는 이제 살려는 기대를 접었어요. 그러니 저의 죽음을 슬퍼하지 않겠다고 약속해주세요… 그리고, 저는 우리가 다시 만날 수 있을 것 같다는 걸 당신께 알려드리고 싶어요…"

"그래요, 진실로 우리는 다시 만날 것이오." 나가오는 진지하게 대답했다. "서방 정토西方淨土에서는 이별의 아픔이 없을 거요."

"아니에요, 아니에요." 그녀는 부드러운 목소리로 대답했다. "저는 정토를 말하는 게 아니에요. 비록 저의 몸이 내일 땅 속에 묻히더라도, 이 이승에서 우리가 다시 만날 것임이 예정되어 있다고 저는 믿어요."

나가오는 놀라서 그녀를 바라보았다. 그가 놀라는 것을 보고는 그녀가 웃었다. 그녀는 부드럽게, 꿈결 같은 목소리로 말을 이었다.

"그래요, 이승에서. 당신이 살아 계실 동안에요, 나가오님… 당신이 정말로 그것을 원하신다면 말이죠. 다만 그렇게 되려면 저는 다시 한 번 소녀로 태어나서 여자로서 자라야 해요. 당신은 십오륙 년을 기다리셔야 해요. 그건 긴 시간이지요… 나의 약혼자여, 당신은 이제 겨우 열아홉 살이십니다…"

임종의 고통을 덜어주기 위해 그는 다정하게 답해 주었다.

"나의 약혼자여, 당신을 기다리는 것은 나에게 있어 의무가 아닌 즐거움이 될 거요. 우리는 일곱 번 환생하면서 서로 부부의 연을 맺기로 약속을 했으니까."

"하지만 당신은 지금 제가 한 말을 의심하고 있지요?"

그녀가 그의 얼굴을 바라보며 물었다.

"사랑하는 사람이여, 만약 당신이 나에게 무언가 징표를 주지 않는다면, 다른 이름을 지닌 다른 몸의 당신을 내가 알아볼 수 있을지 모르겠소."

"오직 신과 부처님만이 우리가 어디서 어떻게 다시 만날지를 아시겠지요. 하지만 저는 확신해요. 정말로, 정말로 확신해요. 당신이 저를 기꺼이 받아주신다면 저는 당신에게로 돌아올 거예요. 제가 한 말들을 기억해주세요…"

그녀는 말을 멈추었다. 그녀의 눈이 감겼다. 그녀는 죽었다.

∴

나가오는 진심으로 오테이를 사랑하고 있었기 때문에, 그는 깊이 슬퍼했다. 그는 그녀의 속명(俗名 ; 불교 용어인 속명은 살아있을 동안에 지니는 이름을 뜻하는 것으로, 사후의 종교적 호칭으로서 사원 묘지의 무덤이나 비석 위에 새겨지는 계명戒名 또는 법명法名과 대비된다. 이에 대해서는 나의 『이국풍물과 회상Exotics and Retrospectives』(1898년) 속에 실려 있는 〈사자의 문학The Literature of the Dead〉을 볼 것-원주)을 새긴 위패를 집안의 불단

佛壇에 두고는 매일 아침 공물을 바쳤다. 그녀가 죽기 전에 자신에게 들려준 이상한 말에 대해 깊이 생각한 그는 그녀의 영혼을 위로하기 위해, 그녀가 다른 몸으로 그에게 돌아온다면 그녀와 결혼하겠다는 엄숙한 서약을 세웠다. 그 서약을 종이에 쓰고 도장을 찍은 뒤 오테이의 위패가 놓여져 있는 불단 옆에 두었다.

그러나 외동아들이었던 나가오는 결혼을 해야 했다. 집안의 기대에 부응해야 한다는 것을 깨달은 그는 아버지가 고른 여자와의 결혼을 승낙했다. 그러나 결혼 후에도 계속 오테이의 위패 앞에 공물을 바쳤고, 한시도 그녀에 대한 애정을 잊지 않고 기억하곤 했다. 하지만 시간이 지남에 따라 그녀의 이미지는 그의 기억 속에서 희미해져갔고, 그녀를 떠올리는 것은 마치 꿈을 꾸는 것과 같이 어려워졌다. 세월이 흘러갔다.

그 동안에 여러 가지 불행이 그에게 닥쳤다. 그의 부모님이 돌아가셨고, 그의 부인과 하나뿐인 아이도 죽었다. 그는 이 세상에 홀로 남게 되었다. 그는 쓸쓸한 자기 집을 버리고, 슬픔을 잊기 위한 긴 여행에 나섰다.

여행 중 어느 날, 그는 오늘날에도 온천과 주위의 절경으로 유명한 산골 마을 이카호伊香保[6]에 도착했다. 어떤 여관에 머물게 되어

6) 군마현群馬県 중앙부에 있는 오래된 온천장.

자신을 시중들게 된 소녀를 보았을 때, 그는 이제까지 느껴보지 못한 심장의 두근거림을 느꼈다. 이상하게도 그녀는 오테이를 닮았기 때문에, 그는 자기가 꿈을 꾸고 있는 게 아닌지 자기 몸을 꼬집어 보았다. 그녀가 불火과 음식을 나르고 방안을 청소하기 위해 그의 방에 들를 때마다 그녀가 취하는 태도와 행동들은, 어렸을 때 자신과 약혼했던 한 소녀에 대한 아름다운 기억을 되살아나게 했다. 그가 그녀에게 말을 걸었을 때 그녀는 부드럽지만 똑똑한 목소리로 대답했다. 그 감미로운 목소리는 지나간 날들의 슬픔으로 그를 슬프게 했다.

놀라움을 느낀 그가 그녀에게 물었다.

"아가씨, 제가 예전에 알고 있던 어떤 사람과 당신이 너무나도 닮았기 때문에, 당신이 이 방에 처음 들어왔을 때에는 놀라고 말았습니다. 실례지만 고향은 어디이고 이름은 무엇입니까?"

그러자 곧 그녀는 죽은 이의 잊혀지지 않는 목소리로 대답했다.

"저의 이름은 오테이예요. 그리고 당신은 저의 약혼자이신 에치고의 나가오 교세이님이시지요. 십칠 년 전에 저는 니가타에서 죽었습니다. 당신은 제가 이 세상에 여자의 몸으로 다시 태어난다면 저와 결혼하겠다는 서약을 종이에 적고 도장을 찍어서 저의 이름이 새겨진 위패가 놓여 있는 불단에 그것을 두셨지요. 그래서 지금 저는 돌아온 거예요…"

이 말을 마친 뒤 그녀는 의식을 잃었다.

나가오는 그녀와 결혼했고, 결혼생활은 행복했다. 그러나 그날 이후 그녀는 자신이 이카호에서 나가오에게 한 말을 기억해내지 못했으며, 전생에 대해서도 무엇 하나 기억해내지 못했다. 그 만남의 순간에 불가사의하게도 떠올랐던 전생의 기억은 다시 희미해지고 사라져 갔다.

【역주】

라프카디오 헌의 작품에서는 이 이야기의 첫 구절이, "옛날, 에치젠Echizen 니가타에 나가오 조세이Nagao Chôsei라는 남자가 살았다" 고 되어 있다. 그러나 니가타는 에치젠越前国이 아니라 에치고越後国에 있으며, 헌도 작품 후반부에서는 에치고라고 올바로 적고 있으므로 이 첫 구절은 착오임을 알 수 있다. 한편, 주인공 이름이 라프카디오 헌의 작품에서는 '나가오 조세이'로 되어 있고, 『고이즈미 야쿠모 전집』에서도 '나가오 조세이長尾長生'라는 한자를 붙이고 있으나, 히라카와 스케히로 교수는 이를 '나가오 교세이長尾杏生'로 정정하고 있다.

라프카디오 헌은 일본어 문장의 독해가 거의 불가능했기 때문에 부인이 흥미로운 이야기책을 찾아낸 뒤 자기에게 들려주는 것을 듣고는 이를 재해석하여 『괴담』을 창작하는 방식을 취했다. 〈오테이의 이야기〉의 원작인 『야창귀담夜窗鬼談』 상권 〈원혼이 몸을 빌리다怨魂借体〉의 첫 문장은, "나가오 교세이는 에치고 니가타 사람이다"(『고이즈미 야쿠모—괴담 · 기담』 367쪽)라고만 되어 있고 이 한자 이름이 어떻게 읽히는지 적혀있지 않기 때문에, 일본어에서 '은행銀杏'을 '이초いちょう'라고 읽는 것에 착안한 라프카디오 헌의 부인이 이를 '나가오 조세이長尾杏生'라고 읽었다고 추측되지만, 이 인명의 원래 읽기는 '나가오 교세이'가 맞다는 것이 히라카와 교수의 의견이다. 본 번역에서는 이 의견에 따라서 주인공의 이름을 '나가오 교세이'로 표기했다.

우바자쿠라

삼백 년 전, 이요 지방 온센군 아사미무라 마을伊予国温泉郡朝美村에 도쿠베德兵衛라는 사람이 살고 있었다. 도쿠베는 그 마을에서 가장 부자였으며 촌장이었다. 그가 하는 일에는 대부분 행운이 뒤따랐지만, 나이 마흔이 되기까지 아버지가 되는 행복은 알지 못했다. 자식이 없는 것을 괴로워하던 도쿠베와 그의 아내는, 마을의 사이호지 절西法寺에 모셔져 있는 부동명왕不動明王[7]에게 소원을 빌었다.

마침내 기도가 받아들여져서 도쿠베의 아내는 딸을 낳았다. 너무나도 귀여운 그 아이에게는 쓰유露라는 이름이 붙여졌다. 도쿠베의 아내는 젖이 부족했기 때문에 오소데お袖라는 유모를 고용했다.

오쓰유お露[8]는 매우 아름다운 소녀로 자라났지만, 열다섯 살 되

7) 오대명왕 또는 팔대명왕의 하나로, 일본에서 인기 있는 밀교의 신.

는 해에 병에 걸렸다. 의사들은 그녀가 죽을 것이라고 생각하며 치료를 포기했다. 그때, 친어머니와 같은 사랑으로 오쓰유를 돌보던 오소데는 사이호지 절에 가서 그 소녀를 위해 부동명왕님께 열심히 기도했다. 삼칠일 동안 매일 절에 가서 기도했고, 삼칠일의 기도가 끝나는 그 날 오쓰유는 갑자기 완전히 건강을 되찾았다.

그리하여 도쿠베의 집에는 큰 기쁨이 찾아왔다. 도쿠베는 이 행복을 축하하기 위해 모든 친구들을 초대하여 연회를 열었는데, 그 연회의 밤에 유모 오소데가 갑자기 병에 걸려 자리에 누웠다. 다음 날 아침에 그녀를 치료하기 위해 온 의사는 그녀가 죽어가고 있다고 말했다. 큰 슬픔에 잠긴 가족들은 그녀의 병석 주위에 모여 마지막 인사를 건넸다. 그러나 그녀는 그들에게 말했다.

"여러분이 알지 못하는 것을 여러분께 알려드릴 시간이 왔군요. 저의 기도가 받아들여진 것입니다. 저는 오쓰유 대신 저를 죽게 해 달라고 부동명왕님께 빌었는데, 이 큰 바람이 저에게 허락된 거예요. 그러니 제가 죽더라도 슬퍼하지 말아 주세요… 다만 한 가지 여러분께 부탁드릴 것이 있습니다. 아가씨의 병이 나으면 고마움의 표시로 사이호지 절에 벚나무 한 그루를 심기로 부동명왕님께 약속을 드렸는데, 지금의 저는 그곳에 벚나무를 심을 수가 없군요. 그러니 저 대신 여러분께서 그 서약을 이루어주시길 부탁드립니다… 안

8) 앞의 '쓰유'과 같은 사람이다. 접두사 '오お'는 그 뒤의 단어에 가벼운 경의나 친근함의 뜻을 덧붙이는 단어로, 상황에 따라 붙거나 떼거나 한다.

녕, 사랑하는 사람들. 오쓰유 대신 죽게 되어 제가 기뻐했다는 것을 기억해주세요."

오소데의 장례식 후, 오쓰유의 부모는 가장 훌륭한 벚나무 묘목 한 그루를 골라 사이호지 절에 심었다. 그 나무는 무성하게 자라나, 오소데의 기일忌日인 이듬해 이월 십육일에 훌륭하게 꽃을 피웠다. 그렇게 해서 그 나무는 240년 동안 매년 이월 십육일마다 꽃을 피웠다. 그 꽃은 마치 젖을 품은 여성의 유두처럼 분홍빛과 흰빛을 띠고 있었기 때문에, 사람들은 그 나무를 '유모의 벚나무'라는 뜻의 '**우바자쿠라**乳母桜'라고 부르게 되었다.[9]

---

9) '우바자쿠라' 전설은 일본에 전국적으로 분포하고 있다. 벚나무 아래에 유모를 묻었다던가, 또는 유모가 벚나무를 심었다던가 하는 유형을 취하고 있다. 우바자쿠라 전설은 사원과 관련을 맺고 있는 것이 특징이다.(『일본 옛날이야기 사전』〈우바자쿠라〉 항목)

책략

처형은 저택邸宅의 정원에서 집행하기로 결정되었다. 그리하여 남자는 징검돌이 놓여 있고 넓게 모래가 깔려 있는, 오늘날에도 여러분이 볼 수 있는 일본식 정원 위에 무릎을 꿇고 앉혀졌다. 그의 팔은 뒤로 묶여 있었다.[10] 가신들은 통에 물을 담아 왔고, 무릎 꿇고 있는 남자 주위에 자갈을 담은 쌀가마니를 놓아 그가 움직이지 못하도록 고정시켰다. 정원으로 나와서 처형준비를 점검한 저택의 주인은 만족한 듯 특별히 말은 하지 않았다.

갑자기 그 사형수가 그를 향해 외쳤다.

"주군이시여, 저는 고의로 죽을죄를 저지른 것이 아닙니다. 그건 저의 큰 어리석음에서 비롯된 잘못이었을 뿐입니다. 저는 업보 때

---

10) 체포되어 온 피의자가 취조를 받는 마당에는 흰 자갈이 깔려 있었기 때문에, 이 마당을 '흰 모래'라는 뜻의 '시라스白洲'라고 했다.

문에 어리석게 태어나서 언제나 잘못을 저질러 왔습니다. 하지만 어리석다고 해서 사람을 죽이는 것은 잘못된 일입니다. 그 잘못에는 틀림없이 앙갚음이 있을 것입니다. 만약 당신이 저를 죽이신다면 저는 당신에게 복수할 겁니다. 당신이 가혹한 짓을 하기 때문에 복수하는 겁니다. 악에는 악으로 갚을 겁니다…"

깊은 원한을 품은 채로 살해당한 사람의 원혼은 자신의 살해자에게 복수할 수 있다. 저택의 주인은 이러한 사실을 알고 있었기 때문에 상대를 달래는 듯한 말투로 부드럽게 말했다.

"자네가 죽은 뒤에 얼마든지 우리를 위협해도 좋아. 하지만 자네가 그 정도로 원한을 품고 있다고는 믿기 어렵군. 자네의 목이 잘려나간 뒤에, 자네의 깊은 원한의 징표를 무언가 우리에게 보여줄 수 있겠나?"

"물론 그럴 수 있습니다."

그 남자가 대답했다.

"아주 좋아." 그 사무라이는 긴칼을 뽑으면서 말했다. "나는 이제 자네의 목을 베겠다. 자네의 바로 앞에 징검돌이 있는데, 목이 잘린 뒤에 그 징검돌을 이빨로 물어봐라. 만약 자네의 분노한 원혼이 자네의 목으로 하여금 그러한 행동을 하게 한다면, 우리들 중 누군가는 겁을 먹게 되겠지… 자네가 그 돌을 물 수 있을까?"

"물겠어!" 그 남자는 분노에 차서 외쳤다. "물겠어! 물겠어!"

순간, 번쩍하며 칼이 바람을 가르자 남자의 머리가 모래 위에 툭

하고 떨어졌다. 머리가 잘려나간 몸은 손이 뒤로 묶인 채 쌀가마니 위로 고꾸라졌다. 잘려진 목에서 두 줄기 피가 솟구쳐 오르고 머리는 모래 위를 굴렀다. 그 목은 징검돌을 향해 툭툭 굴러가더니, 갑자기 뛰어오르며 꽉 하고 이빨로 징검돌의 위쪽을 잠깐 물고는 이윽고 힘없이 바닥에 떨어졌다.

가신들은 모두 침묵했지만, 그들은 두려움에 찬 눈으로 자신들의 주군을 바라보았다. 그는 매우 평온해 보였다. 그가 가까이 있던 시종에게 자신의 칼을 건네자, 시종은 나무 국자로 물을 퍼서 칼의 손잡이부터 칼끝까지 붓고는 부드러운 몇 장의 종이로 주의 깊게 칼을 몇 번 씻었다… 그것으로 처형의식은 끝났다.

그 후로 몇 달 뒤, 가신들과 집의 거주자들은 원령怨靈이 찾아올 것을 끊임없이 두려워했다. 그들 중 누구도 예정된 복수가 일어날 것을 의심치 않았으며, 계속되는 공포는 그들로 하여금 존재하지 않는 소리를 듣고 존재하지 않는 것을 보게 하였다. 그들은 대나무 숲을 흔드는 바람소리에도 두려움을 느끼고, 정원에 흔들리는 그림자를 보고도 두려워하게 되었다. 마침내 그들은 모임을 가진 뒤, 그 원한에 찬 영혼을 위해 시아귀 공양施餓鬼供養[11]을 열 것을 그들의 주군에게 건의하기로 결정했다.

---

11) 아귀도餓鬼道에 빠졌거나 연고자가 없는 죽은 영혼을 위한 공양.

"필요 없는 일이다." 가장 서열이 높은 가신이 모든 사람의 바람을 전했을 때, 그 사무라이가 말했다… "죽어 가는 사람의 복수심이 공포를 일으킬 수 있다는 것은 알고 있지만, 이번 경우에는 아무것도 두려워할 것 없어."

그 가신은 간청하는 듯한 눈으로 주군을 바라보았지만, 그 놀라운 자신감의 이유를 묻는 것은 주저했다.

"아, 그 이유는 아주 간단해." 그 침묵 속의 의구심을 간파한 주군이 단언했다. "그 놈의 마지막 갈망은 실로 위험한 것이었네. 그래서 나는 무언가 징표를 보여 달라고 그를 도발해서, 그의 복수심을 다른 곳으로 전환시킨 것이지. 그는 징검돌을 물겠다는 목적을 품고 죽었고, 그는 다름 아닌 바로 그 목적을 달성했네. 그는 다른 모든 것을 잊어버렸음에 틀림없어… 그러므로 자네들이 그 문제에 대해 더 이상 신경 쓸 필요는 없는 것일세."

실제로 그 죽은 자는 더 이상 어떤 문제도 일으키지 않았다. 결국 아무 일도 일어나지 않았다.

【역주】

일본에서는 억울하게 죽은 사람이 원혼이 되어 사람들에게 복수한다는 '어령신앙御靈信仰'이 고대 시대로부터 널리 받아들여졌다. '어령신앙'의 대표적인 인물은 〈나비〉에 등장하는 다이라노 마사카도平将門(?-940년. 오늘날의 도쿄를 중심으로 한 동일본 지역에서 '새로운 천황新皇'을 자처하며 교토의 헤이안平安 정부에 대항하여 반란을 일으켰던 인물. 오늘날에도 도쿄에서 간다 명신神田明神으로 모셔지고 있다)이다. 〈귀 없는 호이치의 이야기〉나 〈거울과 종〉에서도 볼 수 있듯이, 헌은 원령에 대한 이야기에 흥미를 느끼고 있었다.

거울과 종

팔백 년 전, 도토미 지방 무겐야마 산遠江国無間山의 승려들은 큰 종 하나를 절에 비치하고 싶어 해서, 종을 만들 수 있도록 오래된 청동 거울들을 시주해 달라고 자기 절의 여신도들에게 부탁했다.

[오늘날에도 일본 절의 정원에 가면, 이런 목적으로 희사喜捨된 오래된 청동 거울들이 쌓여 있는 것을 볼 수 있다. 이런 거울 더미 중 내가 본 가장 컸던 것은 규슈 하타카九州博多의 정토종淨土宗 사원의 정원에 있었다. 그 거울들은 32피트[12] 높이의 청동 아미타불阿彌陀仏을 만들기 위해 희사된 것들이었다.]

무겐야마 산에 살고 있던 농부의 젊은 아내가, 종을 만들 재료로 쓰도록 자기 거울을 절에 희사했다. 그러나 나중에 자기 어머니가 그 거울에 대해 들려준 말을 기억한 그녀는 거울을 바친 것을 대단

12) 1피트는 약 30.5센티미터.

히 후회하게 되었다. 그 거울은 자신의 어머니의 것이었을 뿐 아니라 어머니의 어머니와 할머니의 것이기도 했음을 떠올렸고, 그 거울에 비쳐졌던 자신의 미소를 떠올렸다. 물론 승려들에게 거울 대신에 약간의 돈을 시주하기만 하면 그녀는 어머니의 유품을 되돌려 받을 수 있었다. 그러나 그녀에게는 그럴 만한 돈이 없었다.

그녀는 절에 갈 때마다 마당의 울타리 너머에 쌓여 있는 수백 개의 거울 더미 속에 있는 자신의 거울을 보았다. 거울 뒤에는 세 가지 행운의 상징의 식물인 **송**松·**죽**竹·**매**梅 문양이 새겨져 있기 때문에 그녀는 자신의 거울을 알아볼 수 있었다. 자신의 어머니가 처음으로 그녀에게 거울을 보여주었을 때, 그 문양들은 소녀의 어린 눈을 즐겁게 해 주었다.

그녀는 그 거울을 훔칠 수 있는 기회를 노렸다. 그렇게 한다면 앞으로 영원히 그 거울을 간직할 수 있을 터였다. 그러나 그럴 기회는 오지 않았다. 그녀는 대단히 비참한 기분이 되었다. 자기 생명의 일부를 바보처럼 버린 것처럼 느끼게 되었다. 그녀는 '거울은 여자의 영혼鏡は女の魂'이라는 옛 속담을 떠올렸으며(많은 청동 거울의 뒤에 한자로 새겨져 있는 '혼魂'이라는 글자에 이 속담의 신비가 표현되어 있다), 일찍이 자신이 상상했던 것보다도 더욱더 불가사의한 방식으로 그 속담이 진실을 표현하고 있음을 깨닫고는 두려워했다. 그러나 그녀는 누구에게도 자기의 고통을 말할 수 없었다.

무겐야마 산의 종을 만들기 위해 희사된 거울이 모두 대장간으로 보내졌을 때, 대장장이들은 아무리 해도 녹지 않는 거울을 하나 발견했다. 그들은 몇 번이고 그것을 녹이려 했지만, 거울은 절대로 녹지 않았다. 그 거울을 희사한 여자가 그 희사를 후회하고 있음이 분명했다. 온 마음을 다해 거울을 희사하지 않았기 때문에 그녀의 집착이 거울에 달라붙어, 화로 속에서 거울을 단단하고 차갑게 하고 있는 것이었다.

물론 모든 사람들이 이 사실을 알게 되었고, 누구의 거울이 녹지 않는지도 알려졌다. 자신의 비밀스러운 죄가 공공연히 알려지게 되자 그 불쌍한 여자는 너무나도 부끄럽고 화가 났다. 수치를 견디지 못한 여자는 결국 다음과 같은 유서를 남기고 물에 빠져 죽었다.

"제가 죽게 되면 쉽게 거울을 녹여서 종을 만들 수 있게 될 것입니다. 그러나 누군가 그 종을 쳐서 깨뜨린다면 저의 원혼이 그에게 큰 재산을 가져다 줄 것입니다."

알다시피, 분노에 차서 죽거나 자살한 사람의 마지각 바람이나 약속은 일반적으로 초자연적인 힘을 지니고 있는 것으로 생각되었다. 죽은 여자의 거울이 녹아서 종이 성공적으로 만들어진 뒤, 사람들은 그녀의 유서의 말을 기억해냈다. 종을 깨뜨린 사람에게 그녀의 원혼이 큰 재산을 가져다 줄 것이 확실하다고 생각한 사람들은,

절의 정원에 종이 매달리자마자 우르르 달려가서는 종을 쳐댔다. 모두들 전력을 다해서 종을 쳤지만 종은 매우 튼튼했기 때문에 좀처럼 깨지지 않았다. 그래도 사람들은 포기하지 않았다. 날마다 언제나, 승려들의 반대에도 불구하고 그들은 격렬하게 종을 쳐댔다. 그 때문에 날마다 울리는 종소리는 승려들을 괴롭혔고, 이를 견디지 못한 그들은 종을 떼어내어 언덕에서 굴려 연못에 빠뜨려버렸다. 깊은 연못이 종을 삼켜버렸다. 그것이 그 종의 최후였다. 오직 전설만이 남았고, 이로 인해 그 종은 '**무겐카네**無限鐘' 즉 '무겐의 종'으로 불리게 되었다.

∴

그런데, 옛날부터 일본에는 '**나조라에루**なぞらえる'라는 동사로 함의含意되는 (이 단어로 모든 것이 설명되는 것은 아니지만) 일종의 정신적 행위의 마술적 효력에 대한 기묘한 신앙이 존재한다.[13] 이 단어를 영어로 적절하게 번역하는 것은 불가능하다. 이 단어는 신앙상의 다양한 종교적 행위 및 여러 가지 의태적擬態的 마법과 관련되어 있기 때문이다. 사전에 따르면, '**나조라에루**'의 일반적 의미는 '흉내내다to imitate', '비교하다to compare', '닮게 되다to liken' 등이다. 그러

13) 이 이야기의 일본어 원작인『야창귀담夜窗鬼談』상권 〈기원해서 금을 얻다〉에 '나조라에루'라는 단어가 나오기 때문에 이런 설명을 한 것이다.

나 그보다 심오한 뜻은 '**무언가 마술적이거나 신비스러운 결과를 얻기 위해, 상상력을 이용하여 어떠한 사물이나 행동을 다른 것과 교체하는 것**to substitute, in imagination, one object or action for another, so as to bring about some magical or miraculous result'이다.

예를 들어, 현재 당신의 능력으로는 절을 지을 수 없다고 하자. 하지만, 만약 절을 지을 수 있을 정도의 돈이 있다면 절을 짓고 싶다고 기원할 때와 같은 정도의 신앙심을 지니고 조약돌 하나를 불상 앞에 놓는 행위는 쉽게 할 수 있다. 그리고 그 때, 그렇게 조약돌을 바치는 행위의 공덕은 절을 지음으로써 생기는 공덕과 거의 같은 것이다… 당신은 6,771권의 불경을 모두 읽을 수 없다. 그러나 당신은 그 6,771권의 불경을 넣은 회전도구를 만들어서, 6,771권의 불경을 읽고 싶다는 진심 어린 바람을 품고 그 회전도구를 밀어서 돌릴 수 있다. 그렇게 하면, 불경을 읽는 행위가 당신에게 줄 수 있는 공덕과 같은 정도의 공덕을 얻을 수 있을 것이다… 이런 예를 통해 '**나조라에루**'라는 단어의 종교적 의미는 충분히 설명될 수 있을 것이다.

그 단어의 마술적 의미는 수많은 다양한 예가 없으면 설명하기 어렵지만, 다음의 예가 이해에 도움을 줄 것이다. 시스터 헬렌[14]이 밀랍으로 사람 모양의 작은 인형을 만든 것과 같은 이유에서 짚으로

14) 19세기 영국의 시인 로제티D.G.Rossetti의 시 〈시스터 헬렌Sister Helen〉에 나오는 주인공. 애인에게 버림받은 헬렌이 밀랍으로 애인 형상의 인형을 만들어 저주한다.

사람 모양의 작은 인형을 만들어서, 축시丑時[15]에 어느 절 뒤의 숲에서 오 인치[16]가 넘는 못으로 그 인형을 나무에 박았다고 하자. 그리하여 그 작은 짚 인형으로 상상된 사람이 그 후에 격심한 고통 속에 죽었다고 하자. 이것은 '**나조라에루**'의 한 가지 의미를 보여주는 것이다… 밤사이에 도둑이 당신의 집으로 들어와 귀중품을 훔쳐갔다고 가정하자. 그런 후에 정원에서 그 도둑의 발자국을 발견해서 즉시 양쪽 발자국 위에서 쑥을 많이 태우면 그 도둑의 양쪽 발은 크게 부어오르게 되어, 자수하여 당신에게로 돌아와 당신의 용서를 구하지 않는 한 그 도둑은 조금도 쉴 수 없게 될 것이다. 이것이 '**나조라에루**'라는 단어에 의해 표현되는 의태적擬態的 마술의 또 다른 형태이다. 그리고 이 단어의 세 번째 형태는 무겐의 종에 얽힌 여러 가지 전설에 의해 예시된다.

그 종이 깊은 연못 속으로 굴러 들어간 뒤, 그 종을 쳐서 깰 수 있는 기회는 더 이상 없었다. 그러나 이렇게 행운이 사라져 버린 것을 아쉬워한 사람들은 상상적으로 그 종을 대신할 수 있는 것을 때려서는 깸으로써, 많은 문제를 일으켰던 그 거울의 소유자였던 그녀의 영혼을 기쁘게 해 주려고 했다.

이렇게 한 사람들 중에 우메가에梅ヶ枝라는 여자가 있었다. 일본

---

15) 새벽 1시와 3시 사이.

16) 일 인치는 약 2.5센티미터.

전설에서 그녀는 헤이케平家 일족의 무사인 가지와라 가게스에梶原景季[17]와의 관계로 유명하다. 그들이 함께 여행하던 어느 날, 돈이 궁해진 가지와라는 큰 어려움에 처하게 되었다. 그 때 무겐의 종 전설을 기억해 낸 우메가에가 상상적으로 청동 대야를 그 종이라고 생각하고는, 깨져라하고 대야를 치면서 금 삼백 냥을 달라고 소리쳤다. 두 사람이 묵고 있던 여관의 손님 한 명이 그녀에게 대야를 치면서 소리치는 이유를 물어보았고, 그들이 처한 문제를 알게 되자 진짜로 우메가에에게 금 삼백 냥을 주었다고 한다. 나중에 우메가에의 청동 대야에 대한 노래가 만들어져, 오늘날에 이르기까지 게이샤芸者들에 의해 불리어진다.

우메가에노 조즈바치 다타이테 오카네가 데루나라바
미나상 미우케오 소레 다노미마스
梅ヶ枝の 手水鉢叩いて お金が出るならば
みなさん身請を そうれ頼みます
"우메가에의 청동 대야를 쳐서 돈이 생긴다면,
여러분, 미우케身請[18]를 부탁드려요"

이 일이 있은 후 무겐의 종의 명성은 더욱 높아져서, 많은 사람들

---

17) 가마쿠라鎌倉 시대 초기의 무사로서 유명한 전설 속의 인물. 사실은 겐지源氏 쪽의 무사였으나 라프카디오 한은 헤이케 쪽의 무사로 적었다. 헤이케와 겐지에 대해서는 〈귀 없는 호이치의 이야기〉를 참고.

18) 게이샤가 유곽에 진 빚을 손님이 대신 갚아주고 그녀를 자유의 몸으로 만들어 주는 일.

이 우메가에의 예를 본받아 그녀의 행운을 자신도 얻고 싶어 했다.

이런 사람들 중에 무겐야마 산 근처 오이가와 강大井川 강가에 살던 방탕한 농부가 있었다. 문란한 생활로 재산을 탕진한 끝에, 그는 자기 집 정원의 흙으로 무겐의 종 모양의 덩어리를 만들고는, 큰 재산을 달라고 소리치면서 그 진흙 종을 쳐서 깨뜨렸다. 그러자 정원의 땅속에서, 하얀 옷 입은 여자가 긴 머리를 흩날리며 뚜껑 덮인 항아리를 안고 그의 앞에 나타났다. 그리고는 말하기를,

"당신의 열렬한 기도에 응답하기 위해 왔습니다. 이 항아리를 받으십시오."

그녀는 항아리를 그의 손에 건네주고는 사라졌다.

이 행운의 사나이는 집안으로 달려들어가 아내에게 기쁜 소식을 전했다. 그는 그녀 앞에 뚜껑 덮인 항아리를 내려놓았다. 그 항아리는 무거웠다. 부부는 함께 항아리를 열었다. 열어 보니, 그 항아리는 주둥이까지 가득…

안 돼! 정말이지, 그 항아리가 무엇으로 채워져 있는지는 여러분에게 말할 수 없어요.[19)]

---

19) 이 이야기의 원전인 『야창귀담』 상권 〈기원하여 금을 얻다〉에는, "곧 통을 들고 방으로 들어오다가 실수로 문지방에 걸려 넘어져서 마루에 통을 쏟았다. 아내가 등불을 들고 이를 보니 똥물이 흘러 넘쳐 그 냄새를 참을 수 없었다"(『고이즈미 야쿠모-괴담·기담』 375쪽)라고 되어 있다.

【역주】

이 이야기의 배경이 되는 무겐의 종 전설에 대해, 1697년에 간행된 『일본국화만엽기日本国花万葉記』 권8에는,

> 사요노 나카야마小夜の中山는 소나무가 무성한 널찍한 산이다. 산 중턱 오십 정町(일 정은 약 백팔미터-역주), 이 산에서 오른쪽으로 일 리里(일본에서는 일 리가 사킬로미터-역주)쯤 되는 곳에 높은 산이 보인다. 여기에 간논지 절観音寺이라는 조동종曹洞宗의 작은 절이 있다. 옛날 이 절에 무겐의 종이라는 것이 있었다. 언제 누가 처음 말한 것인지는 모르지만, 이 세상의 부귀를 원하는 사람이 즐겨 이 종을 치면, 내세에서는 반드시 무간지옥無間地獄의 업을 받지만 현세에서는 곧 부자가 된다고 전해지기 때문에, 어리석은 무리들 중에 내세의 일은 두렵지 않다고 하면서 기꺼이 이 종을 치는 자가 많았다고 한다. 메이오明応(1492-1501년 사이의 일본 연호-역주) 무렵에 이 절의 주지가 이 종을 미워하여, 세상 사람들을 타락시키는 흉기이자 지옥으로 빠뜨리는 중개자가 되고 한편으로는 절의 수치라고 생각하여, 이 종을 근처의 깊은 우물 바닥에 보기 좋게 묻어버렸다고 한다.(『일본 전기전설 대사전』 412쪽에서 재인용)

라고 소개되어 있다.

이 이야기에 나오는 로제티에 대하여, 라프카디오 헌의 영문학 강의 중 관련된 부분을 일부 옮겨 적는다.

> '라파엘 전파'에 속하는 최대의 시인은 찰스 개브리얼 단테 로제티Charles Gabriel Dante Rossetti이다. 그는 문학적 용도로는 그 이름의 순서를 바꾸어 단테 개브리엘 로제티로 서명했으며, 오늘날도 이 이름으로 우리에게 알려져 있다 중략 화가로서 그는 순탄한 길을 걸었다. 그는 미술계에서 '라파엘 전파The Pre-Raphaelite

School'의 공인된 수장이 되었다. 그의 모델이 된 여성들 중에 엘리자베스 시들Elizabeth Saddal이라는 미모의 소녀가 있었다. 그가 그녀에 관심을 갖게 된 것은 그녀의 미모보다는 그녀의 예술에 대한 관심 때문이었다. 그녀는 좋은 가문에서 비범한 재능을 타고났으며, 그것을 알아본 러스킨John Ruskin이 그녀를 물심양면으로 후원한 적이 있었다. 로제티는 그녀와 사랑하게 되어 결혼을 했다. 이후 그는 아내를 기쁘게 하기 위해 조그만 시집을 하나 꾸몄다. 그러나 그녀는 일 년이 못되어 죽게 되며, 그 시집은 아직 출판사에 의뢰되지 않았다. 로제티는 그것이 그녀를 위해 쓰여졌기 때문에 그녀와 함께 묻혀야 한다고 주장했다. 그래서 그것은 그녀의 관속에 함께 들게 되었다.

그러나 이후 10년이 지나 로제티는 그 시집의 매장을 후회하게 되었다. 그보다 못한 시로 유명하게 된 사람들을 보았던 것이다. 그는 그 시집을 다시 구해내고 싶었다. 그러나 많은 법적인 절차에 부딪쳐야 했는데, 유력한 친구들의 도움으로 겨우 되찾게 되었다. 시신의 관을 열었을 때 여인의 시체는 거의 생시처럼 아름다운 모습을 유지했으며, 시집은 큰 손상 없이 그녀의 가슴에 놓여있었다고 전해진다. 그 시집은 곧 출판되어 1870년 『발라드와 시Ballads and Poems』라는 제명으로 나타났으며, 즉각적인 성공을 거두었다. (중략) 일반적으로 말해서 그의 주제는 '사랑', '탄생', '죽음'을 모두 하나의 강렬한 개인적 정서에 연결해서 다루고 있다. 그러면서 거기에는 중세적 음영이 드리워 있다. 그의 중・단편시들도 마찬가지이다. 〈신부의 서곡The Bride's Prelude〉은 중세 프랑스풍이고, 〈로즈 메어리Rose Mary〉는 중세 영국풍이고, 〈시스터 헬렌Sister Helen〉과 〈흰 배The White Ship〉 등도 모두 그러하다. 〈에덴 정자Eden Bower〉와 〈트로이 읍Troy Town〉은 각각 고대 히브리, 혹은 탈무드 전설과 희랍전설을 그 주제로 다루고 있다. 그러면서도 역시 중세작가의 방법과 정서가 스며 있다. 그런데 현실은 모두 꿈인 듯, 지난 과거만이 현실인 듯 몽롱한 방식으로 다루어지고 있다. (『동양인을 위한 영국문학사—동경대학 강의록』 476-480쪽)

그리고, 라프카디오 헌이 이야기 도중에 설명하고 있는 '나조라에루'의 종교적 의미란 곧, 제임스 조지 프레이저James George Frazer의 유명한 『황금 가지The Golden Bough』(전 12권, 1911-1915)에서 설명하고 있는 '동종 주술·모방 주술'을 가리키고 있다고 생각된다.

주술의 기초가 되고 있는 사고의 원리를 분석한다면 아마 다음의 두 가지로 귀착될 것이다. 즉, 첫째로 '유사는 유사를 낳는다' 혹은 '결과는 그것의 원인을 닮는다'이며, 둘째로 '한번 서로 접촉한 것은 실제로 그 접촉이 떨어진 후에도 계속 서로 작용한다'이다. 앞의 원리를 '유사법칙Law of Similarity', 뒤의 것을 '접촉법칙Law of Contact' 또는 '감염법칙Law of Contagion'이라고 칭할 수 있다.

이 원리 중에서 전자, 즉 유사 법칙에 의해서 주술사는 단지 그것을 모방함으로써 그가 바라는 어떤 결과를 가져올 수 있다고 추리한다. 후자에서 주술사는 한번 어떤 사람에 접촉했던 물체에 대해서 행한 행위는 그 물체가 신체의 한 부분을 구성하는 것이건 그렇지 않은 것이건 간에 그것과 똑같은 결과를 그 사람에게 가져다준다고 추리한다. 유사법칙에 기초한 주술charms은 '동종 주술Homoeopathic Magic' 혹은 '모방 주술Imitative Magic'이라고 할 수 있다. 접촉법칙 또는 감염법칙에 기초한 주술은 감염주술이라 할 수 있다. (중략) 유사는 유사를 낳는다는 원리의 가장 보편적인 적용은 아마 적敵의 상像이 괴로워하면 그 상의 당사자도 괴로워하고, 그 상이 파괴되면 그도 죽는다는 신앙에서 적의 상을 해치거나 깨뜨림으로써 그 적을 해치거나 괴멸하려고 여러 시대에 걸쳐 여러 민족에 의해서 실천되었던 시도이다. (『황금가지 I』 45-47쪽)

식인귀

옛날, 미노 지방美濃国을 여행하고 있던 선승禪僧 무소 국사夢窓国師[20]는 길을 가르쳐 줄 사람도 없는 어느 산 속에서 길을 잃게 되어, 오랫동안 아무런 도움도 받지 못하고 헤매고 있었다. 하룻밤 지낼 곳을 찾기를 포기하기 시작했을 무렵, 하루의 마지막 햇빛이 비치는 언덕 꼭대기에 암자 한 채가 보였다. 거의 쓰러져갈 듯한 암자이긴 했지만, 그래도 그는 열심히 발걸음을 재촉했다.

도착해 보니 늙은 승려가 한 명 암자에 살고 있었다. 그 승려는 하룻밤 묵게 해 달라는 무소의 부탁을 매몰차게 거절하면서, 그 대신, 계곡에 인접한 한 작은 마을에서 숙소와 먹을 것을 얻을 수 있

20) 1275-1351. 본명은 무소 소세키夢窓疎石. 일본 선종의 일파인 임제종臨濟宗의 대표적 승려. 고다이고 덴노後醍醐天皇 및 무로마치 막부室町幕府의 쇼군将軍인 아시카가 다카우지足利尊氏 등의 귀의를 받아 덴류지 절天龍寺 등을 창건했으며, 그의 제자들이 무로마치 시대의 일본 선종계를 석권했다.

을 것이라고 가르쳐 주었다.

그래서 무소는 그 마을로 갔다. 열한두 채 정도의 집밖에 없는 작은 마을이었지만, 그래도 촌장은 그를 친절하게 맞아주며 자신의 집에 묵게 했다. 무소가 도착했을 때, 촌장 집의 안방에는 사오십 명의 사람들이 모여 있었다. 안방에서 떨어져 있는 작은 방으로 안내된 그에게 곧 먹을 것과 침구寢具가 가져다졌다. 매우 피곤했던 터라 그는 곧 몸을 눕혔다.

한밤중이 가까워 올 즈음, 그는 옆방에서 들려오는 큰 울음소리에 잠에서 깼다. 이윽고 장지문이 조용히 좌우로 열리더니, 등불을 든 젊은이 한 명이 방으로 들어와서는 공손히 인사하며 말했다.

"스님, 말씀드리기 곤란한 일이 있습니다. 저는 어제까지는 단지 이 집의 장남이었을 뿐이지만 이제는 이 집의 가장이 되었습니다. 아까 스님께서 오셨을 때에는 너무 피곤해 보이셨기 때문에, 스님께서 곤란해하시지 않도록 말씀을 드리지 않았지만, 실은 바로 몇 시간 전에 저의 아버지가 돌아가셨습니다. 옆방에서 당신이 보신 사람들은 이 마을의 주민들로, 돌아가신 분께 마지막 인사를 드리기 위해 모여 있던 것이었습니다. 그리고 이제부터 저희 모두는 여기서 삼 마일[21]쯤 떨어진 이웃 마을로 가려고 합니다. 저희의 관습에 따르면, 누군가 죽은 날 밤에는 아무도 이 마을에 남아있어서는 안 되기 때문입니다. 저희는 돌아가신 분에 대해 적절한 공양물과

21) 일 마일은 1.6킬로미터.

기도를 드린 뒤, 돌아가신 분의 시신만을 남겨두고 다른 마을로 떠납니다. 시신이 놓여진 집에서는 언제나 이상한 일들이 일어납니다. 그러니 스님께서도 저희와 함께 가시는 것이 좋겠습니다. 저희는 이웃 마을에서도 스님께 편안한 숙소를 찾아드릴 수 있습니다만, 혹시 스님께서 도깨비나 악마에 대해 두려움을 갖고 계시지 않으셔서 이 시신과 함께 이곳에 머물러도 좋다고 생각하신다면 누추한 저희 집에 머물러 계셔도 좋습니다. 하지만 스님을 제외한 그 누구도 감히 오늘 밤 여기서 머물 수는 없다는 말씀을 드립니다."

무소가 답했다.

"여러분의 친절한 마음씀씀이와 따스한 접대에 깊이 감사드립니다. 제가 도착했을 때 당신 부친의 불행에 대해 저에게 알려주시지 않은 것은 유감스럽군요. 설령 제가 조금 피곤했다고는 해도, 승려로서의 저의 의무를 수행하는 것이 곤란할 정도로 지쳐 있지는 않았었기 때문입니다. 만약 아까 저에게 알려주었더라면 당신들이 출발하기 전에 법회를 마칠 수 있었겠지만, 이렇게 되었으니 당신들이 떠난 뒤에 법회를 치르도록 하겠습니다. 그리고 돌아가신 분의 시신 옆에서 내일 아침까지 머물겠습니다. 여기에 혼자 머무는 것이 위험하다는 당신의 말이 무엇을 뜻하는지는 잘 모르겠지만, 승려의 몸인 저는 도깨비나 악마를 두려워하지 않기 때문에 저에 대해서는 염려하시지 않아도 좋습니다."

무소의 이 말을 들은 젊은 주인은 매우 기뻐하며 적절한 말로 감사의 뜻을 표했다. 무소의 친절한 말을 듣고는, 옆방에 모여 있던 망자의 다른 가족들과 마을 사람들도 그에게 인사를 드리러 왔다. 인사가 모두 끝나자 그 집의 주인이 말했다.

"스님, 당신을 홀로 계시게 해드려서 황송합니다만, 저희는 이제 작별인사를 드려야겠습니다. 저희 마을의 규칙에 따라 저희 중 누구도 자정 이후에 이곳에 머물 수 없습니다. 스님, 저희가 모실 수 없는 동안에 부디 조심하시기 바랍니다. 그리고 혹시 저희가 마을을 비운 동안에 무언가 이상한 것을 보시거나 들으시게 되거든, 내일 저희가 돌아왔을 때 알려주시면 고맙겠습니다."

그리고 나서 그들은 무소를 남겨두고는 모두 떠났다. 승려는 망자의 시신이 안치되어 있는 방으로 갔다. 일반적인 공양물들이 시신 앞에 놓여져 있었고, **등명**燈明이라고 하는 작은 불교 의식용 등불이 켜져 있었다. 무소는 경을 읊으며 혼자 법회를 치른 뒤 명상에 들어갔다. 명상의 자세로 몇 시간의 침묵의 시간이 흐르는 동안, 사람들이 떠난 마을에서는 어떠한 소리도 들리지 않았다.

그런데 밤의 적막함이 가장 깊어졌을 즈음, 무언가 흐릿하고 커다란 그림자 하나가 소리 없이 집안으로 들어왔다. 그 순간 무소는 움직일 수도, 소리를 낼 수도 없었다. 그 그림자는 두 손으로 망자의 시신을 집어들더니, 고양이가 쥐를 먹는 것보다 더 빠른 속도로 먹어치웠다. 머리에서 시작해서 머리카락과 뼈와, 심지어는 수의에 이르기까지 모든 것을 먹어치웠다. 그 괴기스러운 물체는 시신을 다 먹어 치운 뒤에 공양물도 다 먹고는, 처음에 왔을 때와 마찬가지로 불가사의하게 방에서 빠져나갔다.

다음 날 아침에 승려는 촌장 집의 문 앞에 서서, 마을로 돌아오는 사람들을 맞이했다. 그들은 승려에게 차례로 인사한 뒤 집 안으로 들어와 방안을 둘러보았지만, 누구 하나도 시신과 공양물이 사라진 데 대해 놀라움을 표시하지 않았다. 그 집의 주인이 무소에게 말했다.

"스님, 아마 스님께서는 지난밤에 유쾌하지 않은 일을 보셨겠지요. 저희는 모두 스님의 안전을 걱정하고 있었습니다. 이렇게 다치지 않고 무사하신 것을 보니 매우 기쁩니다. 가능하다면 저희도 함께 이 집에 머무르고 싶었지만, 지난밤에 말씀드린 대로, 저희 마을의 규칙에 따라 누군가 죽으면 그 시신만 남겨둔 채 마을을 비워야 했습니다. 이제까지 그 규칙이 깨질 때마다 거대한 불행이 뒤따르곤 했습니다. 그 규칙을 따를 때에는 저희가 마을을 비운 사이에 시신과 공양물이 사라집니다. 혹시 당신은 그 원인을 목격하셨는지요?"

무소는 죽은 자가 놓여 있는 방으로 들어와 시신과 공양물을 먹어 치운 그 흐릿하고 무시무시한 형체에 대해 말해 주었다. 아무도 그의 말에 놀라는 것 같지 않았다. 이야기가 끝난 뒤 그 집의 주인이 말했다.

"스님께서 저희에게 들려주신 이야기는, 오래 전부터 전해진 이야기와 일치합니다."

그러자 무소가 물었다.

"저 언덕 위의 승려는 여러분 마을에서 누군가 죽으면 법회를 치러주지 않습니까?"

"어떤 승려 말입니까?"

"어젯밤에 저에게 이 마을을 알려준 승려 말입니다." 무소가 대답했다. "어제 제가 저기 맞은 편 언덕 위에 있는 그의 암자에 들렀더니, 그는 저를 묵게 해주는 대신에 이 마을로 오는 길을 알려 주더군요."

그의 이야기를 들은 사람들은 놀라서 서로 쳐다보았다. 잠시 침묵이 흐른 뒤 그 집의 주인이 말했다.

"스님, 저 언덕 위에는 승려도 없고 암자도 없습니다. 오랜 세대 동안 이 근처에 거처하셨던 승려는 없었습니다."

자신이 무언가 귀신에 홀렸다고 사람들이 생각하는 것이 분명했기 때문에 무소는 그 문제에 대해 더 이상 아무것도 말하지 않았다. 하지만 여행하는 데 필요한 이야기를 들은 뒤 그들과 작별한 그는, 다시 한 번 그 언덕 위의 은둔처로 찾아가서 자신이 정말로 속은 것인지 확인하기로 했다. 그는 아무런 어려움 없이 그 암자를 찾았다. 이번에는 그 늙은 승려가 그에게 들어오라고 했다. 그가 안으로 들어가자 늙은 승려는 무소의 앞에 공손히 절하고는 소리쳤다.

"아아, 부끄럽습니다! 정말 부끄럽습니다! 너무나도 부끄럽습니다!"

"절 묵게 해주지 않았다고 해서 그렇게 황송해하실 필요는 없습니다." 무소가 말했다. "당신이 저쪽 마을로 가는 길을 알려주신 덕분에 그곳에서 친절한 접대를 받았으니 제가 당신께 감사를 드려야지요."

"실은, 저는 아무도 이곳에 묵게 할 수가 없습니다." 그 암자의 주인이 대답했다. "제가 부끄러워하는 것은 당신을 묵게 하지 않았기 때문이 아닙니다. 당신께서 저의 진정한 모습을 보셨기 때문입니다. 어젯밤에 당신 눈앞에서 그 시신과 공양물을 먹어치운 것은 바로 저였습니다… 스님, 저는 **식인귀**(食人鬼 : 문자 그대로 사람을 먹는 귀신. 일본어 원작의 작가는 락샤사Rakshasa라는 산스크리트어 용어도 함께 제시하고 있지만, 이 단어 역시 식인귀라는 단어만큼이나 애매하다. 왜냐하면 다양한 종류의 락샤사가 있기 때문이다. 이 이야기에서의 식인귀는 옛 불교 서적들에서 열거되는 아귀들 중 제26번째의 계급에 속하는 바라문 나찰 아귀婆羅門羅刹餓鬼를 가리키고 있음이 분명하다-원주)[22]입니다. 저를 불쌍히 여기셔서, 제가 이 지경에까지 이르게 된 비밀스러운 죄를 당신께 고백할 수 있도록 해 주십시오.

옛날에 저는 이 인적 없는 고장의 승려였습니다. 이 주변에는 먼 곳에 이르기까지 저 이외에는 다른 승려가 없었기 때문에, 당시에

---

22) 락샤사Rakshasa는 불경에서는 나찰이라고 하고, 가외可畏·속질귀速疾鬼 등으로 번역한다. 밤에 출몰하며, 개·독수리·올빼미·뻐꾸기·멧돼지·남편·아내 등 여러 가지 모습을 취할 수 있다고 말해진다. 불과 같이 빛나는 날카로운 눈과 이상하게 긴 꼬리를 갖고 있으며, 희생 제의를 혼란시킨다. 묘지의 시체 가운데 살면서 인육을 먹는 종류도 있으며, 특히 신생아에게 있어서는 가장 위험한 존재로 되어 있다.(『인도 신화 전설 사전』 〈락샤사〉 항목)

는 이 산촌의 주민이 죽으면 그 시신을 여기로 가져와서는 제가 장례식을 치러주고는 했습니다. 때로는 아주 먼 곳에서 가져오기도 했지요. 하지만 저는 오로지 먹고살기 위해서 경을 읽고 법회를 행했습니다. 저는 마음속으로, 이 성스러운 직책이 저에게 가져다주는 음식과 옷에만 신경을 쓰고 있었던 것이지요. 그리고 이러한 이기적인 불신심不信心으로 인하여 저는 죽어서 **식인귀**로 환생했고, 그 후로 저는 이 지방에서 죽은 사람들의 시신을 먹어야 하는 업보를 받았습니다. 당신이 어젯밤에 보셨던 식으로 그들 모두를 먹어치웠습니다… 스님, 부디 저를 위해 시아귀 공양(시아귀 공양施餓鬼供養이란 아귀pretas 즉 굶주린 영혼의 상태가 되었다고 생각되는 자들을 위해 행하는 특수한 불교 의식이다. 이러한 의식에 대한 간단한 언급이 나의 책 『일본잡록Japanese Miscellany』(1901년)에 들어 있다–원주)을 베풀어주십시오. 당신의 기도로써 저를 도와주십시오. 부탁드립니다. 그렇게 하면 저는 곧 이 끔찍한 존재의 상태에서 벗어날 수 있을 것입니다…"

이렇게 부탁하고는 그 늙은 승려는 사라졌다. 그리고 동시에 그의 암자도 사라졌다. 무소국사는, 승려의 무덤으로 보이는 오래되고 이끼 낀 **오륜석**(五輪石 : 문자 그대로 다섯 원(또는 다섯 영역)의 돌. 에테르Ether, 공기, 불, 물, 흙이라는 신비한 다섯 가지 원소를 상징하는 서로 다른 모양의 다섯 개의 돌을 쌓아 만든다–원주) 옆의 풀밭에 자기가 무릎 꿇고 있다는 것을 알게 되었다.

너구리

도쿄 아카사카東京赤坂에는 '기이 지방의 언덕'이라는 뜻을 가진 기이노쿠니자카 언덕紀伊国坂이 있다. 이 언덕이 왜 기이노쿠니자카 언덕이라고 불리는지는 모르겠다.[23] 이 언덕의 한쪽 편은 매우 깊고 넓은 오래된 해자垓字로, 해자의 초록빛 제방은 어딘가의 저택 정원 같은 곳까지 높다랗게 이어져 있다. 언덕의 다른 한쪽 편은 왕궁皇宮의 길고 높은 성벽까지 뻗어 있다. 가로등과 인력거가 나타나기 이전 세기[24]에 이 일대는 밤이 되면 인적이 끊기고 매우 스산해졌다. 귀가길이 늦은 사람들은 해 진 후에 혼자 이 기이노쿠니자카 언덕을 넘느니 차라리 몇 마일을 더 걷더라도 다른 길로 돌아가고

23) 기이 지방은 도쿄로부터 멀리 떨어진 일본 혼슈本州 중앙의 오늘날 와카야마현和歌山県에 해당하기 때문에 이렇게 말한 것 같다.

24) 인력거는 일본에서 발명된 것으로, 1870년에 처음으로 특허가 나왔다.

는 했다.

이 모든 것은, 그곳에 출몰하던 한 마리의 너구리 때문이었다.

그 너구리를 마지막으로 본 사람은 교바시京橋 지역의 늙은 상인으로, 그는 이미 삼십여 년 전에 죽었다. 아래의 이야기는 그가 들려준 그대로이다.

어느 늦은 밤, 기이노쿠니자카 언덕을 급하게 넘고 있던 그는, 해자 근처에서 어떤 여자가 홀로 고개를 숙이고 웅크리고 앉아 슬피 울고 있는 것을 보았다. 그녀가 해자에 몸을 던져 죽으려는 것은 아닐까 걱정이 된 그는, 무언가 도움이나 위로를 그녀에게 주기 위해 발걸음을 멈추었다. 그녀는 날씬하고 우아해 보였으며 옷차림도 천하지 않았고 양갓집 처녀가 하는 것과 같은 머리모양을 하고 있었다.

"아가씨." 그는 이렇게 소리치며 그녀 쪽으로 다가갔다. "아가씨, 그렇게 울지 마십쇼… 뭔가 문제가 있으면 저에게 말씀해보세요. 제가 도울 수 있는 일이라면 기꺼이 도와드리지요."

(그는 진심으로 그렇게 말했다. 그는 매우 친절한 사람이었기 때문이다.)

하지만 그녀는 긴소매로 얼굴을 가린 채 계속 울었다.

"아가씨." 그는 다시 한 번, 가능한 한 최대로 부드럽게 말을 걸었다. "제발, 제발 제 말 좀 들어보십쇼. 여기는 젊은 여자 분이 밤에 있을 만한 장소가 아니에요. 제발 부탁이니, 울지만 마시고 제가 어떻게 당신을 도와드릴 수 있을지 말씀해보세요!"

천천히 일어난 여자는, 여전히 그에게 등을 보인 채로 소맷자락에 얼굴을 묻고 흐느꼈다. 그는 가만히 그녀의 어깨에 손을 올리고 간청했다.

"아가씨, 아가씨, 아가씨… 제발 잠깐만이라도 제 말을 들어보세요!… 아가씨, 아가씨."

…그러자 그 여자는 이쪽으로 돌면서 소매를 떨구고는, 그 손으로 자신의 얼굴을 스윽 만졌다. 그녀의 얼굴에 눈도 없고 코도 없고 입도 없는 것을 본 남자는 놀라서 소리치며 달아났다.

기이노쿠니자카 언덕 위까지 달리고 또 달렸다. 칠흑 같은 밤, 그의 앞에는 아무것도 없었다. 너무 무서워서 감히 뒤돌아볼 생각도 하지 못한 채로 남자는 달리고 또 달렸다. 마침내 멀리서 반딧불처럼 조그맣게 반짝이는 불빛이 보였다. 곧장 그 불빛 쪽으로 달려간 그는, 그 불빛이 길가에 앉아 밤에 메밀국수를 파는 상인[25]이 켜놓은 등불이라는 것을 알게 되었다. 하지만 그런 경험을 하고 난 뒤에는 어떤 불빛이라도 어떤 사람이라도 좋았다. 남자는 메밀국수 상인을 향해 달려가서는 그의 발켠에 쓰러지며 소리쳤다. "아아 – 아아 – **아아**!!!"

"**이봐! 이봐**!" 메밀국수 장수가 거칠게 소리쳤다. "이봐, 무슨 일이라도 있는 거요? 누가 당신을 때리기라도 했소?"

---

25) 일본어로는 요타카소바夜鷹蕎麥라고 한다.

“아니 - 아무도 날 때리지 않았어요.” 남자는 헐떡였다. “다만… **아아!** - **아아!**”

“- 누군가 당신을 협박했소?” 그 행상인은 냉정한 태도로 캐물었다. “도둑?”

“아니, 도둑이 아냐, 도둑이 아냐” 남자는 겁에 질려 헐떡이고 있었다… “해… 해자 옆에서 - 어떤 여자를 봤소 - 그리고 그 여자가 내게 보여준 건… **아아!** 그 여자가 내게 뭘 보여주었는지, 말하려 해도 말할 수가 없소!…”

“**헤!** 혹시, 그 여자가 당신에게 보여준 건, **이런** 것이었소?”라고 소리치며 메밀국수 장수는 자기 얼굴을 스윽 만졌다. 그러자 그 얼굴은 커다란 **달걀**Egg처럼 변했다… 그리고, 동시에 등불도 꺼졌다.

【역주】

이 이야기의 원제는 〈Mujinaむじな〉이고 이에 해당하는 한자는 '貉(오랑캐 맥, 담비·오소리 학)'이다. 이 단어는 너구리, 오소리, 수달, 담비 등으로 번역될 수 있는데, 이 동물들 중 일본 전설에서 사람을 홀리는 존재로서 가장 흔하게 등장하는 동물은 너구리이다. "너구리(狸, たぬき)는 옛날이야기의 구성요소로서, **일본 전국에 분포하며 지방에 따라서는 무지나むじな라고도 불린다.** 여우와 함께 사람을 홀린다고 말해지지만, 그 방법은 여우와 비교하면 단순하고 그다지 무섭지 않다. 그 신앙도 여우에 대한 것처럼 심도 깊고 광역적이지는 않지만, 시코쿠四国나 사도佐渡는 너구리의 세력이 강한 곳으로 일컬어지며, 다른 지역에서는 여우에 관한 전승이나 속신인 것도 너구리와 관련되어 믿어진다"(『일본 옛날이야기 사전』 〈너구리〉 항목. 강조는 역자)는 설명을 참조하여 이 이야기의 제목을 〈너구리〉라고 번역하였다.

영어권에는 달걀귀신·몽달귀신이라는 요괴에 대해서는 알려진 바가 없고 그에 대한 호칭도 없어서, 헌은 이 작품에서 그저 'Egg'라고 대문자로 표기할 수밖에 없었다. 일본에서는 이런 모양의 요괴를 '놋페라보のっぺらぼう'라고 한다. 헌은 어렸을 때 친척 누나의 얼굴이 달걀처럼 변하는 환상을 보았는데, 나중에 이 환상 이야기를 들은 헌의 부인 세쓰의 양어머니가 그 자리에서 "그건 너구리(무지나)의 장난이야. 아니면 담비든지"라고 하고, 또 "얼굴 없는 괴물이라면 일본인이든 서양인이든 너구리(무지나)인 게 당연하지"라고도 했다 한다. 어렸을 때 공포를 느끼면서 환상을 보았으면서도 알맞은 명칭을 찾지 못하던 달걀귀신에 대해 이렇게 일본에서 명쾌한 해답을 얻게 된 헌은, 이 이야기의 원작인 『백 가지 이야기百物語』 제33화에 수달이라고 되어 있는 것을 너구리로 바꾸고 영어 제목도 〈Mujina〉라고 붙이게 되었다.(『고이즈미 야쿠모－서양탈출의 꿈』 196-208쪽)

로쿠로쿠비

지금으로부터 약 오백 년 전, 규슈九州지역의 다이묘인 기쿠지 집안菊池家을 섬기던 이소가이 헤이다자에몬 다케쓰라磯貝平太左衛門武連라는 사무라이가 있었다. 이 이소가이라고 하는 사내는 대대로 용맹 높은 선조들로부터 사무라이로서의 기질과 남다른 힘을 물려받아, 이미 소년이었을 때부터 검도, 궁술, 창술에서 스승들을 뛰어넘어 담대하고 능숙한 사무라이로서의 자질을 나타내고 있었다. 훗날 에이쿄 전쟁永享の乱[26] 때 용맹을 떨쳤기 때문에 많은 명예가 그에게 주어졌다.

그러나 기쿠지 집안이 몰락하게 되자 그는 주군 잃은 사무라이가 되었다. 이소가이 정도의 사무라이라면 어렵지 않게 다른 다이묘를

26) 에이쿄는 1429-1441년의 일본의 연호. 1428년 8월에 가마쿠라鎌倉 지역의 아시카가 모치우지足利持氏가 교토의 무로마치 막부室町幕府에 대하여 일으킨 전쟁으로, 1441년에 겨우 진압된 뒤에도 간토関東 지역의 혼란은 계속되었다.

섬길 수도 있었겠지만, 그는 자기 한 몸의 입신출세만을 생각하여 전 주인에 대한 충성을 버리기보다는 차라리 세상을 등질 것을 택하였다. 그래서 머리를 깎고 가이료回龍라는 이름의 행각승行脚僧이 되었다. 그러나 비록 승복을 입었지만 그는 언제나 사무라이로서의 마음가짐을 지니고 있었다. 왕년에는 위험이라는 것을 신경 쓰지 않았던 사무라이였던 것처럼, 지금도 그는 위험을 피하려 하지 않고 어떤 날씨든 어떤 계절에든 행각을 하면서, 다른 승려들이 감히 접근하려 하지 않는 곳까지도 가서 불법佛法을 전했던 것이다. 당시는 폭력과 불법不法이 횡행하던 때로, 혼자 여행하는 사람은 설령 승려라고 할지라도 안전을 보장받을 수 없었다.

처음으로 하게 된 긴 여행 중, 가이료는 가이 지방甲斐国을 들르게 되었다. 어느 날 저녁, 그는 매우 어둡고 외졌으며 가장 가까운 마을도 몇 리나 떨어져 있는 산 속을 지나고 있었다. 그날 밤에 노숙을 하기로 한 그는, 길가에서 적당한 풀밭을 찾아 몸을 눕히고 자려고 했다. 그는 언제나 불편함을 피하지 않았다. 다른 더 좋은 잠자리를 찾을 수 없을 때에는 맨 바위를 침대로 삼고 소나무 뿌리를 베개 삼아 자고는 했다. 그의 몸은 강철 같아서, 밤이슬도, 빗줄기도, 서리도, 눈도 개의치 않았다.

그가 막 땅 위에 누웠을 때, 도끼를 손에 들고 장작더미를 짊어진 남자가 그의 곁을 지나가다가 가이료가 누워 있는 것을 보고는 멈춰 섰다. 남자는 잠시 아무 말 없이 가이료를 바라보더니 매우 놀란 목소리로 그에게 말했다.

"이런 데에서 혼자 쉬고 계시다니 도대체 당신은 어떤 분이십니까?… 이 주변에는 여러 가지 이상한 것들이 많이 출몰합니다. 그런 털북숭이 괴물들이 무섭지 않으십니까?"

"친구여," 가이료는 쾌활하게 대답했다. "나는 사람들이 '**운수의 여객**雲水の旅客'이라고 부르는 행각승일 뿐이오. 당신이 말하는 괴물들이라는 것이 사람을 홀리는 여우나 오소리와 같은 동물들이라면, 그런 털북숭이 괴물들은 두렵지 않아요. 나는 쓸쓸한 장소를 좋아합니다. 그곳은 명상하기에 적합하지요. 나는 야외에서 자는 데에 익숙해져 있고, 내 목숨을 잃을까봐 두려워하는 생각 같은 건 배운 적이 없답니다."

"스님, 당신은 정말로 용감한 분임에 틀림없군요." 그 농부가 대답했다. "이런 곳에 누워 계시다니! 이곳은 아주, 아주 나쁜 소문들이 끊이지 않는 곳이지요. 옛말에도 '**군자는 위험한 곳에 가까이 가지 않는다**君子危きに近寄らず'라고 했듯이, 스님, 이곳에서 주무시는 것은 너무나도 위험합니다. 제 집이 누추하기는 하지만 지금 당장 저와 함께 가십시다. 제 집에는 당신께 드릴 만한 음식은 없지만, 적어도 당신이 위험하지 않게 주무실 수 있는 지붕 정도는 있습니다."

남자의 진심 어리고 친절한 말이 마음에 든 가이료는 이 겸손한 제의를 받아들였다. 나무꾼은 큰길에서 벗어나 숲을 지나는 좁은 길을 따라 그를 인도했다. 깎아지른 절벽을 지나고, 얽혀 있는 미끈미끈한 나무뿌리 위를 지나고, 뾰족뾰족한 바위 위와 바위 사이를 통과하는 좁고 꾸불꾸불한 길을 지나, 마침내 그들은 언덕 위의 탁 트인 장소에 도착했다. 머리 위에서는 보름달이 빛나고 있었다. 기분 좋은 불빛이 새어 나오는 작은 오두막집이 보였다. 나무꾼은 그를 집 뒤곁의 헛간으로 데리고 갔다. 두 사람은 대나무 관을 통하여 근처 개천으로부터 끌어온 물로 발을 씻었다. 헛간 건너편에는 채소밭이 있고, 그 앞에는 삼나무 숲과 대나무 숲이 있었다. 그 너머 숲의 맞은편에서 한 줄기 폭포수가 희미하게 보였다. 어딘가 높은 곳에서 떨어지고 것처럼 보이는 그 물줄기는, 달빛 아래에서 길고 흰옷처럼 흔들리고 있었다.

그의 안내를 받은 가이료가 오두막 안으로 들어가자, 안방에서 네 명의 남자와 여자가 화롯불에 손을 녹이고 있었다. 그들은 깊숙이 머리 숙여 승려에게 매우 정중하게 인사했다. 이렇게 빈궁하고 외롭게 살고 있는 사람들이 정중한 인사법을 알고 있는 것을 본 가이료는 놀랐다. '좋은 사람들이구나.' 그는 혼자 생각했다. '이들은 누군가 예의범절을 잘 알고 있는 사람으로부터 가르침을 받았음에 틀림없어.' 그래서 그는 다른 사람들이 '**집주인**あるじ'이라고 부르는 아까 그 남자에게 물었다.

"당신의 친절한 말투하며 당신의 집에 있는 사람들의 매우 정중한 인사법에서 미루어 보건대, 당신은 원래부터 나무꾼이지는 않았을 것 같군요. 당신은 아마 이전에 높은 계급에 속했던 분이셨겠지요?"

나무꾼이 웃으며 답했다.

"스님의 추측은 틀리시지 않았습니다. 비록 지금의 저는 당신이 보시는 그대로 비천하게 살고 있지만, 예전에는 상당한 신분의 무사였습니다. 저의 이야기는 자업자득으로 몰락한 한 인간의 이야기라 할 수 있겠지요. 저는 어떤 다이묘를 모시고 있었고, 가신들 중에서 저의 위치는 결코 낮지 않았습니다. 그러나 저는 여자와 술을 너무 좋아했기 때문에 사악한 행동들을 했습니다. 저의 제멋대로의 행동은 저희 집안의 몰락과 많은 사람들의 죽음을 가져왔고, 그에 대한 처벌이 뒤따랐습니다. 그리하여 저는 오랫동안 이곳에 숨어살면서, 제가 행한 죄악을 씻고 선조들로부터 이어져 온 저희 집안을 부흥할 수 있도록 해 달라고 기도하고 있는 것입니다. 그렇게 할 수 있는 방법이 없을 것 같아서 두렵습니다만, 그래도 저는 진심으로 참회하고 있습니다. 길을 헤매는 여행객들을 돕는 등의 선행을 행하여 저의 잘못이 만들어낸 업보를 이겨내기를 기원하고 있는 것입니다."

이러한 훌륭한 결심을 들은 가이료는 기뻐하여 그에게 말했다.

"친구여, 젊었을 때 어리석은 짓을 한 사람이 훗날 매우 진실하게 올바른 삶을 살아가는 것을 나는 종종 목격했습니다. 성스러운 경전에 씌어있기를, 가장 악한 일을 했던 사람이 훌륭한 결심을 함으로써 가장 선한 일을 하게 된다고 합니다. 나는 당신이 선한 마음을 가졌음을 의심하지 않습니다. 당신에게 좀 더 행운이 찾아오기를 희망하면서, 오늘밤 나는 당신을 위하여 불경을 읽고 당신이 과거의 악행의 업보를 극복할 힘을 얻을 수 있도록 기도해드리겠습니다."

이렇게 약속한 뒤 가이료는 집주인에게 밤 인사를 했다. 집주인이 침구가 준비되어 있는 매우 작은 옆방으로 그를 안내하고 난 뒤 집안의 사람들은 모두 잠이 들었지만, 승려는 종이 등불 불빛에 의지하여 불경을 읽기 시작했다. 늦은 시간까지 계속해서 불경을 읽고 기도했다. 이윽고 잠들기 전 마지막으로 야경을 감상하기 위해 침실 창문을 열었다. 아름다운 밤이었다. 하늘엔 구름 한 점 없고, 바람도 불지 않았다. 환한 달빛이 날카롭고 까만 나무 그림자를 지면에 자르듯이 떨구고, 이슬은 반짝반짝 구슬과 같이 정원 한 가득 빛나고 있었다. 귀뚜라미와 방울벌레의 울음소리는 소란스러우면서도 우아하게 울려 퍼지고, 근처의 폭포 소리도 밤이 깊어감에 따라 더욱 더 깊어 가는 듯했다.

물소리를 들은 가이료는 갈증을 느꼈다. 집 뒤편에 물을 끌어오는 대나무 관이 있었다는 것을 기억해 내고는, 그곳으로 가면 사람들의 잠을 깨우지 않고도 물을 마실 수 있겠다고 생각했다. 그래서 자기의 침실과 안방을 나누고 있는 장지문을 조심스럽게 열자 등불 빛에 안방이 보였다. 다섯 명이 누워 있었다 - 목 없이!

그 광경을 본 가이료는 소름이 쫙 끼쳤다. 무언가 범죄가 일어났다고 생각했다. 그러나 다음 순간 그는, 그곳에 피가 흘러 있지 않으며 시체들에서 목이 잘려나간 흔적이 보이지 않는다는 사실을 알게 되었다. '이건 내가 요괴들한테 홀렸거나, 아니면 로쿠로쿠비轆轤首의 소굴로 유인되어 온 게 틀림없어… 『수신기搜神記』라는 책에 보면, 누군가 머리가 없는 몸을 발견하여 그 몸만 다른 곳에 옮겨 놓으면 그 머리는 다시는 목에 결합될 수 없다고 했지. 그리고, 돌아와서는 몸이 어디론가 옮겨진 것을 발견한 머리는, 마치 공처럼 땅에 세 번 튀어 오른 뒤에 공포에 질려 헐떡거리면서 곧 죽는다고도 나와 있었지. 만약 지금 이것들이 바로 그 로쿠로쿠비라면, 이들은 좋은 일을 하지 않는 괴물들이니까 내가 그 책의 가르침에 따른다고 해도 나의 행동은 정당한 거야…'

그는 집주인 몸의 두 발을 잡고는 창가로 끌고 가서 집밖에 버렸다. 그리고 나서 뒷문으로 갔는데 문이 잠겨 있었기 때문에, 머리들은 열려져 있는 지붕 위의 굴뚝을 통하여 나갔으리라 추측했다. 조용히 문의 빗장을 벗기고 정원으로 나가 조심스럽게 정원 맞은편 숲으로 걸어갔다.

숲 속에서는 이야기 소리가 들렸다. 수풀 그림자에 몸을 숨겨가면서 목소리가 들리는 방향으로 걸어가다가, 숨기 좋은 곳을 발견하고는 나무 뒤에 몸을 숨겼다. 다섯 개의 머리가 휙휙 날아다니며 떠드는 모습이 보였다. 머리들은 땅과 나무에서 발견한 벌레들을 먹고 있었다. 이윽고 집주인의 머리가 먹는 것을 멈추고 말했다.

"아, 오늘 온 그 행각승의 몸은 참 토실토실하더군! 그놈을 잡아

먹으면 우리 배가 꽉 찰 거야… 괜히 바보 같은 말을 해서, 그 놈이 내 영혼을 위해 불경을 읽게 해버렸어. 그놈이 불경을 읽는 동안에는 접근할 수가 없지. 기도하는 동안에는 몸에 손을 댈 수 없어. 하지만 이제 아침이 다가오니 아마 그놈은 잠들었을 거야… 누군가 집에 가서 그 놈이 뭐하고 있는지 보고 와라."

즉시 젊은 여자의 머리가 땅에서 떠올라서는 박쥐처럼 가볍게 집으로 날아갔다. 몇 분 후 돌아온 그 머리는 경악한 듯이 새된 목소리로 소리쳤다.

"그 행각승은 지금 방안에 없습니다. 그는 떠났어요! 하지만 가장 나쁜 소식은 그게 아니에요. 그놈이 집주인님의 몸을 치워버렸어요! 그 몸을 어디로 가져간 걸까요."

이 말을 듣고는 경악해서 눈을 흉측스럽게 부릅뜨고 머리카락을 곤두세우고 이를 가는 집주인 머리의 모습이 달빛에 뚜렷이 비추었다. 이윽고 그 머리의 두 입술 사이에서 분노에 차 흐느끼는 외침소리가 터져 나왔다.

"내 몸이 사라졌으니 다시는 붙을 수 없어! 그러면 나는 죽게 될 거다!… 이건 틀림없이 그 중놈의 짓이야! 내가 죽기 전에 그 중놈한테 들러붙어서 그 놈을 찢어버릴 거야! 그놈을 삼켜버릴 거야!… **그 놈이 바로 저기 있다!** 저 나무 뒤에! 저 나무 뒤에 숨어 있다! 저 놈을 봐라! 저 살찐 겁쟁이!…"

이렇게 소리치면서 집주인의 머리가 가이료에게 달려들었다. 다른 네 개의 머리도 그 뒤를 따랐다. 그러나 이 힘센 승려는 어린 나뭇가지를 꺾어 칼처럼 쥐고는 무시무시한 힘으로 나뭇가지를 휘둘러서, 자기에게로 달려드는 머리들을 쳐냈다. 네 개의 머리는 달아났지만, 집주인의 머리만은 맞아도 맞아도 필사적으로 그 승려에게 달려들어 마침내는 그의 왼쪽 소매를 물었다. 가이료는 그 머리에 붙어 있는 머리카락 한 줌을 쥐고는 계속해서 나뭇가지로 치면서 떼어내려고 했지만, 그 머리는 소매를 문 채로 떨어지려 하지 않았다. 하지만 이윽고 그 머리는 긴 한숨을 쉬고는, 물려고 달려드는 것을 멈추었다. 이제 그 머리는 죽은 것이지만, 여전히 승려의 소매를 물고 있었다. 가이료가 온 힘을 다해도 그 악문 이빨을 풀 수 없었다.

그가 소매에 머리를 매단 채로 오두막에 돌아오자 다른 로쿠로쿠비들이 방안에 앉아 있었다. 머리들은 여기 저기 얻어맞아 멍들고 피 흘리면서 각기 자기들 몸에 붙어 있었다. 승려가 뒷문으로 들어오는 것을 본 그들은 비명을 질렀다.

"중이다! 중이 왔다!"

그들은 뒷문으로 빠져나가 숲 속으로 도망쳐버렸다.

동녘이 밝아왔다. 새벽이 되려하고 있었다. 가이료는 괴물들의 힘이 어둠의 시간에만 발휘된다는 사실을 알고 있었다. 그는 자기 소매에 매달려 있는 그 머리를 보았다. 그 얼굴은 피와 흙으로 더럽혀진 채 입에 거품을 물고 있었다. '괴물의 머리라니, 아주 멋진 여행선물이구나!'라고 생각하고는 크게 웃었다. 그리고는 간단한 소지품을 챙긴 뒤 느긋하게 산을 내려와 여행을 계속했다.

이윽고 시나노 지방 스와信濃国諏訪로 접어든 그는, 소맷자락에 머리를 대롱대롱 매단 채로 스와의 큰길을 걸어갔다. 그 모습을 본 여자들은 실신했고, 아이들은 비명을 지르며 달아났다. 사람들을 너무 소란스럽게 했기 때문에 포리捕吏 -당시에는 경찰을 이렇게 불렀다- 가 그 승려를 체포하여 감옥에 가두었다. 포리들은 그 머리가 살해당한 사람의 머리이고 살해당하는 순간에 살인자의 소맷자락을 문 것으로 생각했기 때문이었다. 가이료는 그들이 무엇을 물어도 답변하지 않고 그저 웃을 뿐이었다. 그리하여 감옥에서 밤을 지낸 뒤, 그는 그 지방의 관리들에게로 불려갔다. 그들은 왜 소맷자락에 사람의 머리를 매달고 있으며, 왜 뻔뻔스럽게도 보란 듯이 큰길로 걸어 다녔는지 설명하도록 그에게 명령했다.

이 질문을 들은 가이료는 한참동안 크게 웃고는 대답했다.

"여러분, 제가 그 머리를 제 소매에 매단 게 아닙니다. 제 뜻과는 달리 그 머리가 자기 스스로 거기에 매달린 겁니다. 저는 아무도 죽이지 않았습니다. 이것은 사람의 머리가 아니기 때문입니다. 이건 괴물의 머리입니다. 저는 다만 저 자신의 안전을 지키기 위해 노력했기 때문에 그 괴물을 죽인 것이지, 피를 흘려 누군가를 죽인 것이 아닙니다…"

그리고 그는 지난 밤 겪은 모험 이야기를 전부 들려주었다. 다섯 개의 머리와의 만남에 대해 이야기할 때에는 또 한 번 웃음을 터뜨렸다.

그러나 관리들은 웃지 않았다. 그들은 그가 비정한 살인자이며 그가 들려준 이야기는 자기들을 모욕한 것이라고 판단했다. 그리하여 그들 중 단 한 명, 매우 늙은 한 명을 제외한 나머지 사람들은 더 이상의 취조를 진행할 필요 없이 즉시 그를 처형시킬 것을 결정했다. 이 늙은 관리는 취조 중에는 아무 말도 하지 않다가, 자기 동료들의 의견을 모두 들은 뒤 일어나서 말했다.

"먼저 저 머리를 주의 깊게 검사해보도록 합시다. 제가 생각하기에는 조사가 아직 끝나지 않았습니다. 만약 저 승려가 진실을 말하고 있는 것이라면, 저 머리 스스로가 그 증거가 될 것이오… 머리를 이리로 가져와라!"

가이료에게서 벗겨낸 승복에 그대로 매달린 채로 그 머리가 재판관들 앞에 가져다졌다. 늙은 관리는 그 머리를 이리저리 돌려보며 주의 깊게 검사한 끝에, 목덜미에서 이상한 붉은 반점 같은 것을 몇 개 발견했다. 그는 다른 동료들을 가까이 오게 한 뒤, 목 끝이 어떤 무기에 의해 잘려진 것으로는 보이지 않는다는 것을 확인하도록 했다. 목 끝은 나뭇가지에서 떨어져 나온 이파리 끝처럼 매끄러웠다… 그리하여 그 늙은 관리는 말했다.

"나는 저 승려가 오직 진실만을 말했다고 확신합니다. 이것은 로쿠로쿠비의 머리입니다. 『남방이물지南方異物志』라는 책에 보면, '로쿠로쿠비의 목덜미에는 붉은 반점이 있다'고 적혀 있습니다. 여기에 그 표식이 있습니다. 그것이 인위적으로 칠해지지 않았다는 것을 여러분도 보실 수 있을 겁니다. 게다가 오랜 옛날부터 이런 괴물들이 가이 지방의 산 속에 살고 있다는 것도 잘 알려져 있습니다… 하지만 스님."

그는 큰 소리로 가이료에게 말했다.

"당신은 너무나도 용감한 승려입니다. 확실히 당신은 그 어떤 승려에게도 없는 용기의 증거를 제시해 주었습니다. 당신은 승려라기보다는 사무라이의 기풍을 지니고 있군요. 아마 예전에는 사무라이였겠지요?"

"말씀 그대로입니다." 가이료가 대답했다. "승려가 되기 전에는 오랫동안 무사였습니다. 그 당시 저는 사람이든 귀신이든 두려워하지 않았죠. 당시 저의 이름은 이소가이 헤이다자에몬 다케쓰라였고, 규슈의 다이묘를 모시고 있었습니다. 여러분 중에도 제 이름을 기억하는 분이 계시리라 생각합니다."

그 이름이 말해지는 순간, 감탄과 존경의 탄성이 재판정을 가득 채웠다. 그 이름을 기억하는 사람들이 그곳에 많이 있었기 때문이다. 이제까지 재판관이었던 그들이 이제는 가이료의 친구가 되어, 무사로서 자신들의 존경의 마음을 그에게 표하고 싶어 했다. 그들은 예의를 다하여 그를 자신들의 다이묘의 저택으로 초대했다. 그 다이묘는 그를 맞이하여 극진한 연회를 열어 주었으며 그를 떠나보낼 때에는 멋진 선물들까지 주었다. 그리하여 스와를 떠날 무렵 가이료는 이 사바세계에서 승려에게 허락된 최대의 행복감을 안고 있었다. 그런데 머리는 어찌되었는가 하면, 그건 역시 여행선물로 삼아야겠다고 농담을 하면서 매단 채로 가지고 갔다.

그러면 이제는 그 머리가 어떻게 되었는지만 말씀드리면 되겠다.

스와를 떠난 지 하루 이틀 뒤, 가이료는 도둑과 마주쳤다. 그 도둑은 산 속의 한적한 장소에 그를 멈춰 세우더니 입고 있던 옷을 벗으라고 했다. 가이료는 즉시 자기 옷을 벗어서는 그 도둑에게 주었다. 그 도둑은 비로소 소맷자락에 달려있는 것이 무엇인지 알아차렸다. 용감한 도둑도 깜짝 놀라서는 옷을 떨어뜨리고는 펄쩍 뛰면서 소리쳤다.

"당신은 도대체 뭐 하는 중이지? 나보다 더 나쁜 사람이야! 나도 사람들을 죽이긴 했지만, 소맷자락에 사람 머리를 매달고 걷지는 않는다고… 좋아, 스님, 내가 생각하기에 우리 둘은 같은 족속인 것 같군. 당신을 존경한다고 말해야겠어… 그런데 생각해보니, 그 머리는 나한테 쓸모가 있을 것 같아. 그걸 가지고 사람들을 겁줄 수 있겠지. 그걸 팔겠나? 당신 승복과 내 옷을 교환하고, 그 머리 값으로 다섯 냥兩을 드리지."

가이료가 대답했다.

"만약 당신이 원한다면 그 옷과 머리를 드리겠소. 하지만 그 머리가 사람 것이 아니라는 것은 알려드려야겠군요. 그건 괴물의 머리요. 그러니까 만약 당신이 그걸 산 뒤 무언가 문제가 뒤따른다고 해도, 내가 당신을 속인 게 아니라는 걸 기억하시오."

"당신도 참 재미있는 중이군!" 그 도둑이 웃었다. "사람을 죽이고는 그걸 농담 삼아 이야기하는군!… 하지만 난 진심으로 말하는 거야. 여기 내 옷이 있어. 그리고 여기 돈. 자, 나한테 그 머리를 주쇼… 그런데, 당신은 왜 농담을 하는 거지?"

"물건을 가져가시오." 가이료가 말했다. "나는 농담을 하지 않았습니다. 만약 농담 한마디를 하자면, 그건 당신이 큰돈을 주고 괴물 머리를 살만큼 바보라는 거죠."

가이료는 크게 웃고는 갈 길을 갔다.

그리하여 그 도둑은 머리와 승복을 얻어서는 얼마동안 큰길에서 도깨비 중으로 행세하며 악행을 저질렀다. 하지만 스와 근처에 이르러 거기서 그 머리의 진짜 이야기를 듣고는 비로소, 그 로쿠로쿠비의 영혼이 자기에게 저주를 내리지 않을까 겁을 먹게 되었다. 그리하여 그는 그 머리가 있던 곳에 머리를 도로 가져가서 몸과 함께 땅에 묻기로 했다. 그는 가이의 산중 외로운 오두막으로 갔다. 하지만 그곳에는 아무도 없었고 몸도 찾을 수 없었다. 그래서 오두막 뒤편의 숲에 머리만 묻고는 무덤 앞에 비석을 세운 뒤, 로쿠로쿠비의 영혼을 위해서 시아귀 공양을 행했다. 그리고 '로쿠로쿠비의 무덤'이라고 알려진 그 비석은 오늘날까지도 찾아볼 수 있다(적어도 일본의 작가는 그렇게 주장한다).

【역주】

진秦나라 때에 남방에 머리가 몸에서 분리되는 사람들이 있었는데, 그들의 머리는 날아다닐 수도 있었다. 그 종족이 사는 부락에는 〈충락虫落〉이라는 제사가 있어서 거기에서 부락 이름을 따왔다.

오吳나라 때에 주환朱桓이란 장군이 여종 하나를 집에 들인 적이 있었다. 이 여종은 매일 밤 잠자리에 들기만 하면 머리가 개구멍이나 천장에 내놓은 창문을 통해 들락거리는데, 귀를 날개 삼아 어딘가로 날아가는 것이었다. 그러다 날이 밝으면 다시 집으로 돌아오곤 하는 것이 늘 똑같았다. 주변 사람들은 이를 기이하게 여겨 밤중에 몰래 등불을 밝히고 들여다보니 그녀는 단지 머리는 없고 몸만 남아 있었는데 몸은 약간 싸늘했고 숨결도 가쁜 편이었다. 이에 이불로 몸을 덮어주었다. 이윽고 날이 밝아 돌아온 머리는 이불 때문에 몸에 붙을 수가 없게 되자 어쩔 줄 몰라 안절부절 하더니 두세 번 땅바닥에 내려앉아서는 매우 슬프게 탄식을 하는 것이었다. 그러자 몸의 맥박이 몹시 빨라지더니 금방이라도 숨이 넘어갈 것 같았다. 이에 사람들이 이불을 젖히자 머리는 다시 날아가 목에 붙더니 곧 숨결이 평온해졌다.

주환이 그 얘기를 듣고는 상당히 기이하게 여겼으나 두려워서 그 여종을 데리고 있지는 못하고 곧 내보내버렸다. 나중에 그 일에 대해서 자세히 조사해보고는 그들은 태어날 때부터 그랬다는 것을 알게 되었다. 당시 남방으로 정벌을 떠났던 한 대장군도 왕왕 그런 사람을 데리고 있었고, 또 한번은 머리가 어디론가 날아가고 없는 사람의 몸을 구리로 만든 큰 쟁반으로 덮어두었더니 머리가 그 안으로 들어가지 못해 결국 죽은 일도 있었다. (『수신기-고대 중국 민담의 재발견2』 114-115쪽)

묻혀진 비밀

옛날 단바 지방丹波国에 이나무라야 젠스케稲村屋善助라는 부유한 상인이 살았다[27]. 그에게는 오소노お園라는 딸이 있었다. 그녀가 매우 영리하고 예뻤기 때문에, 그는 자기 딸이 시골 교사들의 가르침만 받으며 자라는 것을 안타깝게 여겼다. 그래서 믿을 만한 수행원들을 딸려서 그녀를 교토京都로 보내, 수도首都의 상류층 아가씨들이 배우는 우아한 교양을 익히도록 했다. 이러한 교육을 받은 뒤, 그녀는 자기 집안과 알고 지내던 나가라야長良屋라는 상인과 결혼하여 거의 사 년 동안 그와 함께 행복한 삶을 살았다. 두 사람 사이에는 아이가 하나 있었다. 그러나 결혼 후 사 년이 가까워 온 어느 날, 오소노는 병에 걸려 죽었다.

---

27) 헌의 원작에서는 이 이야기의 남자 주인공 이름이 '이나무라야 겐스케(Inamuraya Gensuke)'라고 되어 있으나, 일본어 원작에 의거한 히라카와 교수의 교정에 따라 이나무라야 젠스케라고 했다.

오소노의 장례식이 끝난 그날 밤, 그녀의 어린 아들이 '엄마가 돌아와서 이층 방에 있다'고 말했다. 엄마가 자기를 향해 웃어주었지만 아무 말도 하지 않았기 때문에, 겁이 난 그 아이는 도망쳐 나왔다. 그리하여 예전에 오소노의 방이었던 이층 방에 올라간 가족들은, 불단仏壇 앞에 켜진 작은 등불 빛에 오소노의 모습이 어른거리는 것을 보고는 놀랐다. 그녀는 여전히 자신의 장신구와 옷들이 들어 있는 장롱 앞에 서 있는 것처럼 보였다. 그녀의 머리와 어깨는 매우 또렷했지만, 허리 아래부터는 희미해져서 보이지 않았다. 그 모습은 그녀의 불완전한 투영인 듯, 물위에 비친 그림자처럼 투명하게 보였다.[28)]

사람들은 겁에 질려 방에서 나와, 일층에 모여 상의했다. 오소노의 시어머니가 말했다.

"여자는 자신의 작은 물건들을 좋아하지. 오소노도 자기 물건들을 매우 아꼈었어. 아마 오소노는 그것들을 보기 위해서 되돌아온 걸 게야. 그 물건들을 보리사菩提寺[29)]에 바칠 때까지, 죽은 사람들은 자주 그렇게 행동하고는 하지. 우리가 오소노의 옷과 허리띠를

---

28) 일본의 유령은 흔히 발이 없는 모습으로 묘사되는데, 이러한 유령의 모습의 기원에 대해 1829년에 간행된『소나무 낙엽松の落葉』에서는 "요즘 사람들은 유령은 발이 없는 것이라 생각한다. 그런데 백 년 이전에 그려진 원혼 모습에는 모두 발이 있다. 이 발 없는 유령은 언제쯤 나타났는가 하면, 이건 바로 얼마 전 마루야마 오쿄로부터 시작된 것이다"라고 하여, 18세기의 화가 마루야마 오쿄円山応挙(1733-1795)의 그림으로부터 시작되었다고 한다.(『일본 전기전설 대사전』〈유령〉 항목)

29) 선조 대대의 위패를 모신 절.

보리사에 바친다면, 그녀의 영혼도 안식을 찾을 수 있을 게야."

사람들은 이 의견에 동의하여 즉시 그렇게 하기로 했다. 그래서 다음날 아침에 장롱은 비워졌고, 오소노의 장신구와 옷은 보리사로 가져다졌다. 하지만 그녀는 다음날 밤에도 또다시 되돌아와서는 전날 밤과 마찬가지로 장롱을 바라보고 있었다. 그녀는 그 다음날 밤에도, 그 다음날 밤에도, 그리고 매일 밤 되돌아왔다. 그리하여 그 집은 공포의 집이 되었다.

오소노의 시어머니는 보리사로 가서 주지승에게 자초지종을 설명한 뒤 유령에 대해 상담을 청했다. 그 절은 선종 계통의 절이었고, 주지승은 다이겐 오쇼太元和尚라는 학식 있는 노승이었다. 그가 말했다.

"장롱 속이나 그 근처에 무언가 그녀를 초조하게 하는 것이 있음이 틀림없습니다."

"하지만 저희는 장롱을 전부 비웠습니다." 여자가 대답했다. "장롱 안에는 아무것도 없어요."

"그러면," 다이겐 오쇼가 말했다. "오늘밤에 제가 여러분의 집에 가서 그 방을 지키고 앉아 있으면서, 무언가 할 수 있는 일이 있을지 알아보겠습니다. 제가 부르지 않는 한 아무도 방으로 들어오지 말라고 사람들한테 말해두세요."

다이겐 오쇼는 해가 진 뒤 그 집에 왔다. 방안에는 승려를 위한 준비가 되어있었다. 그는 그곳에 홀로 남아 불경을 읽었다. 자시子時[30]가 될 때까지는 아무 일도 일어나지 않았다. 그때 갑자기 오소노의 모습이 장롱 앞에 나타났다. 그녀의 얼굴은 무언가 바라고 있는 듯한 표정이었고, 장롱에 시선을 고정하고 있었다.

승려는 그런 경우에 맞는 불경을 읊은 뒤, 오소노의 계명戒名을 부르며 말을 걸었다.

"저는 당신을 돕기 위해 여기 왔습니다. 아마도 저 장롱 안에는 당신을 걱정스럽게 하는 무언가가 들어 있는 듯합니다만, 당신을 위해 제가 그것을 찾아도 되겠습니까?"

그녀는 승낙하듯이 머리를 조금 움직였다. 승려는 일어나서는 장롱 맨 위의 서랍을 열었다. 그 서랍은 비어 있었다. 이어서 그는 두 번째, 세 번째, 그리고 네 번째 서랍을 열었다. 서랍들의 뒤와 아래, 그리고 장롱 안쪽도 주의 깊게 살폈다. 그러나 아무것도 찾지 못했다. 그녀는 이전과 마찬가지로 무언가 원하는 듯 장롱을 응시하고 있었다.

'그녀는 무엇을 원하고 있는 걸까?'하고 생각하던 승려에게 갑자기, 서랍들의 바닥에 발라둔 종이 아래에 무언가가 숨겨져 있을지도 모른다는 생각이 떠올랐다. 그는 첫 번째 서랍의 바닥 종이를 떼어냈다 - 아무것도 없었다! 그는 두 번째와 세 번째 서랍의 바닥종

30) 밤 11시에서 새벽 1시 사이.

이를 떼어냈다 - 역시 아무것도 없었다. 그러나 가장 아래쪽 서랍의 바닥종이를 떼어냈을 때, 그는 편지 한 통을 찾아냈다.

"이것이 당신을 괴롭혔던 그것입니까?"

그가 물었다. 승려를 향해 있는 여자의 흐릿한 시선이 그 편지에 고정되었다.

"당신을 대신해서 제가 이것을 태울까요?"

그가 물었다. 그녀는 승려에게 절을 했다.

"내일 아침 일찍 절에서 태우지요." 그는 약속했다. "저 이외에는 아무도 이 편지를 읽지 못할 겁니다."

그러자 여자의 모습은 미소를 띠며 사라졌다.

승려가 계단을 내려왔을 때에는 새벽이 되어가고 있었다. 아랫방에서는 가족들이 초조하게 그를 기다리고 있었다.

"걱정하지 마십시오." 그가 그들에게 말했다. "그녀는 두 번 다시 나타나지 않을 것입니다."

그리고 그녀는 두 번 다시 나타나지 않았다.

편지는 불태워졌다. 그 편지는 그녀가 교토에서 공부하고 있을 무렵에 받은 연애 편지였다. 그러나 그 안에 무슨 내용이 적혀 있었는지는 오직 승려만이 알고 있었다. 승려가 죽었을 때, 그 비밀은 그와 함께 묻혀졌다.

설녀

무사시 지방武蔵国의 어느 마을에 모사쿠茂作와 미노키치巳之吉라고 하는 두 명의 나무꾼이 살았다. 모사쿠는 노인이었고 그의 제자 미노키치는 열여덟 살 소년이었다. 매일 그들은 마을에서 오 마일 정도 떨어져 있는 숲으로 갔다. 도중에는 넓은 강이 있었고, 강가에는 나룻배가 있었다. 나룻배가 있는 그곳에는 몇 번인가 다리가 놓여졌었지만, 다리는 매번 홍수에 떠내려가 버렸다. 그 강이 한번 불어나기 시작하면 어떤 다리도 그 물살을 이겨내지 못했던 것이다.

매우 추웠던 어느 날 저녁, 모사쿠와 미노키치는 집으로 돌아오던 길에 거대한 눈보라를 만났다. 그들이 나룻배가 있는 곳에 다다랐을 때는, 뱃사공이 강 건너편에 배를 매어두고 이미 자기 집에 돌아가 버린 뒤였다. 헤엄쳐서 건널 수 있을 날씨가 아니었기 때문에, 나무꾼들은 강 이편에 있는 뱃사공의 오두막으로 피신했다. 몸을 숨길 만한 곳을 찾아서 다행이라고 생각했다. 다타미畳[31] 두 장 넓이의 작은 오두막에는 문이 하나 있고 창문은 없었다. 그 안에는 화로도 없고 불을 지필 만한 장소도 없었다. 모사쿠와 미노키치는 문을 꽉 닫고는 도롱이를 덮고 누웠다. 처음에 그들은 거센 추위를 느끼지 못하였고 폭풍도 곧 그칠 것으로 생각했다.

노인은 눕자마자 잠들어 버렸지만, 소년은 무시무시한 바람소리와 눈이 쉴 새 없이 문을 두드리는 소리를 들으며 오랫동안 깨어 있었다. 강에서는 울부짖는 듯한 소리가 들렸고, 오두막은 바다 위에 떠있는 작은 배처럼 요동치며 삐걱거렸다. 무시무시한 폭풍이었다. 기온이 점점 더 떨어져 갔기 때문에 미노키치는 도롱이 안에서 부들부들 떨었지만, 마침내는 그도 추위를 무릅쓰고 잠에 빠졌다.

그는 얼굴 위로 퍼붓는 눈 때문에 잠에서 깨어났다. 어느 새인가 오두막의 문은 눈보라에 의해 열려져 있었고, 하얀 눈에서 반사되는 빛에 비추어져서 어떤 여자가 집안에 있는 것이 보였다. 그 여자는 온 몸에 하얀 옷을 입고 있었다. 그녀는 모사쿠 위에 몸을 숙이고는 그에게 숨을 불어대고 있었다. 그녀의 숨결은 하얗게 반짝이는 연기 같았다. 그리고 다음 순간, 여자는 휙 하고 미노키치 쪽으로 다가와서는 그의 위로 몸을 숙였다. 그는 소리치려 했지만 소리가 나오지 않았다. 하얀 여자는 점점 더 낮게 그의 위로 몸을 숙였다. 여자의 얼굴이 그의 몸에 거의 닿을 정도였다. 그녀의 두 눈은

31) 일본식 깔개.

무서웠지만, 그는 여자가 매우 아름답다고 생각했다. 여자는 잠시 그를 쳐다보더니, 웃으며 속삭였다.

"널 저 사람과 똑같이 해주려 했지만, 네가 너무나도 어리기 때문에 동정심이 생기는구나… 귀여운 미노키치야, 오늘은 너를 해치지 않겠다. 하지만 만약 네가 누군가에게, 너의 엄마에게라도 오늘밤에 본 일을 말한다면 그 사실은 곧 나에게 알려질 것이고, 그렇게 되면 나는 널 죽일 거야… 내가 하는 말을 명심하거라!"

이 말을 남기고 그녀는 그에게 등을 보이며 문 밖으로 나갔다. 이제 움직일 수 있게 된 그는 일어나서 밖을 보았지만 여자의 모습은 어디에도 보이지 않았다. 눈이 오두막 안으로 거세게 몰아닥쳤다. 미노키치는 문을 닫고 나무토막 몇 개로 문을 고정했다. 바람이 문을 열었을까. 꿈을 꾸고 있는 것만 같았다. 문을 열어젖히고 불어닥친 눈의 하얀빛을 하얀 여자의 모습으로 혼동한 것이 아닌가 생각했지만 확신할 수는 없었다. 그는 모사쿠의 이름을 불러 보았지만 노인에게서는 아무런 대답이 없었다. 그는 어둠 속으로 팔을 뻗어 모사쿠의 얼굴을 만져 보았다. 노인의 얼굴은 얼음장 같았다. 모사쿠는 온 몸이 얼어붙은 채로 죽어 있었다…

눈보라는 새벽녘에 그쳤다. 일출이 지나고 조금 뒤에 오두막으로 온 뱃사공은 얼어붙은 모사쿠의 시체 옆에서 의식을 잃고 쓰러져 있는 미노키치를 발견했다. 즉시 응급조치가 취해졌고 그는 곧 의식을 되찾았다. 그러나 전날 밤의 끔찍한 추위에 몸을 상한 그는 오랫동안 앓았다. 그는 그 노인의 죽음에 대단히 겁먹었지만, 그 하얀 여자에 대해서는 아무것도 말하지 않았다. 이내 원기를 되찾자 그는 생업으로 복귀했다. 매일 아침에 혼자 숲으로 가서는 해질녘에 나뭇단을 지고 돌아왔고, 어머니가 나뭇단 파는 것을 도와드렸다.

이듬해 겨울의 어느 저녁, 집으로 돌아가던 그는 어떤 소녀와 우연히 같은 길을 걷게 되었다. 그녀는 키가 크고 날씬하고 예뻤다. 미노키치의 인사에 답하는 그녀의 목소리는 마치 새가 지저귀는 소리와 같이 아름다웠다. 이윽고 그는 그녀의 옆에서 나란히 걷게 되었고, 그들은 함께 이야기하기 시작했다.

소녀는 자신의 이름을 오유키(お雪 : '눈'을 뜻하는 이 이름은 일본에서 드물지 않다. 일본 여성의 이름이라는 주제에 대해서는 『그림자Shadowings』(1900년)이라는 제목의 책에 실린 나의 평론을 볼 것-원주)라고 했다. 부모님이 최근에 돌아가셨기 때문에, 그녀는 에도江戸[32]에 살고 있는 가난한 친척을 찾아가서 하녀로 일할 만한 곳을 소개받기로 했다고 말했다.

미노키치는 이 이상한 소녀에게 금방 반해버렸다. 그녀는 보면 볼수록 더 예뻐 보였다. 그에게서 결혼했는지 질문 받고는 웃으며, 나이가 어리기 때문에 아직 결혼을 생각해 본 적은 없다고 말했다. 그리고 이번에는 그녀가 미노키치에게 결혼했거나 결혼을 약속한 사

32) 도쿄의 옛 이름. 도쿠가와 막부德川幕府가 자리 잡고 있었다.

람이 있는지 물었다. 그는 자신에게는 자신이 돌봐드려야 할 홀몸의 어머니가 계시지만, 자신이 매우 어리기 때문에 아내를 얻는 것에 대해서는 아직 생각해본 적이 없다고 답했다… 이렇게 서로 말한 뒤 그들은 오랫동안 아무 말 없이 걸었다. 하지만 '**마음만 있으면 서로 말하지 않아도 눈빛으로 안다**気があれば目も口ほどに物を言う'는 속담처럼, 마을에 도착할 즈음에는 그들은 서로 매우 좋아하게 되었다. 미노키치는 오유키에게 자기 집에 잠시 머물다 가라고 권했다. 그녀는 조금 수줍어하며 주저한 뒤 그를 따라갔다. 그의 어머니는 그녀를 반갑게 맞이하고 따뜻한 음식을 대접했다. 미노키치의 어머니는 오유키의 나긋나긋한 태도를 아주 마음에 들어 하여, 에도로 떠나는 것을 조금 연기하면 어떻겠는가 하고 그녀를 설득했다. 그리고 당연하게도 오유키는 끝내 에도로 가지 않게 되었다. 그녀는 며느리로서 그 집에 남게 되었다.

오유키는 매우 훌륭한 며느리가 되었다. 오 년 뒤 임종의 자리에서도 미노키치의 어머니는 오유키에게 애정과 칭찬의 말을 남겼다. 부부 사이에서는 열 명의 딸과 아들이 태어났는데, 남자아이든 여자아이든 그들의 피부는 모두 대단히 부드럽고 하얀빛이었다. 마을 사람들은 오유키가 자기들과는 태생이 다른 고귀한 사람이라고 생각했다. 대부분의 마을 여자들은 빨리 나이가 들었지만, 오유키는 열 명의 아이의 어머니가 된 뒤에도 처음 마을에 왔을 때처럼 젊고 생생했기 때문이었다.

어느 날 밤, 아이들이 모두 잠든 뒤 오유키는 종이 등불 옆에서 바느질을 하고 있었다. 그 모습을 바라보던 미노키치가 말을 꺼냈다.

"불빛에 비치는 바느질하는 당신을 보니, 열여덟 살 때 있었던 이상한 일이 떠오르는군. 그때 나는 지금 당신하고 똑같이 아름답고 하얀 피부의 여자를 봤어. 그래, 그녀는 당신과 꼭 닮았어…"

오유키는 바느질감에서 눈을 떼지 않은 채 대답했다.

"그 여자에 대해서 말해봐요… 그 여자를 어디서 봤죠?"

미노키치는 그 뱃사공의 오두막에서 보낸 무시무시한 밤과, 자신의 위로 몸을 숙이고는 웃으며 속삭였던 그 하얀 여자에 대해, 그리고 모사쿠 노인의 조용한 죽음에 대해 말해주었다. 그리고는 말했다.

"꿈속에서든 현실에서든 당신만큼 아름다운 사람을 본 건 그때 단 한 번이었지. 물론 그녀는 사람이 아니었고 그녀는 무서웠어. 정말로 무서웠어. 하지만 그녀는 정말로 하얀 여자였지!… 사실 이제는, 그때 내가 그 설녀雪女를 본 것이 꿈이었는지 생시였는지조차도 확신할 수 없어…"

오유키는 갑자기 바느질감을 집어던지며 일어나더니, 앉아있는 미노키치 위로 몸을 숙이고는 그의 얼굴 위에서 새된 목소리로 외쳤다.

"그건 나, 나, 바로 이 나였다! 그건 나 오유키였다! 그때 나는, 네가 본 것에 대해 한 마디라도 흘리면 너를 죽일 거라고 말했었지! … 하지만 저기서 자고 있는 아이들을 생각해서 지금은 널 죽이지 않겠어! 저 애들을 소중하게 돌봐줘라. 만약 저 애들을 괴롭힌다면, 그때는 네가 당해도 마땅할 것을 해주겠어!"…

새된 목소리로 외치면서도 그녀의 목소리는 마치 바람소리처럼 점점 잦아들었다. 여자는 밝고 하얀 안개로 변해 나선을 그리며 대들보를 향해 올라가더니, 이윽고 몸을 떨듯이 굴뚝을 통해 빠져나갔다… 미노키치는 두 번 다시 그녀를 볼 수 없었다.

【역주】

라프카디오 헌이 미국에 있을 때 알게 된 스칸디나비아의 전설의 결말 부분이 〈설녀〉의 결말의 힌트가 된 것은 아닐까 한다. 헌이 1878년 8월 4일에 뉴올리언즈의 신문 『아이템』지에 발표한 〈몽마 및 몽마전설Nightmare and nightmare legends〉은 에드가 포우에 대한 그의 경도傾倒를 표명한 기사인데, 그 속에서 '몽마nightmare'라는 말의 기원에 얽힌 다음과 같은 전설을 소개하고 있다.

'nightmare'라고 하는 말은 원래 스칸디나비아 기원으로, 더욱 정확한 철자는 'Night-Mara(밤의 마라)'였다. 이 마라는 아름다운 여자인데, 잠든 사람의 머리맡에 나타나서는 여러 가지 방법으로 괴롭힌다. 그러나 다른 유령과 마찬가지로 한번 방에 들어오면 그 들어왔을 때와 같은 길이 아니면 밖으로 나갈 수 없다. 그래서 고대 노르웨이의 어떤 기사가 몽마에게 시달린다는 것을 느끼고는, 자기 방으로 통하는 단 하나의 구멍-문의 열쇠구멍-을 막았다. 과연 마라는 말로 형용할 수 없는 그 아름다운 전신을 드러냈다. 기사는 결혼을 신청했고, 칠 년 사이에 아이도 두 명 태어났다. 그런데 어느 날 남편은 어리석게도, "당신이 어떻게 여기에 들어왔는지, 내가 말해줘도 당신은 믿지 못할 거야"라며 열쇠구멍을 막은 비밀을 털어놓아 버렸다. 잠깐 그 구멍을 통해 밖을 내다보고 싶다는 여자의 말에 속아넘어간 남자가 경솔하게도 구멍을 막았던 것을 빼자, 마라는 한 줄기 흐릿한 아지랑이로 변하여 그 열쇠구멍을 통해 스윽 하고 빠져나간다고 생각한 그 순간, 그대로 영영 자취를 감추었다… 일본의 농가에는 문에 열쇠구멍이 없으므로 헌은 〈설녀〉에서 굴뚝을 사용한 것이겠지만, 이러한 매우 결말이 헌의 〈설녀〉에 요정 이야기Fairy tale 같은 인상을 주는 것이리라. (『고이즈미 야쿠모-서양탈출의 꿈』 222-223쪽)

아오야기의 이야기

분메이文明년간[1469-1487], 노토 지방能登国의 다이묘 하타케야마 요시무네(畠山義統 : ?-1497)를 섬기던 도모타다友忠라는 이름의 젊은 사무라이가 있었다. 도모타다는 에치젠 지방越前国 출신이었지만, 어렸을 때 하급무사로서 노토 지방 다이묘의 궁정에 맡겨진 뒤, 다이묘의 감독 하에 무술 관련 임무에 종사하도록 교육받았다. 그는 커가면서 훌륭한 학자이자 훌륭한 사무라이가 되어 주군의 총애를 받았다. 붙임성이 있고 남을 기분 좋게 응대應對할 줄 알며 또한 대단히 멋진 외모였던 그는, 동료 사무라이들로부터 매우 존경받고 사랑 받았다.

스무 살이 되었을 때, 도모타다는 사적인 임무를 띠고 하타케야마 요시무네의 친척인 교토의 대다이묘大大名 호소카와 마사모토細川政元[33]에게 파견되었다. 에치젠을 통해서 가라는 명령을 받은 그 젊은이는, 그 참에 고향에 계신 홀어머니를 방문하고 싶다는 청을 주군에게 올려 허락 받았다.

그는 일 년 중 가장 추운 시기에 출발하게 되었다. 그가 탄 힘센 말도 점점 달리는 속도가 느려졌다. 그는 산악 지방을 지나는 길을 선택했는데, 그 지방에는 마을도 드물고 마을 사이의 거리도 멀었다. 여행 둘째 날에도 몇 시간 동안 지친 채로 달린 끝에, 그는 늦은 밤까지 원래 예정했던 숙소에 도착할 수 없으리라는 사실을 깨닫고 불안해졌다. 걱정할 만한 이유가 있었다. 너무나도 차가운 바람을 동반한 거친 눈보라가 휘날리고 있었고, 말은 탈진의 징후를 보이고 있었기 때문이다. 그러나 힘든 시간이 지난 후에, 뜻밖에도 그는 빽빽한 버드나무 숲 근처 산의 정상에서 오두막집 하나를 발견했다. 지쳐 있는 말을 독려하며 어렵사리 그곳까지 가서는, 바람을 막기 위해 굳게 닫힌 덧문을 거세게 두드렸다. 덧문을 열고 나온 할머니는 이 잘생기고 젊은 사무라이가 곤경에 빠진 모습을 보고는 연민의 마음에서 소리쳤다.

"이런, 불쌍하게도! 이런 날씨에 젊은 분께서 혼자 여행을 하시다니… 안으로 들어오세요."

말에서 내려 집 뒤쪽의 헛간에 말을 넣은 뒤 오두막 안으로 들어

---

33) 1466-1507. 전국시대戦国時代의 막을 연 오닌 전쟁応仁の乱이 끝난 뒤 실권을 장악했다.

간 도모타다는, 노인과 소녀가 대나무 장작으로 불을 피워서 몸을 녹이고 있는 것을 보았다. 그들은 정중하게 그에게 불을 쬘 것을 권했다. 노부부는 그 여행자를 위해 약간의 술을 덥히고 음식을 준비하여 차린 뒤, 그가 어디로 여행을 가는지 넌지시 물었다. 그 동안 젊은 소녀는 발簾 뒤에 숨어 있었다. 그녀의 옷은 매우 허름했고 긴 머리는 헝클어져 있었지만 그래도 대단히 미인이었다. 그래서 그는 노부부와 이야기를 하는 중에도 경탄의 마음으로 그녀를 바라보고 있었다. 그리고, 이렇게 아름다운 소녀가 왜 이런 가난하고 쓸쓸한 곳에 살고 있는지 궁금해 했다.

노인이 말했다.

"손님, 이웃 마을은 먼 곳에 있습니다. 눈은 심하게 퍼붓고 있고, 바람은 살을 엘 듯하고, 길도 상태가 매우 나쁩니다. 아마도 오늘밤에 더 여행하시는 것은 위험할 듯하군요. 비록 이 오두막은 손님께서 묵으시기에 남루하고 손님께 아무런 편의도 제공해 드릴 수는 없지만, 오늘밤에는 이 허름한 지붕 밑에서 머무르는 것이 더 안전하실 것 같습니다… 당신의 말도 잘 돌보아드리겠습니다."

도모타다는 노인의 겸손한 제안을 받아들이면서, 소녀를 좀 더 볼 수 있는 기회가 생긴 것을 남몰래 기뻐했다. 맛은 좋지 않지만 양은 풍부한 식사가 곧 준비되었고, 소녀도 발 뒤에서 나와 술시중을 들었다. 그녀는 거칠지만 깨끗하게 손으로 짠 옷으로 갈아입고 있었고, 그녀의 긴 머리칼은 단정하게 빗질되어 매만져져 있었다.

그의 술잔을 채우기 위해 그녀가 몸을 숙였을 때, 도모타다는 이제까지 자기가 보았던 그 어떤 여자와도 비교할 수 없을 정도로 그녀가 예쁘다는 사실을 깨닫고 또 다시 감탄했다. 그녀의 행동 하나하나에는 그를 놀라게 하는 기품이 있었다. 그러나 노부부는 사과하듯이 말했다.

"손님, 저희 딸 아오야기靑柳는 여기 산 속에서 혼자 자랐기 때문에 예법에 대해서는 아무것도 모릅니다. 저희 딸이 어리석고 무지하더라도 손님께서 용서해주시기를 간청합니다."

도모타다는 이렇게 아름다운 소녀의 접대를 받을 수 있어서 너무나도 행복하다고 대답했다. 그의 감탄 어린 시선이 그녀의 얼굴을 붉히게 했지만, 그래도 그는 그녀에게서 눈을 뗄 수 없었다. 자기 앞에 놓인 술과 음식에도 입을 대지 못하고 있었다. 그녀의 어머니가 말했다.

"손님, 저희는 당신께서 조금이라도 술과 음식을 드시기를 간절히 바랍니다. 비록 저희 농부들이 먹는 음식은 손님께서 드시기에 어울리지 않겠습니다만, 그래도 차가운 바람에 손님의 몸이 상하셨으니까요."

노부부의 호의에 보답하기 위해서 도모타다는 양껏 먹고 마셨다. 그러나 그 얼굴 붉힌 소녀의 매력은 그에게 점점 더 깊이 다가왔다. 그녀와 이야기하게 시작하자, 그녀의 말 역시 그녀의 얼굴만큼이나 감미롭다는 것을 알게 되었다. 그녀는 아마도 이 산 속에서 자랐겠지만, 옛날에 그녀의 양친은 높은 신분의 사람들이었음에 틀림없었다. 그녀는 양갓집 규수처럼 말하고 행동하고 있었다. 갑자기 도모타다는 자기 마음속의 기쁨에서 우러나온 노래이자 질문이기도 한 시를 그녀에게 건넸다.

다즈네쓰루 하나카토테코소 히오쿠라세 아케누니오토루 아카네사스란
たづねつる 花かとてこそ 日を暮らせ 明けぬにおとる あかねさすらん
"여행하던 길에, 나는 꽃과 혼동될 정도로 아름다운 사람과 만났기 때문에 오늘 밤 여기서 묵고 있습니다… 그런데 왜, 아직 새벽이 밝아오지도 않았는데 새벽의 붉은빛이 (당신의 볼에서) 피어나는 것일까요. 나는 그 이유를 알지 못하겠습니다"
(이 시는 두 가지로 해석할 수 있으며, 몇몇 구절은 이중적 의미를 지니고 있다. 그러한 해석 기법에 대해 설명하려면 상당한 지면이 필요하며, 서구 독자들에게는 거의 아무런 흥미를 주지 못할 것이다. 도모타다가 전하려고 한 뜻은 다음과 같이 표현될 수 있다 : "저의 어머니를 방문하려는 여행 중에 나는 꽃처럼 사랑스러운 사람과 만났고, 그 사랑스러운 사람 때문에 저는 여기서 하루를 보내고 있습니다… 아름다운 사람이여, 새벽이 되기도 전에 피어나는 그 새벽의 붉은빛은 어디서 오는 것입니까? 그것은 당신이 저를 사랑하고 있다는 의미일까요?"-원주)

그녀는 조금의 망설임도 없이 아래와 같은 시로써 대답했다.

이즈루히노 호노메쿠이로오 와가소데니 쓰쓰마바아스모 기미야토마란
いづる日の ほのめくいろを わがそでに つつまばあすも 君やとまらん
"만약 밝아오는 새벽의 빛을 저의 소매 속에 숨길 수 있다면, 당신은

내일도 이곳에 머무르시겠지요"

이렇게 해서 도모타다는 그녀가 자신의 찬탄의 마음을 받아주었음을 알게 되었다. 그러나 시 안에 숨겨진 자신의 마음을 그녀가 받아주었다는 기쁨보다도, 그녀가 자신의 느낌을 시로써 표현하는 재능을 갖고 있다는 사실에 더욱 놀랐다. 지금 자기 앞에 앉아 있는 이 시골처녀보다 더욱 아름답고 더욱 영리한 여자를 이 세상에서 두 번 다시 만날 수 없을 것이라고 확신하게 되자, '신들이 너에게 준 이 행운을 붙잡아라!'라고 자신의 마음이 급하게 외치는 소리가 들리는 것 같았다. 즉, 그는 이 여자에게 빠진 것이었다. 너무나도 깊이 빠져서, 그들의 딸과 결혼하게 해달라고 그 자리에서 단도직입적으로 노부부에게 말했을 정도였다. 그러면서 자신의 이름과 집안의 내력, 그리고 노토의 다이묘를 섬기는 가신이라는 자신의 신분을 그들에게 밝혔다. 그들은 거듭해서 감사와 감탄을 표하며 그의 앞에 엎드렸다. 그러나 잠시 동안 주저하는 빛이 보이더니 그녀의 아버지가 대답했다.

"손님, 손님께서는 고귀한 신분이시고 앞으로도 더욱 출세하실 것입니다. 지금 당신께서는 너무나 큰 호의를 저희에게 베풀고 계셔서, 그에 대한 저희의 감사하는 마음은 말로 다 할 수 없습니다. 그러나 저희 딸은 천한 출생의 어리석은 시골 처녀로서 어떤 종류의 교육도 받지 않았기에, 고귀한 사무라이의 부인이 되기에는 적합하지 않을 것입니다. 그런 말씀을 입에 올리시는 것조차도 황송합니다… 하지만 손님께서 저 아이를 마음에 들어 하시고 저 아이가 시골출신으로서 예의 없는 것을 관대히 받아주셨으니, 저 아이를 당신의 하녀로서 기꺼이 바치겠습니다. 그러하니 이후로는 부디 당신 뜻대로 보살펴 주시옵소서."

새벽이 가까워오자 폭풍이 그치고 구름 없는 동쪽 하늘에서 날이 밝아왔다. 설령 아오야기의 소맷자락이 자기 연인의 눈을 가리워서 밝아 오는 새벽을 보지 못하게 한다고 해도 그는 더 이상 지체할 수 없었다. 그렇다고 해서 그 소녀와 헤어질 수도 없었다. 그래서 여행준비를 끝마친 뒤 그는 노부부에게 말했다.

"제가 이미 받은 것 이상을 당신들에게 또다시 요구한다는 것은 참으로 은혜를 모르는 짓이기는 합니다만, 당신의 딸을 저의 아내로 달라는 또 다른 요구를 드려야겠습니다. 저는 그녀와 헤어지는 것을 참을 수 없습니다. 그녀도 저와 함께 하겠다고 했으니만큼, 당신들께서 허락만 해주신다면 그녀의 뜻대로 그녀를 데려가고 싶습니다. 만약 당신들께서 그녀를 저에게 주신다면 저는 당신들을 저의 부모님처럼 섬기겠습니다… 그리고, 이건 다른 이야기입니다만, 부디 당신들의 친절한 접대에 대한 이 변변찮은 보답을 받아주시기 바랍니다."

이렇게 말하면서 그는 자신을 접대해 준 겸손한 집주인들에게 금화가 든 지갑을 내밀었다. 그러나 그 노인은 여러 번 절한 뒤에 정중하게 그 지갑을 돌려주었다.

"손님의 친절에는 그저 황송할 따름입니다만, 저희에게는 금화가 아무런 소용이 없습니다. 당신께서는 길고 추운 여행길 동안에 그것이 필요할 것입니다. 여기서는 금화로 살 것이 아무것도 없고, 저희가 그렇게 하려고 해도 저희 자신을 위해 그렇게 많은 돈을 쓰는 것은 불가능합니다… 그리고 저희는 이미 당신께 저희 딸을 바쳤습니다. 그녀는 당신의 것입니다. 그러므로 그녀를 데리고 가게 해 달라고 저희에게 부탁하실 필요는 없습니다. 이미 딸도 저희에게, 당신과 함께 가서 당신께서 바라시는 동안에는 언제까지고 당신을 모시고 싶다고 말했습니다. 당신께서 저희 딸을 흡족해하시기에 저희는 그저 기쁠 따름입니다. 또한 저희 때문에 당신께서 걱정하시지 않으시기를 부탁드립니다. 이런 곳에서는 딸을 위해 지참금은커녕 변변한 옷 한 벌조차 해 줄 수가 없습니다. 게다가 저희는 이미 늙었기 때문에 오래지 않아 딸과 영원히 이별해야 했을 것입니다. 그러니, 당신께서 지금 저희 딸을 데려가 주신다면 저희로서는 바라지도 못했던 기쁨일 뿐입니다."

도모타다는 노부부를 여러 가지 말로 설득해서 선물을 받을 것을 권했지만 허사였다. 그들은 돈에는 전혀 개의치 않는 사람들이었다. 그 대신 도모타다는 그들이 딸의 운명을 진심으로 그에게 맡겼다는 것을 느끼고는, 그녀를 함께 데리고 가기로 했다. 그는 그녀를 말 위에 태운 뒤, 그들에게 여러 번 진심 어린 감사의 말을 남기고는 잠시 동안의 이별을 고했다.

"무사님," 그녀의 아버지가 답했다. "감사의 말을 표해야 하는 쪽은 당신이 아닌 저희입니다. 저희는 당신께서 틀림없이 저희 딸에게 친절하실 것이라 믿고, 딸에 대해 아무 걱정도 하지 않겠습니다…"

[이 부분에서 일본어 원작에는 이야기의 자연스러운 흐름 중에 기묘한 단절이 있어서 앞뒤가 들어맞지 않는다. 원작에서는 도모타다의 어머니에 대해서도, 아오야기의 부모에 대해서도, 노토의 다이묘에 대해서도 더 이상 언급이 없다. 작자는 이 부분에서 이야기를 서술하는 것이 귀찮아져서, 놀랄 만한 결말을 향하는 과정에서 매우 부주의하게 이야기를 서둘렀을 것이다. 그가 빼놓은 것을 보완하거나 이야기 구성상의 결함을 수정할 수는 없지만, 나머지 이야기를 이해할 수 있도록 약간의 세부적인 설명을 덧붙이도록 해야겠다… 도모타다는 아오야기를 데리고 서둘러 교토로 갔고, 그 결과 귀찮은 일을 당한 것 같다. 그러나 그 후 이 한 쌍이 어디서 살았는지에 대해서는 설명이 없다]

… 당시의 사무라이들은 자신이 맡은 임무를 완수하기 전까지는 주군으로부터 결혼 허락을 받을 수 없었다. 그런 상황에서 아오야기의 아름다움이 위험한 시선을 끌어 자신에게서 그녀를 떼어놓으려는 시도들이 행해지리라는 것을 도모타다가 걱정하는 것도 노파심만은 아니었다. 그러므로 교토에서 그는 호기심 어린 시선들로부터 그녀를 숨기려고 했다. 그러던 어느 날 다이묘 호소카와의 가신이 아오야기를 보고는, 그녀와 도모타다와의 관계를 간파한 뒤 그

사실을 다이묘에게 보고했다. 아름다운 여자를 좋아하던 젊은 다이묘는 그 여자를 자기의 저택으로 데려오라고 명령했고, 아무런 절차나 예식도 없이 즉시 그녀는 그리로 끌려갔다.

도모타다는 말할 수 없이 슬퍼했다. 그러나 그는 자신이 무력하다는 것을 깨달았다. 그는 먼 지방의 다이묘를 모시는 비천한 사자使者일 뿐이었으며, 지금 그는 자신의 주군보다도 훨씬 더 강력한 다이묘의 처분 아래 놓여져 있었다. 그의 뜻에 거스를 수는 없었다. 더욱이 그는 무사도에서 금지하고 있는 관계를 아오야기와 맺는 바보 같은 행동을 함으로써 자기 스스로 불행을 초래했다는 것을 알았다. 그에게는 아오야기가 탈출하여 그와 함께 도주한다는 한 가지 희망이 있었으나 그것은 절망적인 희망이었다.

오랫동안 생각한 끝에 그는 그녀에게 편지를 보내기로 결심했다. 물론 그러한 시도는 위험했다. 그녀에게 보내진 어떤 편지라도 그 다이묘의 손에 넘겨질 수 있기 때문이었다. 다이묘의 여자에게 연애편지를 보낸다는 것은 용서받을 수 없는 범죄에 해당한다. 그러나 그는 위험을 감수하기로 결심하고, 한시漢詩 형식으로 편지를 적어 그녀에게 전하려고 했다. 그 시는 단 스물여덟 자이지만 그는 그 스물여덟 자로써 자신의 열정의 깊이와 사랑하는 이를 상실한 고통을 표현하려고 했다.(진부한 해석이기는 하지만, 일본의 작가는 우리가 이런 식으로 믿게 하려고 한다. 나는 여기서 시구의 일반적인 의미만을 제공하려고 시

도했다. 실제의 축자적逐字的 번역을 위해서는 고전에 대한 얼마간의 학식이 필요하다-원주)

> 공자왕손축후진 公子王孫逐後塵
> 녹주수루적라건 綠珠垂淚滴羅巾
> 후문일입심여해 侯門一入深如海
> 종시소랑시로인 從是蕭郎是路人
> 젊은 공자公子는 더 가까이, 더 가까이, 보석처럼 빛나는 소녀의 뒤를 좇으니, 아름다운 이의 눈물이 떨어져 그 옷을 적셨다. 그러나 그녀를 한 번 본 높은 분이 깊은 바다와 같이 그녀를 갈망하니, 그리하여 나 홀로 초연히 길가를 헤매이는 몸이 되었네.

시를 보낸 다음 날 저녁, 도모타다는 다이묘 호소카와의 저택으로 소환되었다. 자신의 애정 고백이 발각되었다고 생각한 도모타다는, 그 편지가 다이묘에게 넘어간 이상 가장 가혹한 처벌을 피할 수 없을 것임을 각오했다.

"이제 그는 나를 처형시키겠지. 하지만 아오야기가 곁에 없는 이상 살아 있는 것이 무슨 의미가 있을까. 만약 사형이 언도된다면, 그때는 그를 살해할 시도를 할 수도 있겠지."

그리하여 그는 허리에 칼을 차고 저택으로 걸음을 서둘렀다.

알현실로 들어가니, 다이묘 호소카와가 의식용 모자와 옷을 입고 높은 자리에 앉아, 지위 높은 사무라이들에게 둘러싸여 있었다. 사무라이들은 모두 동상처럼 조용했다. 도모타다가 다이묘의 앞으로 나아가 절하는 동안, 그 침묵은 폭풍 전야의 고요처럼 기분 나쁘고 무겁게 느껴졌다. 갑자기 호소카와가 상좌에서 내려와 그 젊은이를 안아 일으키더니, 그가 보낸 시구를 외우기 시작했다.

"공자왕손축후진…"

자기도 모르게 위를 올려다 본 도모타다는, 그 다이묘의 두 눈에서 온화한 눈물이 흐르는 것을 보았다.

호소카와가 말했다.

"그대 둘이 서로 너무나도 사랑하니, 노토의 다이묘인 나의 친척 대신 내가 직접 그대들의 결혼을 치러주겠다. 그대들의 결혼식은 지금 여기 내 앞에서 축복 받을 것이다. 하객들도 모였고 선물도 준비되었다."

다이묘가 신호를 보내자 안쪽 방을 가리고 있던 장지문이 좌우로 열렸다. 그 안쪽에는 저택의 수많은 가신들이 모여 있고, 아오야기가 신부 차림으로 그를 기다리고 있는 모습이 보였다… 그리하여 그녀는 그에게 되돌아왔다. 결혼식은 즐겁고 화려하게 치러졌다. 다이묘와 그의 가신들은 그 젊은 한 쌍에게 귀한 선물을 선사했다.

∴

결혼 후, 도모타다와 아오야기는 오 년 동안 행복하게 살았다. 그러나 어느 날 아침, 집안 일로 남편과 이야기하던 아오야기가 갑자기 고통의 비명을 지르더니 안색이 창백해지면서 말을 멈췄다. 얼마 뒤에 그녀가 가냘픈 목소리로 말했다.

"갑자기 비명을 질러서 미안해요. 하지만 너무 급작스럽게 고통이! … 도모타다님, 우리의 결혼은 전생의 인연에 의해서 이루어진 것이었고, 우리는 다음 생에서도 또 다시 함께 할 수 있을 것이라고 저는 믿어요. 하지만 이번 생에서의 우리의 인연은 여기까지입니다. 우리는 헤어져야 해요. 죽어 가는 저를 위해서 염불을 외워주세요."

"무슨 말도 안 되는 소리를 하는 거요!" 남편은 놀라서 소리쳤다. "상태가 조금 안 좋은 것뿐이오!… 잠시 누워서 쉬어요. 그러면 고통이 사라질 거요…"

"아니, 아니에요!" 그녀가 대답했다. "저는 죽어가고 있어요! 기분 탓이 아니에요. 저는 알 수 있어요!… 이렇게 된 이상, 더 이상 당신에게 진실을 숨겨도 소용없겠죠… 저는 인간이 아니에요. 저의 영혼은 나무의 영혼이에요. 나무의 심장이 저의 심장이고, 버드나무의 생명이 저의 생명이에요. 지금 누군가가 잔인하게도 저의 나무를 베어 넘기고 있어요. 저는 죽게 될 거예요!… 이제는 울 수 있는 힘조차 없어요!… 빨리, 빨리 저를 위해 염불을 외워주세요!… 빨리!… 아!…"

한 번 더 고통의 비명을 지른 그녀는, 아름다운 머리를 옆으로 돌리고 소매로 얼굴을 감추려 했다. 그러나 거의 동시에 그녀의 온몸이 이상하게 무너져 내리기 시작하여, 아래로, 아래로, 아래로, 마침내는 바닥까지 가라앉았다. 도모타다는 그녀를 부축하려 했지만, 부축하려 해도 그녀의 몸은 더 이상 어디에도 없었다! 그녀의 아름다운 몸에 걸쳤던 빈 옷과 그녀의 머리에 꽂았던 비녀만이 다타미畳 위에 놓여 있었다. 그녀는 사라졌다…

머리를 깎고 서원誓願을 한 도모타다는 행각승行脚僧이 되었다. 그는 온 나라를 여행하며, 각지의 성소에 들를 때마다 아오야기의 영혼을 위해 기도를 드렸다. 순례 중에 에치젠 지방에 도착한 그는 아내의 부모가 살던 집을 찾았다. 그러나 예전에 그들의 집이 있었던 언덕들 사이의 적막한 장소에 도착했을 때, 그곳에 있던 오두막은 사라져 있었다. 그가 도착하기 오래 전에 베어 넘어진 세 그루 버드나무-두 그루의 늙은 버드나무와 한 그루의 어린 버드나무-의 밑동 외에는, 오두막이 그곳에 있었다는 어떠한 표식도 없었다.

그는 버드나무 밑동 옆에 기념비를 세우고 불경의 짧은 구절을 그 위에 새겨 넣었다. 그리고 그곳에서 아오야기와 그녀의 부모들의 영혼을 위해 법회를 행했다.

십육일 벚꽃

우소노요우나 주로쿠자쿠라 사키니케리
うそのような 十六ざくら 咲にけり34)

이요 지방 와케군伊予国和気郡에는 **주로쿠자쿠라**十六桜, 즉 십육일 벚꽃이라고 불리는 매우 오래되고 유명한 벚나무가 있다. 이 벚나무는 매년 음력 정월 십육일 단 하루만 꽃을 피운다. 원래 벚나무란 봄을 기다려 꽃을 피우지만, 이 벚나무는 대한大寒이 한창일 무렵에 꽃을 피운다. 그러나 **주로쿠자쿠라**는 자신의 목숨이 아니라, 적어도 처음에는 타인의 생명력으로 꽃을 피웠다. 그 나무에는 한 남자의 영혼이 깃들어 있다.

---

34) 거짓말 같은 십육일 벚꽃이 피었구나.

그 남자는 이요 지방의 사무라이였다. 그의 집 정원에서 자라던 이 벚나무는 보통의 벚나무들처럼 삼월 말에서 사월 초에 꽃을 피우고는 했다. 그 사무라이는 어렸을 때부터 나무 아래서 놀았다. 그의 부모도, 조부모도, 선조들도, 꽃구경의 계절이 되면 밝은 색의 종이에 꽃에 대한 찬미의 시를 적어서는 벚꽃 핀 나뭇가지에 매다는 것을 백 년 넘게 해왔다. 그러나 지금은 사무라이 그 자신도 매우 늙어서 자기 자식들을 모두 먼저 저 세상으로 보내고, 이 세상에서 그에게 남은 것이란 이제 그 나무뿐이었다. 그런데, 아! 어느 해 여름, 그 나무는 시들어 죽고 말았다.

나무가 시들어 죽자 그 노인은 대단히 슬퍼했다. 친절한 이웃사람들은 그를 위해 어리고 아름다운 벚나무를 구해서는 그의 집 정원에 심어 그를 위로하려 했다. 그는 그들에게 감사의 인사를 하고 기뻐하는 척 했다. 하지만 실은 그의 마음은 고통으로 가득 차 있었다. 그는 그 늙은 나무를 너무나도 아꼈기 때문에 그 어떤 다른 나무도 그 나무를 상실한 슬픔을 대신할 수는 없었다.

마침내 그에게 행복한 생각이 떠올랐다. 죽어 가는 나무를 살릴 수 있는 한 가지 방법을 떠올린 것이다.(그 날은 정월 십육일이었다) 혼자 정원에 나온 그는 시들어버린 나무 앞에 무릎을 꿇고 말했다.

"그대에게 부탁하나니, 다시 한 번 꽃을 피워주시오. 내가 그대 대신에 죽겠소."

(신명의 가호를 입어 사람이나 동물, 심지어는 나무의 목숨을 자기의 목숨과

맞바꿀 수 있다는 믿음이 있다. 그래서 자기 목숨을 타인에게 넘기는 것을 '미가와리니 다쓰身代りに立つ' 즉 '누구를 대신하다'라고 표현한다.) 그리고 나서 그는 나무 아래에 하얀 천과 여러 장의 깔개를 깔고 그 위에 앉아서 사무라이의 방식대로 할복했다. 그러자 그의 영혼은 그 나무에게로 옮겨져 곧 벚꽃이 피었다.

그리고 지금까지도 매년 눈이 한창인 정월 십육일마다 그 나무는 꽃을 피우고 있다.

아키노스케의 꿈

옛날, 야마토 지방 도이치大和国十市라는 곳에 미야타 아키노스케宮田安芸之介라는 이름의 향사鄕士가 살고 있었다… [여기서, 영국의 요우맨yeomen에 해당하는 병농일치의 특권적 계급이 봉건시대의 일본에 있었다는 사실을 말해두어야겠다. 이들은 향사라고 불렸다.]

아키노스케의 집 정원에는 크고 오래된 삼나무가 한 그루 있어, 무더운 날에는 나무 그늘에서 쉬곤 했다. 어느 더운 날 오후, 친구들인 두 향사와 함께 나무 아래 앉아서 이야기하며 술을 마시고 있던 그에게 갑자기 졸음이 밀려왔다. 조금만 자겠다고 친구들에게 양해를 구한 뒤 나무 밑동에 누운 아키노스케는 이런 꿈을 꾸었다 –

정원에 누워있던 그는, 신분이 높은 다이묘의 행렬 같은 사람들의 무리가 자기 집 정원 근처 언덕으로부터 내려오는 것을 보고는 일어나서 이것을 구경했다. 이 행렬은 그가 이제껏 보아온 그 어떤 행렬보다도 더 거창한 매우 훌륭한 행렬이었다. 그런데 그 행렬은 그의 집 쪽으로 오고 있었다. 훌륭하게 차려입은 한 무리의 젊은이들이 그 선두에 서고, 몇 명의 젊은이가 '**고쇼구루마**御所車'라고 하는 밝고 푸른 비단이 쳐진 궁중 가마를 들고 있었다. 행렬은 그의 집 아주 가까운 곳에서 멈추었다. 그리고는 높은 신분임에 틀림없어 보이는 멋진 옷차림의 한 남자가 무리에서 벗어나서는 아키노스케 쪽으로 다가와 정중하게 인사를 한 뒤 말했다.

"전하, 당신 앞에 서 있는 저는 도코요 국왕(the Kokuo of Tokoyo : 이 '도코요常世'라는 지명이 어디를 가리키는지는 확실하지 않다. 문맥에 따르면 미지의 어떤 나라, 즉 아직까지 이 세상 사람들에게 발견되지 않은 나라로서 어떤 여행자도 그곳으로부터 돌아오지 못하는 곳, 즉 극동아시아의 우화에 나오는 저 요정의 나라인 봉래蓬萊를 뜻한다. '도코요 국왕'이라는 원래의 구절은 여기서 '봉래의 지배자' 또는 '요정나라의 왕'으로 번역될 수 있을 것이다-원주)[35]의 가신입니다. 저의 주군이신 국왕께서는 당신께 인사를 전하고 당신이 원하는 것은 무엇이나 저에게 시키시도록 하라고 말씀하셨습니다. 또한 국왕께서는 당신이 궁전에 오시기를 정중히 희망하고 계십니다. 아무쪼록 당신을 태우기 위해 가져온 이 가마에 지금 즉시 타시기를 간절히 희망합니다."

이 말을 들은 아키노스케는 뭔가 상황에 맞는 답변을 하려고 했

35) 도코요는 『고사기古事記』·『일본서기日本書紀』 등이 전하는 일본 신화 속에 등장하는 바다 건너 이상향으로, 제주도 전설 속의 이어도나 켈트 신화의 티르나 노그Tir na nog가 이에 해당한다고 할 수 있다.

으나, 너무 놀라고 당황해서 아무 말도 할 수 없었다. 그와 동시에 자기자신의 의지는 소멸된 것처럼 느껴져, 그 국왕의 가신들이 시키는 대로 할 수밖에 없었다. 그가 가마에 오르자 가신들도 그의 옆에 자리를 잡고는 신호를 했다. 비단 끈을 잡고 있던 수레꾼이 남쪽으로 가마를 돌렸고, 그로부터 여행이 시작되었다.

놀랄 정도로 짧은 시간에, 그가 이제까지 본 적이 없던 중국풍의 거대한 이층 대문 앞에 마차가 멈추었다. 그 가신은 여기서 마차에서 내리며 말했다.

“저는 당신의 도착을 보고하러 가겠습니다.”

라고 말하고는 사라졌다. 잠시 기다리자, 자줏빛 비단옷을 입고 높은 계급임을 보여주는 높다란 모자를 쓴 두 명의 고귀한 모습의 사자들이 문으로부터 나왔다. 그들은 그에게 정중하게 인사한 뒤, 그가 마차에서 내리는 것을 도와주었다. 그리고는 큰문과 거대한 정원을 지나 건물 정면이 동서로 몇 마일이나 되어 보이는 어떤 궁전의 입구까지 그를 인도했다. 아키노스케는 놀랄 만큼 넓고 화려한 연회장으로 안내되었다. 그를 안내해 준 사람들이 그를 상석으로 안내한 뒤 공손한 태도로 물러나자, 이번에는 예복을 입은 시녀들이 다과를 가져왔다. 그가 다과를 다 먹고 나자, 자줏빛 옷을 입은 두 명의 시종이 그의 앞에서 깊이 인사한 뒤 궁중의 예절에 따라 서로 번갈아 가며 다음과 같이 말했다.

“당신께 이와 같은 소식을 전하게 되어 영광입니다… 당신을 이곳으로 모셔온 이유에 대하여… 저희의 주군이신 국왕께서는 당신께서 사위가 되어주실 것을 간절히 원하십니다… 그리고 그 분의 따님이신 우리나라의 공주님과… 당신께서 오늘 바로 결혼해야 한다는 것이 그분의 바람이자 명령이십니다… 저희가 곧 당신을 알현실로 인도해드리겠습니다… 폐하께서 그곳에서 당신을 기다리고 계십니다… 하지만 그에 앞서 저희는… 적합한 예복을 당신께 입혀드려야 합니다(옛 관습에 따르면 마지막 말은 두 명의 시종이 동시에 말해야 했다. 이러한 모든 의식의 준수는 오늘날에도 여전히 일본의 연극 무대에서 볼 수 있다 –원주).”

이와 같이 말한 뒤 일어난 두 시종은, 금빛으로 칠해진 커다란 옷장이 있는 방으로 그를 안내했다. 그들은 옷장을 열고 여러 종류의 옷과 허리띠와 머리장식을 꺼냈다. 그들은 이러한 의상을 아키노스케에게 입혀서 공주의 남편에 어울리게 장식하였다. 그런 뒤에 알현실로 인도된 그는, 높고 검은 모자를 쓰고 노란 색 비단옷을 입은 도코요 국왕이 옥좌에 앉아 있는 것을 보았다. 옥좌의 양옆으로는 많은 고귀한 신분의 사람들이 사원寺院의 불상들처럼 움직임 없이 도열해 있었다. 아키노스케는 그들 사이로 나아가 예법대로 국왕에게 삼배三拜를 올렸다. 국왕도 정중하게 그에게 인사했다.

“그대를 왜 이곳으로 불렀는지에 대해서는 이미 들었을 것이오. 우리는 그대가 나의 외동딸에 적합한 남편이 될 것이라고 결정했으며, 결혼식은 지금 열릴 것이오.”

국왕이 말을 마치자 감미로운 음악이 들려왔다. 아름다운 궁정 여성들이 커튼 뒤에서 길게 열을 지어 나와서는, 신부가 기다리고 있는 방으로 아키노스케를 인도했다.

대단히 넓은 그 방도 결혼식을 보기 위해 온 많은 손님들을 모두 다 수용할 수는 없었다. 준비된 방석에 아키노스케가 앉아 공주를 마주보자 손님들이 그에게 절했다. 신부는 선녀만큼이나 아름다웠고, 신부가 입은 옷은 여름 하늘처럼 아름다웠다. 결혼식은 큰 축하 속에 아무 탈 없이 끝났다.

그 후 그 한 쌍은 궁전 한 쪽에 마련된 별도의 방으로 안내되었고, 그곳에서 그들은 많은 고귀한 사람들의 환영과 헤아릴 수 없을 만큼의 결혼 선물을 받았다.

며칠 뒤 아키노스케는 또다시 국왕의 방으로 부름 받았다. 그는 이번에는 더욱 더 정중하게 대우받았다. 국왕이 그에게 말했다.

"우리 왕국의 서남쪽에 라이슈[36]라는 섬이 있는데, 이번에 우리는 그대를 그 섬의 지사知事로 임명했소. 그 섬의 주민들은 충성스럽고 유순하지만, 그들의 법률에는 아직 도코요의 법률과 합치되지 않는 점이 있고, 그들의 풍습 역시 적절하게 교화되지 않았소. 우리는 그대가 최선을 다해 그들의 생활을 개선하고, 친절함과 지혜로

36) 도교 신앙에서 신선이 사는 세 개의 섬 중 하나인 봉래蓬萊 섬을 염두에 둔 것 같다. 이 봉래섬에 대해서는 〈봉래〉를 참고할 것.

서 그들을 다스릴 것이라 기대하오. 그대가 라이슈로 여행하기 위한 준비는 이미 모두 되어 있소."

그리하여 아키노스케와 그의 신부는 도코요의 궁궐을 떠나, 많은 귀족과 관리들을 동반하고 바닷가로 나아갔다. 그곳에서 그들은 국왕이 준비해 준 훌륭한 배를 타고 순풍을 받아 안전하게 라이슈에 도착했다. 섬의 선량한 주민들이 그들을 환영하기 위해 바닷가에 모여 있었다.

아키노스케는 즉시 새로운 임무에 돌입했다. 특별히 어려운 일은 아니었다. 첫 삼 년 동안에는 주로 법률 제정과 시행에 힘썼다. 그에게는 현명한 조언자들이 있었으며, 그 또한 자신의 일을 즐거워했다. 그 임무가 모두 끝나자 그에게는 옛 관습에 따라 정해진 의식과 예식에 참여하는 일 외에는 수행해야 할 실제적 임무가 없어졌다. 건강하고 풍요로운 그 지방에 사는 사람들은 질병과 궁핍함을 알지 못했다. 주민들이 너무 선량했기 때문에 어떤 법률도 위반되지 않았다. 아키노스케는 라이슈에서 이십여 년 동안 살았다 - 총 이십삼 년의 통치기간 중에 어떠한 슬픔의 그림자도 드리워지지 않았다.

그러나 통치 이십사 년째 되던 해, 커다란 불행이 그에게 닥쳤다. 다섯 아들과 두 딸을 낳은 그의 아내가 병에 걸려 죽은 것이다. 그녀는 화려한 장례식과 함께 한료코盤龍岡의 아름다운 언덕 꼭대기에 묻혔고, 아주 훌륭한 비석이 그녀의 무덤 위에 세워졌다. 그러나 아키노스케는 그녀의 죽음을 너무나도 슬퍼한 나머지, 더 이상 삶에 대한 미련을 갖지 않게 되었다.

정해진 장례 기간이 끝났을 때, 도코요의 궁궐에서 파견된 왕의 사자使者가 라이슈에 도착했다. 사자는 아키노스케에게 애도의 말을 전한 뒤 그에게 말했다.

"이것은 도코요의 국왕폐하의 말씀입니다. '우리는 이제 그대를 그대가 원래 있던 나라로 되돌려 보내려 하오. 일곱 아이들은 내 손자손녀이므로 그에 알맞게 양육될 것이니 그들로 인해 괴로워할 필요는 없소'"

이 명령을 받은 아키노스케는 순순히 출발 준비를 했다. 모든 업무를 정리하고, 그의 조언자들과 신뢰해 온 관리들에게 작별을 고하는 의식이 끝난 뒤, 그는 영광스럽게 항구로 에스코트되었다. 그곳에서 그는 자신을 위해 준비된 배에 탔고, 배는 푸른 하늘 아래 푸른 바다로 나아갔다. 라이슈 섬의 모습은 저 멀리 푸른빛이 되더니 이윽고 잿빛이 되었고, 마침내는 영원히 사라졌다… 그리고 아키노스케는 갑자기 자기 집 정원의 삼나무 아래서 잠이 깼다!…

잠시 그는 멍한 상태로 눈앞이 캄캄해졌지만, 곧, 여전히 자기 가까이 앉아서 즐겁게 술 마시며 이야기하고 있는 두 친구를 알아보았다. 당황한 그는 그들을 바라보고는 크게 소리쳤다.

"신기하군!"

"아키노스케가 꿈을 꿨나보군." 그들 중 한 명이 웃으며 말했다. "아키노스케, 무슨 이상한 꿈이라도 꾸었나?"

그래서 아키노스케는 도코요 왕국 라이슈 섬을 이십삼 년간 다스린 꿈 이야기를 들려주었다. 이 이야기를 듣고 친구들은 놀랐다. 그가 잠들었던 것은 채 몇 분 되지 않았기 때문이었다. 향사 한 명이 말했다.

"자넨 정말로 이상한 것들을 보았군. 실은 자네가 자고 있는 동안 우리도 이상한 걸 보았네. 한 마리의 작은 노랑나비가 일이 분 동안 자네 얼굴 위를 날아다니는 걸 봤어. 그리고 나서 그 나비는 나무 근처 자네 곁에 앉았네. 나비가 앉자마자 아주 큰 개미 한 마리가 개미구멍에서 나오더니 나비를 붙잡고는 구멍 안으로 끌고 가더니, 자네가 깨기 바로 직전에 그 나비가 다시 구멍 속에서 나와서는 아까처럼 자네 얼굴 위를 날아다니더니 갑자기 사라졌어. 어디로 갔는지 모르겠어."

"아마 그건 아키노스케의 혼이었을 거야." 다른 향사가 말했다. "그 나비가 아키노스케의 입 속으로 들어가는 걸 본 게 확실하다는 느낌이 들어… 하지만 설령 그 나비가 아키노스케의 혼**이었다고** 해도 그것만으로 그의 꿈이 설명되는 것은 아니지."

"아마도 개미가 설명해 줄 거야." 처음 말했던 사람이 다시 말했다. "개미들은 이상한 생명체야. 작은 마물魔物일지도 모르지… 어쨌든, 저 삼나무 아래에는 커다란 개미집이 있어…”

“살펴보자!” 그 이야기에 감탄한 아키노스케가 소리쳤다. 그래서 그는 가래를 가지러 갔다.

삼나무 주위와 땅 아래에는 놀라운 방식으로 거대한 개미집이 만들어져 있었다. 개미들은 커다란 개미집 안에 또 다른 것들을 만들어 놓았다. 짚과 진흙과 뿌리로 만들어진 그들의 작은 건물들은 기묘하게도 인간의 마을을 축소시킨 모형과 닮아 있었다. 다른 것들보다 상당히 더 크게 만들어진 건물 안에는, 노란 날개와 길고 검은 머리를 한 큰 개미 한 마리를 둘러싸고 작은 개미들이 놀라울 정도로 무리 지어 있었다.

“아아, 저건 내 꿈에 나온 왕이야!” 아키노스케가 소리쳤다. “그리고 저기는 도코요 왕국의 궁전이군!… 놀라워!… 라이슈는 저기로부터 서남쪽으로, 저 큰 뿌리의 왼쪽 어딘가에 있는 게 틀림없어… 그래! 여기 있다!… 이것 참 이상하군! 그렇다면 한료코와 공주의 무덤도 찾을 수 있을 거야…”

그는 부서진 개미집을 뒤지고 또 뒤져 마침내 작은 무덤 하나를 찾아냈다. 그 위에는 물에 깎여나가 불교의 비석과 비슷한 모양이 된 조약돌이 하나 놓여져 있었고, 그 아래에서 그는 흙 속에 묻혀 있는 암캐미의 사체를 찾아냈다.

【역주】

도코요노쿠니常世の国(고대 일본인이 상상하던 타계他界)는 단순히 도코요常世라고도 불렸으며, 여러 가지 신앙적 요소를 내포하는 세계로 시간적, 공간적 넓이를 지니고 있다. 바다 저편이나 동방의 땅, 또는 바다 속에 있다는 등의 전승도 있다. 중국의 신선사상이 들어오자 선경仙境으로서 인식되게 되었다. 고대인이 품고 있던 의식을 정리해 보면, (1) 생명이 유래하는 곳이며, 조상의 정령들이 쉬는 나라, (2) 곡령穀靈 등의 근원되는 땅이자 풍요를 인도하는 신이 계신 곳, (3) 태양이 재생부활하는 곳, (4) 죽은 자가 가는 곳, (5) 불로불사의 세계 등이다 (중략)『일본서기』스진 덴노垂仁天皇 조의 아마테라스 오미카미天照大神의 신탁에 "신의 바람이 부는 이세 지방은, 도코요의 파도가 몇 겹이고 밀려오는 땅이다"라고 한 것이나,『히타치 지방 풍토기常陸国風土記』총설에 히타치 지방이 예전에는 도코요노쿠니라고 불렸다고 전하는 것은, 야마토 지방大和国을 중심으로 하던 시대에 동방의 땅에 도코요노쿠니를 상정하고 있었던 사실에 의하는 것이다. 한편,『단고 지방 풍토기丹後国風土記』일문逸文의 미즈노에노 우라노 시마코水江浦嶋子 전승은, 도코요가 천상선가天上仙家·봉래산蓬萊山·선도仙都 등으로 표현되어 중국문예와의 관련이 인정되는 한편, 바다 위의 섬이라고 되어 있는 대목에서는 지역성을 지닌 귀중한 전승이라고 할 수 있다. 이 바다 위의 섬이라고 하는 관념에 대해서는, 남도南島의 타계관과의 관련 속에서 해석하는 것도 가능하다 (중략) 비슷한 타계관은 한국, 중국, 동남아시아 등에서도 보이며, 수장水葬이나 주장舟葬 등과도 관련되어 불교적 정토로 변용되어 가는 모습도 보인다. (『일본 전기전설 대사전』412쪽)

리키바카

그의 이름은 '힘'이라는 뜻의 리키ヵ였다. 하지만 사람들은 그를 '리키바카ヵばか'[37]라고 불렀다. 그는 어른이 되지 않는 영원한 아이로 태어났기 때문이다. 같은 이유에서 사람들은 그에게 친절했다. 그가 성냥을 켜서 그 불이 모기장에 옮겨 붙어 마침내는 집이 통째로 타오르게 되었을 때 그 불꽃을 보면서 기뻐하며 박수를 쳤을 때에도.

열여섯 살 때 그는 키 크고 힘센 소년이었지만 그의 정신은 언제나 행복한 두 살이었고, 계속해서 아주 어린아이들과 함께 놀았다. 네 살에서 일곱 살 되는 이웃의 좀 더 큰 아이들은 그가 자기들의 노래와 게임을 배울 수 없었기 때문에 그와 함께 놀려고 하지 않았다. 그가 좋아하는 장난감은 빗자루였다. 그것을 장난감 말처럼 타

37) 바보 리키.

고는, 계속해서 몇 시간 동안이나 놀랄 정도로 큰 소리로 웃으며 우리 집 앞의 언덕을 오르락내리락하고는 했다. 그러나 마침내 그가 지르는 소리가 귀에 시끄럽다고 느껴질 즈음이 되면 나는 그에게 다른 데서 놀라고 말하게 된다. 그러면 그는 순순히 나에게 인사한 뒤, 슬픈 듯이 빗자루를 질질 끌며 다른 곳으로 가고는 했다. 언제나 온화하며, 불火만 가지고 놀지 않는다면 완전히 무해無害한 그는 거의 어떤 사람에게도 불평의 원인이 되지 않았다. 이 거리에 사는 우리들의 일상과 그와의 관계는 거의 개나 닭의 그것과 거의 같았다. 그래서 마침내 그가 사라졌을 때, 나는 특별히 허전함을 느끼지 못했다. 무언가의 일로 리키를 떠올리게 된 것은, 그로부터 몇 달이나 지나고 나서였다.

"리키한테 무슨 일이 생겼나요?"

나는 이 주변의 집들에 땔감을 가지고 오는 늙은 나무꾼에게 물어보았다. 그가 나뭇단 나르는 것을 리키가 때때로 도와주고는 했다.

"리키바카?" 그 노인이 대답했다. "아, 리키바카는 죽었습니다, 불쌍한 것!… 그래, 일 년쯤 전에 그 놈은 갑자기 죽었지요. 뭔가 뇌 쪽에 병이 생겼다고 의사선생님들이 말씀하시더군요. 그런데, 그 불쌍한 리키에 관해 한 가지 이상한 이야기가 있습니다.

리키가 죽었을 때, 그의 어머니가 그의 왼쪽 손바닥에 그의 이름인 '리키바카力ばか'를 한자로 '리키力', 히라가나로 '바카ばか'라고 적어 넣었습니다. 그리고는 때때로 그를 위해 기도를 드렸죠. 그것은

그가 다음 생에서는 좀 더 행복하게 태어나길 바라는 기도였습니다.

그로부터 거의 석 달 뒤, 고지마치麴町에 사시는 모某 님의 저택에서 남자아이가 태어났는데, 그의 왼손에 글자가 적혀 있었다고 합니다. 선명하게 '**리키바카**力ばか'라고 적혀있었다는 거예요!

그래서 그 저택의 사람들은 이 아이의 출산이 누군가의 기도에 대한 응답임에 틀림없다고 생각하고는 여기저기 알아봤답니다. 그리고는 어떤 야채상인으로부터, 우시고메牛込에 리키바카라고 불리던 저능아가 살고 있었는데 지난해 가을에 죽었다는 말을 듣고는, 리키의 어머니를 찾아 하인 두 명을 보냈습니다.

이 하인들은 리키의 어머니를 찾아내서는 무슨 일이 일어났는지 들려주었습니다. 그들의 말을 들은 그녀는 뛸 듯이 기뻐했죠. 그 모 님의 집은 매우 부유하고 유명한 집안이었으니까요. 하지만 하인들은, 그 모 님의 집안 사람들은 아이의 손에 새겨진 '바보ばか'라는 글자 때문에 대단히 화가 나 있다고 말했습니다. '당신 아들 리키 씨는 어디에 묻혀 있죠?'라고 하인들이 묻자, '젠도지절善導寺의 묘지에 묻혀 있어요'라고 그녀가 답했습니다. '리키 씨 무덤 비석의 조각을 저희에게 조금만 주십시오'라고 그들이 부탁하여, 그녀는 그들을 데리고 젠도지 절로 가서 리키의 무덤을 보여주었습니다. 그들은 무덤 비석의 조각 약간을 보자기에 싸서 가져 갔습니다… 그 대신 그들은 리키의 어머니에게 십 엔인가를 주었습니다…"

"그런데, 그 돌 조각이 왜 필요한 거죠?" 내가 물었다.

"글쎄요." 노인이 대답했다. "당신도 그렇게 생각하시겠지만, 손바닥에 그런 이름을 적어둔 채로 그 아이를 키울 수는 없는 노릇이죠. 그리고 그런 식으로 아이의 몸에 새겨진 글자를 지우는 데에는 딱 한 가지 방법밖에 없어요. **그 아이의 전생의 몸이 묻혀 있는 무덤에서 가져온 흙으로 아이의 피부를 문질러야 하는 거예요…**"[38)]

38) 이 이야기는, 당시 헌이 살고 있던 마을에 리키바카라는 이름의 백치 소년이 죽은 뒤에, 헌의 집에 드나들던 여자 미용사가 와서 해준 것이다. 헌은 그 내용에는 손대지 않으면서 나무꾼 노인이 말해준 것으로 바꾸어서 쓰고 있다. (『고이즈미 야쿠모 전집』 제7권 516쪽)

해바라기

로버트[39]와 나는 집 뒤의 언덕 숲 속에서 페어리 링fairy-ring[40]을 찾고 있었다. 여덟 살 된 로버트는 잘생긴데다가 매우 똑똑하다. 나는 일곱 살이 조금 넘은 나이이고, 로버트를 존경하고 있다. 아주 화창한 날씨의 팔월 어느 날. 따뜻한 공기가 송진의 강렬한 향기로 가득하다.

우리는 페어리 링은 찾지 못했지만, 그 대신 키 높은 풀숲에서 솔방울을 많이 찾았다… 나는 로버트에게, 무심결에 페어리 링 안에서 잠든 한 남자가 그대로 칠 년간 사라졌다가 친구들에 의해 마법에서 풀려난 뒤로는 아무것도 먹지 않고 아무것도 말하지 않게 되

39) 라프카디오 헌의 사촌으로, 그의 어머니는 라프카디오 헌의 아버지인 찰스 헌 Charles Bush Hearn의 누나.

40) 요정의 고리. 풀밭 위에 균이 검푸르게 고리모양으로 난 것으로, 유럽에서는 요정들이 둥글게 춤을 춘 자리라고 믿어졌다.

었다는 웨일즈의 옛 이야기를 들려주었다.

"그들은 바늘 끝만 먹기 때문이야." 로버트가 말한다.

"누가?"

"요괴들."

처음으로 이 이야기를 들은 나는 충격과 공포 때문에 아무 말도 하지 못한다… 갑자기 로버트가 소리친다.

"저기 하프 연주자가 왔다! 우리 집으로 왔어!"

우리는 하프 연주를 듣기 위해 언덕을 달려 내려간다… 하지만, 무슨 하프 연주자가 이래! 그림책에 나오는 것 같은 백발의 음유시인이 아니라, 찌푸린 검은 눈썹 아래 뻔뻔스러워 보이는 검은 눈동자에다가 얼굴은 거무잡잡하고, 억세 보이는 몸에 옷을 흐트러뜨린 방랑자다. 음유시인이라기보다는 마치 벽돌공 같다. 게다가 노동자가 입는 두꺼운 목면 옷을 입고 있다.

"웨일즈어로 노래할지도 몰라." 로버트가 중얼거린다.

나는 너무 실망해서 아무런 말도 할 수 없다. 그는 우리 집 입구의 계단에 그 커다란 하프를 놓고는, 더러운 손가락들로 하프 현을 모두 울리며 화난 듯한 소리로 목청을 가다듬은 다음 노래를 시작한다.

나를 믿어요, 설령 지금 나로 하여금 행복하게
오늘 당신을 바라보게 하는 당신의 그 모든 젊은 매력이…

Believe me, if all those endearing young charms,
Which I gaze on so fondly to-day…

강세, 태도, 목소리, 그 모든 것이 나에게 말할 수 없는 반감을 불러일으킨다. 그 어마어마한 천박함이 나를 또 다시 충격에 휩싸이게 한다. 나는 '당신은 그 노래를 부를 권리가 없어!'라고 소리 치고 싶다. 왜냐하면 나는 나의 작은 세계에서 가장 사랑스럽고 가장 아름다운 사람의 두 입술에서 불려지는 그 노래를 들었었기 때문이다.[41] 이 야비하고 천박한 남자가 감히 저 노래를 부르는 것은 마치 나를 조롱하는 것처럼 나를 괴롭게 한다. 하지만, 잠깐만!… 저 '오늘'이라는 단어가 발음되는 순간, 저 깊고 으스스한 목소리가 갑자기 뭐라 할 수 없이 떨릴 듯한 부드러운 소리로 바뀐다… 그리고는 또다시 불가사의하게 바뀌어 커다란 오르간의 저음과 같은 낭랑하고 풍부한 음조가 된다. 동시에, 이제까지 느낀 적이 없는 일종의 감정이 나의 목을 죄어 온다… 이 불쾌한 얼굴의 부랑자는 어떠한 마법을 알고 있는 것일까? 어떤 비밀을 발견한 것일까?… 아아! 이런 노래를 부를 수 있는 사람이 이 세상에 또 있을까?… 노래하는 사람의 모습이 흔들리며 흐려져 온다. 그리고는 집도, 풀밭도, 보이는 모든 것의 형상이 마치 헤엄치듯 내 눈앞에서 떨려온다. 나는

41) 이 노래는 아일랜드의 국민시인 토머스 무어(Thomas Moore, 1779-1852)가 작사한 것으로, "당신은 제가 나이가 들어도 역시 사랑해줄 건가요?"라는 여자의 질문에 대답하는 이 구절은 유명하다.

본능적으로 그 남자를 무서워한다. 그를 미워한다고 해도 좋다. 그리고 나를 이렇게 감동시키는 그의 능력 때문에 나 자신의 얼굴이 분노와 부끄러움으로 붉어지는 것을 느낀다…

"너 울고 있구나." 로버트가 동정하면서 나에게 말하자 나는 더욱 더 혼란스러워진다. 하프연주자는 육 펜스 은화를 받고는 감사의 말도 하지 않고 뚜벅뚜벅 걸어간다… "하지만 저 사람은 집시일거야. 집시는 나쁜 사람들이야. 그리고 그들은 마법사야… 자, 숲으로 돌아가자."

우리는 다시 소나무 숲의 언덕으로 기어올라가서는, 햇빛이 반점처럼 둥글게 비치는 풀밭 위에 앉아서는 마을과 바다를 내려본다. 하지만 우리는 아까처럼 놀지 않는다. 그 마법사의 주문은 우리 둘 모두에게 강력하게 작용하고 있는 것이다…

"아마 그는 요괴일 거야." 마침내 내가 말을 던진다. "아니면, 요정?"

"아니." 로버트가 말한다. "그냥 집시야. 하지만 집시라도 똑같이 나빠. 그들은 아이들을 훔치잖아…"

"그가 여기 오면 어떡하지?" 우리가 있는 곳이 외진 곳이라는 것을 깨달은 나는, 갑자기 놀라서 숨이 막힌다.

"아아, 그런 일은 없을 거야." 로버트가 대답한다. "집시들은 낮에는 안 오잖아…"

*

[바로 어제 다카다 마을高田村 근처에서, 일본인들이 우리와 거의 같은 발상에서 '해를 따라 돈다'는 뜻의 '**히마와리**日廻り'[42]라고 부르는 꽃을 보게 되었다. 그리고 사십 년이라는 시간을 뛰어넘어 그 떠돌이 하프 연주자의 가슴 떨리는 목소리가 떠올랐다.

> 해가 질 때 해바라기가 자신의 신을 향하듯이,
> 그가 일어날 때, 그와 같은 눈길을 그녀는 던졌다.
> As the Sunflower turns on her god, when he sets,
> The same look that she turned when he rose

또다시 나는 먼 웨일즈 어느 언덕에 반점처럼 둥글게 드리워지는 햇볕을 보았다. 그리고 잠시, 소녀 같은 얼굴과 금발의 곱슬머리를 한 로버트가 내 곁에 있었다. 우리는 페어리 링을 찾고 있었다… 하지만 실제의 로버트는 이미 먼 옛날에 바다의 변화sea-change에 의해 훌륭하고 불가사의한 무언가가 되었다…
'**벗을 위하여 제 목숨을 바치는 것보다 더 큰 사랑은 없다**'][43]

---

42) 해바라기라는 뜻의 일본어. 영어로는 sunflower.

43) 『신약성서』〈요한복음〉 15장 13절. 로버트는 훗날 영국 해군에 입대하여 중국 부근의 난바다를 항해하던 중, 갑판에서 떨어진 친구를 구하려다 자신도 익사했기 때문에, 라프카디오 헌은 위와 같은 문구들을 인용한 것이다.

【역주】

이 이야기의 배경은 웨일즈로 되어 있으나, 실제로는 아일랜드이다. 라프카디오 헌의 아버지인 찰스 헌의 여동생 중 하나가 아일랜드의 서쪽 끝 메이요주州에 아름다운 토지를 소유한 남자와 결혼했기 때문에, 헌은 어렸을 때 종종 이 숙모의 집에 머물곤 했다. "인명, 지명은 물론, 크고 작은 사실도 헌의 취향에 맞추어 바꾸는 것은 모든 작품에 행해진 방식이었다. 원래 아일랜드는 헌에게 있어서는 불행한 기억이 많은 곳이었기 때문에, 드퀸시나 그 밖의 문인들에 의해 미화되고 자신도 또한 좋아했던 웨일즈 쪽을 선택한 것이었다" (『고이즈미 야쿠모 전집 별책』 86쪽)

이 이야기에 나오는 노래의 작사가인 토머스 무어에 대하여, 라프카디오 헌의 영문학 강의 중 관련 부분을 일부 옮겨 적는다.

> 테니슨 이전기의 군소 시인들 중 가장 유명한 사람은 아마 토머스 무어(Thomas More, 1779-1852)일 텐데, 그는 바이런의 절친한 친구였다. 시인으로서의 그에 대한 평가는 구구하지만, 그는 19세기 초반 문학에서 상당한 위치를 점하며, 낭만주의 운동을 옹호하는 그의 영향력은 지대했다. 그는 대중적 인기의 면에서는 바이런에 바짝 뒤따를 정도였다. 그는 경력에서나 환경에서 동시대 시인들 누구와도 닮은 점이 없었다. 다만 그를 세련되고 예스러운 신사, 사교계의 동호인, 그리고 자신을 대단한 시인으로서가 아니라 '가인singer'으로서 큰 자부심을 가진 사람으로 상상하기 바란다.
>
> 여기서 '가인'이라는 단어는 가장 문자 그대로의 의미로 사용한 것이다. 무어는 타고난 음악인이었다. 그의 명성은 주로 부자들의 응접실에서 피아노에 앉아 좌중들을 위해 연주하고 노래하는 일에서 이루어졌다. 그는 자신의 시로 인해 한때 영국 도처에서 우상시

되었다. 거의 모든 가정에 그의 사진이 걸렸고, 특히 아일랜드인들은 그의 이름만 들어도 경배의 념을 품었다. 그의 시는 모두 노래의 가사로 쓰여진 것이다. 그는 아일랜드, 잉글랜드, 스코틀랜드 농민들의 민중가락을 일찍이 모두 익혔으며, 그 가락을 위해 새로운 가사들을 썼으며, 또 노래를 불러 그들을 퍼뜨렸다. 이후 그는 스페인, 프랑스, 이탈리아, 희랍의 가락을 위해서도 같은 일을 했다. 그러나 그의 가사의 걸작품들은 『아일랜드 가락모음집』(Irish Melodies; 1807-35)으로 편찬되었다.

요컨대, 무어가 평민들의 음악을 위해 이룩한 업적은 바로 월터 스코트와 몇 사람들이 농민들의 시와 민속학을 위해 이룩한 것과 같다. 그는 당대의 가장 훌륭한 '가인'일 뿐 아니라, 진정 만만찮은 낭만주의 시인이기도 했다. (『동양인을 위한 영국문학사-동경대학 강의록』 406-407쪽)

봉래

하늘과 맞닿은 푸른 바다. 반짝이는 아지랑이 속으로 한데 섞여 들어가는 하늘과 바다. 계절은 봄, 때는 아침.

보이는 것이란 오직 연푸른빛의 거대한 하늘과 바다뿐… 바로 앞쪽에서는 잔물결들이 은빛으로 반짝이고 물방울들이 솟구쳐 오르는 것을 볼 수 있지만, 조금만 더 멀리 보면 움직이는 것은 아무것도 없다. 푸른빛 이외에는 아무것도 없다. 흐릿하고 따뜻한 바다의 푸른빛이 퍼져 나가면서 하늘의 푸른빛과 한데 녹아든다. 수평선은 없다. 바다 멀리 저 편이 저 높이 하늘이 된다. 바다는 당신 앞에서 거대한 바닥을 드러내고, 파도는 당신의 머리 위로 거대한 아치를 그린다. 높이 올라갈수록 그 빛은 더욱 더 진해진다. 그러나 중간 정도의 푸른빛 속으로, 신월新月처럼 휘어진 모습으로 솟아오른 지붕을 얹은 문들이 저 멀리 희미하게 걸려 있다. 기억처럼 부드러운 햇빛에 반짝이는 이상하고 오래된 영화로움의 환상이다.

… 지금 내가 묘사한 것은 우리 집 도코노마床の間[44] 벽에 걸려 있는 비단 그림 족자이다. 그림의 이름은 〈신기루蜃気楼〉. 하지만 이 그림에서는 신기루의 모습이 확실하게 보인다. 여기에 보이는 것은 신선의 땅 봉래蓬萊에서 반짝이고 있는 문이며, 저기에 보이는 것은 신월 모양의 용궁 지붕이다. 그 양식은 (현대 일본 화가의 붓으로 그려져 있기는 하지만) 이천백 년 전 중국의 양식이다…

그 당시의 중국 책에는 그곳에 대해 이런 이야기가 적혀 있다 -

봉래에는 죽음도 없고 고통도 없고 겨울도 없다. 그곳의 꽃들은 결코 시들지 않고 과일들은 떨어지지 않는다. 만약 누군가가 그 과일들을 한 번만 맛본다면 앞으로 목마름이나 배고픔을 느끼지 않게 될 것이다. 봉래에서는 모든 종류의 질병을 치료해주는 **상린자**相鄰子, **육합규**六合葵, **만근탕**萬根湯 등의 마술적인 식물들이 자라고 있고, 죽어 가는 사람을 살리는 **양신지**養神芝라는 마술적인 풀도 있다. 그 풀을 자라게 하는 것은 한 잔만 마시면 영원한 젊음을 주는 요정의 물이다. 봉래의 주민들은 아주 작은 그릇에 쌀밥을 담아 먹는데, 그 그릇 안의 쌀밥은 절대로 줄어들지 않기 때문에, 먹는 사람이 더 이상 먹고 싶지 않다고 생각할 때까지 계속 먹을 수 있다. 그리고

44) 일본식 방의 벽 한쪽을 안으로 들어가게 하고 바닥을 한층 높게 만든 곳. 벽에는 족자를 걸고 바닥에는 꽃이나 장식물을 꾸며 놓는다.

봉래의 주민들은 아주 작은 잔에 술을 담아 마시는데, 아무리 많이 마시는 사람이라도 술 취하는 즐거움을 느낄 수 있을 때까지 마셔도 술잔을 다 비울 수가 없다.

진秦 왕조 때의 전설에는 이외에도 여러 가지 이야기가 있다. 하지만 이 전설들을 기록한 사람들이 실제로, 아니 신기루로라도 봉래를 보았다고는 생각할 수 없다. 왜냐하면 먹는 사람을 영원히 배부르게 할 수 있는 마법의 과일도, 죽은 사람을 살릴 수 있는 마법의 풀도, 요정의 샘도, 쌀밥이 떨어지지 않는 그릇도, 술이 부족해지지 않는 잔도 존재하지 않기 때문이다. 슬픔과 죽음이 봉래에 침투하지 못한다는 것은 사실이 아니다. 겨울이 없다는 것도 거짓이다. 봉래의 겨울은 춥고 찬바람은 뼛속까지 스며든다. 용궁의 지붕에는 놀랄 정도의 두께로 눈이 쌓인다.

그럼에도 불구하고 역시 봉래에는 놀라운 것들이 있으며, 그것들 중 가장 놀라운 것은 이제까지 어떤 중국인 작가도 언급한 적이 없다. 내가 말하고 싶은 것은 봉래산의 공기이다. 그 공기는 봉래 특유의 것이며, 그 공기 덕분에 봉래의 햇빛은 다른 어느 곳의 햇빛보다도 더 하얗고, 우윳빛의 밝은 빛이지만 눈부시지 않으며, 놀랄 만큼 깨끗하지만 매우 부드럽다. 이 공기는 우리 인간들의 시대의 것이 아니다. 너무나도 오래된 시대의 것이어서, 그것이 얼마나 오래되었는지를 생각하려고만 해도 두려움을 느낄 정도이다. 그 공기는 질소와 산소의 혼합이 아니다. 우리들과는 다른 방식으로 사고하는 사람들의 영혼의 근원들이 수억 만의 수억 만 세대 동안 섞여 거대한 반투명 빛을 발산하고 있는 것이다. 그 공기를 마신 사람은 자신의 핏속에 이 영혼들의 영감을 받아들이게 되며, 이 영혼들은 인간의 체내 감각을 변화시키고 공간과 시간에 대한 감각을 재편성한다. 그래서 이제 그는 영혼들이 보아온 방식으로 볼 수 있게 되고, 그들이 느꼈던 방식으로 느낄 수 있게 되고, 그들이 생각해 온 방식으로 생각할 수 있게 된다. 더욱이 이러한 감각들의 변화는 잠드는 것처럼 부드럽게 이루어지는 것이다. 이러한 감각들을 통하여 인식되는 봉래는 다음과 같이 묘사될 수 있을 것이다.

봉래에서는 악이란 무엇인가에 대한 지식이 없기 때문에, 그 주민들의 마음은 결코 늙지 않는다. 그리고 마음이 늘 젊기 때문에 봉래의 주민들은 태어나서부터 죽을 때까지 웃는다. 오로지 신들이 그들에게 슬픔을 던져줄 때만이 예외이며, 그 슬픔이 사라질 때까지 그들의 얼굴은 가려진다. 봉래의 주민들은 마치 자신들이 모두 한 가족인 것처럼 서로 사랑하고 신뢰한다. 여자들의 마음은 작은 새의 혼과 같이 밝기 때문에, 그들의 목소리는 지저귀는 작은 새의 소리 같고 그녀들이 장난치며 소매를 흔드는 모습은 넓고 부드러운 날개를 펄럭이는 것과 같다. 봉래에서는 부끄러워할 이유가 없기 때문에 슬픔을 제외한 그 어떤 것도 감춰지지 않는다. 그리고 도둑이 있을 수 없기 때문에 문에는 열쇠를 채우지 않는다. 두려워할 이유가 없기 때문에 모든 문들은 낮과 마찬가지로 밤에도 열려져 있다. 봉래의 주민들은 비록 불멸은 아니지만 요정들[45]이기 때문에, 용

45) 원래의 봉래산 전설에서는 신선이 봉래산에 산다고 되어 있지만, 라프카디오 헌은

궁을 제외한 봉래의 모든 곳에 있는 것들은 모두가 아주 작고 별스럽고 이상하게 생겼다. 이들 신선들은 아주 작은 그릇에 쌀밥을 담아 먹고, 아주 작은 잔에 술을 담아 마신다…

이렇게 보이는 것은 그 영혼들의 공기를 마신 탓이기도 하지만, 모두가 그 때문만은 아니다. 죽은 자들이 이 세상에 가져오는 단 하나의 불가사의한 힘은 이상理想에 대한 동경과 옛 세계의 희망의 빛에 대한 동경이다. 그리고 그러한 희망의 일부가 봉래에 사는 여러 사람의 마음속에서, 이기적이지 않은 삶의 소박한 아름다움 속에서, 그리고 여성들의 달콤함 속에서 실현되었다…

서쪽에서 불어오는 사악한 바람이 봉래를 휩쓸고 있다. 봉래의 마술적인 공기는, 아아! 그 바람 앞에서 점점 사라져가고 있다. 이제는 오직 일본의 화가가 그리는 풍경 속에서 흘러가고 있는 길고 밝은 구름의 띠와 같이 조각나고 가늘어진 모습으로 남아있을 뿐이다. 이 조각난 신선들의 구름 아래서만 봉래는 남아있을 뿐이다… 봉래의 다른 이름은 신기루라고 한다. 신기루란 손에 닿을 수 없는 환상이라는 뜻이다. 그리하여 그 환상은 이미 사라져 가고 있다. 그림과 시와 꿈속이 아닌 그 어떤 곳에서도 다시 나타나지 않을 것처럼…

신선을 유럽적인 작은 요정과 같은 개념으로 생각하고 있기 때문에 '작다'는 개념을 강조하고 있는 것 같다. 물론 여기에는 '작다'라는 키워드로 일본의 특성을 파악한 당시 서구인들의 시각도 작용하고 있다.

【역주】

이 이야기는 헌이 어느 전람회에서 사온 〈봉래〉라는 제목의 족자를 바라보면서 느낀 감상을 적은 것이다.(『고이즈미 야쿠모 전집』 제7권, 516쪽) 봉래산이란 옛날 동아시아에서 신선이 사는 땅으로 믿어졌던 봉래, 방장, 영주의 삼신산三神山 중 하나를 가리킨다. 중국에서는 이 삼신산이 지금의 발해만渤海灣 한가운데 있었다고 믿었고, 조선시대에는 한반도의 금강산·지리산·한라산을 삼신산이라고 생각했으며, 일본에서도 고대의 국왕인 덴무덴노天武天皇의 다른 이름인 '아마노 누나하라오키노 마히토노 스메라미코토天渟中原瀛真人天皇'에도 '영주의 신선瀛真人'이라는 구절이 포함되어 있는 등, 이 삼신산에 대한 믿음은 동아시아에 널리 퍼져 있었음을 알 수 있다. 사마천의 『사기史記』 〈봉선서封禪書〉에는,

> 제나라의 위왕과 선왕, 연나라의 소왕 이래로 사람을 바다로 파견하여 봉래蓬萊, 방장方丈, 영주瀛州를 찾도록 하는 일이 잦아졌다. 전설에 의하면, 이 삼신산三神山은 발해渤海 중에 있어 그 길이 멀지 않았으나, 선인仙人들은 배가 도착하는 것을 걱정하여 곧 바람을 일으켜 배를 멀리 보냈다고 전해진다. 이미 그곳에 가본 적이 있는 사람들은 선인들과 장생불사의 약이 모두 거기에 있으며, 산 위의 물체, 새, 짐승들의 색깔은 모두 흰색이며, 궁전은 모두 황금과 백은白銀으로 건축하였다고 전한다. 아직 거기에 도달하지 않았을 때 멀리서 바라다보면, 삼신산은 천상의 백운과 같으며, 거기에 도달하여 보면 삼신산은 오히려 수면 아래에 처해 있는 듯하다. 배가 막 다다르려고 하면 바람이 배를 밀쳐내어 시종 거기에 도달할 수 없었다. 거기에 도달하여 보면 삼신산은 오히려 수면 아래에 처해 있는 듯하다. 거기에 도달하여 보면 삼신산은 오히려 수면

> 아래에 처해 있는 듯하다. 배가 막 다다르려고 하면 바람이 배를 밀쳐내어 시종 거기에 도달할 수 없었다. 진시황이 천하를 통일한 이후, 방사들이 해상의 신선 전설에 관하여 말하는 횟수는 그 수를 헤아릴 수가 없었다. 진시황은 친히 해상으로 나아갔다가 삼신산에 도달하지 못할까 두려워, 동남동녀童男童女를 데리고 해상으로 나아가 이 삼신산을 찾도록 사람들을 파견하였다. 배가 해상에서 돌아와서는 바람을 만나 도달할 수 없었다고 변명하고서, 비록 도달하지는 못했지만 삼신산을 확실히 보았다고 말하였다. (『사기 2-표서・서』 192-193쪽)

라고 나오며, 『열자列子』 〈탕문편湯問篇 제5第五〉에도

> 발해渤海라는 바다 동쪽으로 몇 억만 리를 가야 하는지 그 거리를 잘 알 수 없지만 거기에 커다란 구렁텅이가 있습니다. 이것은 참으로 밑이 없는 골짜기입니다. 그 골짜기 아래에 밑이 없는 데를 이름하여 귀허歸墟라 합니다. 상하사방의 땅에 있는 물과 동서남북 및 중앙의 하늘에 있는 은하수銀河水가 다 이곳으로 흘러 모여들지만 그 물은 결코 느는 일도 없고, 주는 일도 없습니다. 그 골짜기 가운데 산 다섯이 있습니다. 첫째는 대여岱輿란 산이요, 둘째는 원교員橋란 산이요, 셋째는 방장方丈이란 산이요, 넷째는 영주瀛洲란 산이요, 다섯째는 봉래蓬萊란 산입니다. 그 산들은 비록 높은 것과 낮은 것의 차이는 있지만 어느 것이나 그 주위가 삼만 리나 됩니다. 그 산꼭대기에는 구천 리나 되는 평원이 있고, 산 중간에는 거리가 각각 칠만 리나 됩니다. 그리하여 그 산과 산은 서로 이웃집같이 되어 있었습니다. 그 산 위에 대관臺觀이란 큰 건축물은 다 금과 옥으로 지은 것이요, 새와 짐승들은 다 순백색이요, 포기로 난 수목들이 다 구슬나무요, 꽃나무에서 열린 열매들이 다 맛이 희한한

> 것들입니다. 누구든지 이 열매를 한 번 따먹으면 늙지도 않고 죽지도 않습니다. 거기에서 사는 사람들은 다 선인이나 성인의 종족들입니다. 산과 산 사이의 거리는 28만 리나 되지만 이 선인들은 하룻날 하룻저녁에 서로 날아갔다가 날아옵니다. 이런 선인들은 그 수효가 너무 많아서 이루 다 헤아려 알 수 없습니다. (『열자』 126-127쪽)

라고 되어 있다.

또한, 봉래산에서 자라는 식물의 이름으로서 본문에 등장하는 것들 중 양신지養神芝에 대해서는, "이 풀은 동해 조주의 불사초입니다. 경전에서 자라기 때문에 양신지라고도 하지요. 풀 한 포기로 사람 하나를 살릴 수 있습니다"(『십주기十洲記』, 『중국신화전설Ⅱ』 1081쪽에서 재인용)라고 나와 있다. 라프카디오 헌은 아마도 이상과 같은 중국책 내지는 중국책의 일본어 번역본에 대한 이야기를 주위에서 듣고 이 작품을 창작했을 것이다. 그의 부인 고이즈미 세쓰는 "『봉래』를 좋아해서, 그 이야기의 그림을 갖고 싶다고 하기에 이것저것 보기도 하고 그려달라고 해서 받기도 했습니다만 만족할 만한 것은 없었습니다"(『고이즈미 야쿠모집』 377쪽)라고 회상하고 있다.

곤충연구

나비

I

일본문학에서 노산盧山이라는 이름으로 알려져 있는 저 중국 학자의 행운이 나에게도 온다면 좋을 텐데![1] 천상天上에 사는 신성한 두 자매가 그를 사랑하여, 열흘마다 그에게 와서는 나비에 대한 이야기를 그에게 해주었던 것이다. 중국에는 나비에 대한 불가사의한 이야기, 신성한 이야기가 많이 있다. 나는 그 이야기들을 알고 싶다. 하지만 나는 앞으로도 영원히 중국어는 물론 일본어조차도 읽을 수가 없을 것이다. 그렇기 때문에, 아주 고생하면서 어떻게든 번역해보려고 하는 약간의 일본의 시구 안에도 중국의 나비 이야기가

---

1) 이 부분의 '노산盧山'은 정확하게는 '류자향劉子鄕'이 되어야 한다. 『계신비원稽神秘苑』에 "류자향은 노산에 살고 있었는데, 오색 빛의 두 마리 나비가 날아와서는 꽃 위에서 놀았다. 그 크기는 제비 정도였다. 후에 두 여자로 변해서는 류자향에게 와서 서로 즐거워했다"라고 되어 있다.

많이 인용되어 있다는 사실은, 탄탈루스Tantalus[2]와 같은 고통으로 나를 괴롭힌다… 그리고 물론 나 같은 회의주의자를 방문해줄 신성한 소녀들도 없을 것이다.

예를 들면, 나비들이 꽃으로 착각해서 다가올 정도로 향기롭고 아름다웠다고 하는 저 중국 소녀의 이야기를 전부 알고 싶다. 자기의 연인으로 알맞은 사람을 나비가 찾게 했던 현종玄宗 황제 또는 명황明皇이라 불리는 그 황제의 나비들에 대해서도 좀 더 알고 싶다… 그는 자신의 놀라운 정원에서 늘 파티를 열었으며, 매우 아름다운 여성들이 그 자리에 참석했다. 미리 잡아 놓았던 나비들이 풀려나서는 그들 중 가장 아름다운 여성에게로 날아가면 황제의 은총이 그녀에게 주어졌다. 그러나 (중국인들이 양퀘이페이라고 부르는) 양귀비楊貴妃를 발견한 현종 황제는 그후로 더 이상 자신을 위한 연인을 고르도록 나비들을 괴롭히지 않았는데 그것은 불행이었다. 양귀비는 그에게 심각한 문제를 가져왔기 때문이다.[3]… 또한 나는 일본에서 장주莊周라고 불리는, 꿈속에서 나비가 되어 나비가 느끼는 모든

2) 제우스신의 아들. 신들의 비밀을 누설한 대가로, 물을 마시려 하면 그 때까지 자신의 목까지 찰랑찰랑하던 호수 물이 아래로 빠지고, 배가 고파서 자기 머리 위의 나무 열매를 먹으려고 손을 뻗으면 나뭇가지가 위로 올라가서 고통을 받게 되는 형벌을 받았다.

3) 『개원유사開元遺事』에 "봄날 명황이 궁중에서 연회를 열어, 비빈妃嬪들로 하여금 각기 비녀를 꽂고 오게 하였다. 그리고는 황제가 친히 나비들을 풀어, 나비가 앉는 곳을 따라가 그녀에게로 행차했다. 이를 원접元蝶이라고 한다. 양귀비에게 행차한 이후로는 오로지 그녀만을 총애하게 되어 다시는 이 유희를 하지 않았다"라고 나와 있다.

것을 경험한 그 중국학자의 경험에 대해 좀 더 알고 싶다. 그의 영혼은 정말로 나비의 모습이 되어 돌아다녔으며, 잠에서 깨어난 그에게는 나비로서의 기억과 경험의 느낌들이 너무나도 생생하게 마음속에 남아 있어서 사람처럼 행동할 수 없었다고 한다… 마지막으로 나는, 갖가지 나비들을 황제와 그의 시종들의 영혼으로 인정한 중국의 어떤 공식 문헌에 대해 알고 싶다…

나비에 관한 대부분의 일본 문학은 약간의 시를 제외하고는 모두 중국에서 기원한 것 같다. 일본의 예술과 노래와 관습을 통해 멋진 표현방식을 발견해 낸 저 오래된 국민적 미학 역시, 처음에는 중국의 가르침을 통해 발달했을 것이다. 왜 일본의 시인들과 화가들이 그렇게도 자주 자신들의 예명芸名을 조무蝶夢, 잇초一蝶 등으로 지었는지를, 중국의 선례先例들은 명백하게 설명해준다. 오늘날에도 무희舞姫들은 조하나蝶花, 조키치蝶吉 또는 조노스케蝶之助와 같은 예명들을 즐겨 사용하고 있다. 나비와 관계된 예명 외에 나비를 뜻하는 고초胡蝶나 조蝶와 같은 이름들도 실제로 인명으로 사용되고 있다. 몇몇 진기한 예외를 제외하면 이들 이름은 관습적으로 여성들에게만 붙여진다… 그리고 무쓰 지방陸奥国[4]에서는 가족 중의 막내딸을 '데코나てこな'라고 부르는 진기하고 오래된 옛 풍습이 여전히 남아 있다는 사실을 언급해 두어야겠다. 다른 지방에서는 폐어廢語가 된

4) 일본 혼슈本州의 동북방 지역을 가리키는 옛 이름.

이 신기한 단어는 무쓰 지방의 방언에서는 나비를 뜻한다. 고전 시대에는 이 단어가 아름다운 여성을 가리키기도 했다…

나비에 대한 일본의 몇몇 기묘한 믿음 역시 중국에서 기원했을 가능성이 있지만, 이 믿음들은 중국이라는 국가 그 자체보다 더 오래되었을 수도 있다. 그 중 가장 흥미로운 것은 **살아있는** 사람의 영혼이 나비의 형상으로 날아다닌다는 믿음이라고 생각한다.[5] 예를 들어 나비가 당신 집의 사랑방으로 날아 들어와 대나무 발簾 뒤에 앉는 것은 당신이 가장 사랑하는 사람이 당신을 보러 온 것이라는 등의 몇 가지 깜찍한 생각들이 이 믿음에서 기원했다. 나비가 누군가의 영혼일 수 있다는 것이 사람들로 하여금 나비를 두려워하게 하는 이유가 되지는 않는다. 그러나 대단히 많은 나비떼가 나타날 경우에는 두려움을 불러일으키는 경우가 있다. 일본 역사에는 그러한 사건에 대한 기록이 남아 있다. 다이라노 마사카도平将門가 비밀리에 그의 유명한 반란을 준비하고 있었을 때 교토에서는 대단히 많은 나비떼가 나타났고, 당시 사람들은 나비떼의 출현을 흉조라고 생각하여 두려워했다… 아마도 그때의 나비들은 전쟁에서 죽을 운명이었던 수천 명의 영혼들이 전쟁 전날에 어떠한 신비스러운 죽음의 예감에 동요된 것이었으리라.[6]

5) 〈아키노스케의 꿈〉을 참조.

6) 중세의 역사서 『아즈마카가미吾妻鏡』에 "노란 나비가 날아와 가마쿠라鎌倉에 가득했다. 이것은 전란의 징조이다. 조헤이承平(931-938년간의 연호) 때 히타치常陸·시

그러나 일본인의 믿음 속에서, 나비는 살아있는 사람의 영혼일 경우도 있지만 죽은 자의 영혼일 경우도 있다. 실제로 영혼들은 몸에서 최종적으로 빠져나간다는 것을 보여주기 위하여 나비의 모습을 취하고는 한다. 그러므로 이러한 이유에서 방안에 들어온 나비는 친절하게 다루어져야 한다.

대중 연극 안에는 이러한 믿음 및 이와 관련된 기이한 상상과 관련된 많은 암시가 들어있다. 예를 들어 『날아오르는 고초의 비녀飛んで出る胡蝶の簪』라는 제목의 유명한 연극을 보자. 아름다운 여성 고초가 무고한 죄를 뒤집어쓰고는 잔혹하게 다루어진 끝에 자살한다. 그녀의 원수를 갚아주려고 하는 남자가 오랫동안 그 악행의 장본인을 찾아다니지만 허사였다. 그러나 마침내 죽은 여자의 비녀가 나비로 변해서는, 그 악한이 숨어있는 곳 위를 날아다니면서 복수를 안내해주게 된다.

물론, 결혼식 때 장식되는 종이로 만든 커다란 암나비와 수나비가 어떠한 영적인 의미를 지니고 있다고 생각해서는 안 된다. 그 종이나비들은 사랑하는 한 쌍의 결합의 즐거움, 그리고 나비들이 때로는 위로 때로는 아래로 가벼이 날아다니지만 절대로 멀리 떨어지

모쓰케下野, 텐키天喜(1053-1058년간의 연호) 때 무쓰陸奥·데와出羽의 네 지역에서 괴이한 일이 있었다. 마사카도將門·사다토貞任 등이 전란을 일으켰다. 그리고 지금 이 일이 일어났으니 또한 혹시 동쪽 지방에 전쟁이 있을 것인가 하고 노인들이 걱정했다"라고 나와 있다.

지 않으면서 즐거운 정원을 날아가듯이, 그들도 그렇게 일생을 살아가기를 바라는 희망을 보여주는 상징일 뿐이다.

II

나비에 관한 몇 편의 홋쿠發句[7]를 제시하는 것이 이 주제의 심미적 차원에 대한 일본인의 취향을 설명하는 데 도움이 될 것이다. 그 시들 중 몇 편은 단지 적은 수의 색으로만 이루어진 열일곱 자의 스케치일 뿐이고, 몇 편은 깜찍한 상상 혹은 우아한 암시 이상의 아무것도 아니지만, 독자들은 그 안에서 다양한 변화를 발견할 수 있을 것이다. 아마도 독자는 시 자체에는 크게 관심이 가지 않을 것이다. 에피그램epigram 풍의 일본 시에 대한 취미는 서서히 학습해야 하는 성질의 것이며, 이러한 작품의 가능성을 훌륭하게 평가할 수 있는 것은 인내심 있는 학습을 통해 단계적으로 가능하다. 그런데, 열일곱 음절로 이루어진 시를 위해 어떤 진지한 변호를 하는 것은 "어리석은 일"이라는 성급한 비평을 내린 사람이 있었다. 그렇다면 가나의 혼인잔치[8]에서 일어난 기적을 읊은 크래쇼[9]의 유명한 시는 어떠한가?

---

7) 5/7/5음절의 열일곱 자로 이루어진 일본의 전통시 하이카이俳諧 또는 하이쿠俳句를 가리키는 다른 말.

8) 『신약성경』 〈요한복음〉 2:1-2:12 참조.

9) R. Crashaw : 1613?-1649. 영국 형이상시인의 한 사람이자 가톨릭 신부.

Nympha pudica Deum vidit, et erubuit
(“그 순결한 님프는 자기의 신神을 보고 부끄러워했다” 또는 좀 더 친숙한 번역에 따르면 “그 순결한 물은 자기의 신을 보고 부끄러워했다” 이 시구에서 'nympha'라는 단어는 로마 시인들에 의해 '샘 · 연못', 그리고 '샘 · 연못의 정령'이라는 이중적 의미로 사용되었으며, 이는 일본 시인들이 자주 행하는 우아한 언어 유희 중 하나를 떠오르게 한다-원주)[10)]

이 시는 단 열네 음절이지만 불멸이다. 그리고 열일곱 음절의 일본어 음절 역시 이와 같이, 아니 사실은 이보다 더욱 더 놀랍게, 그것도 한두 번이 아니라 아마 천 번 이상이나 조합되어 왔다… 그러나 아래의 홋쿠들은 문학적이라는 것 이상의 다른 이유에서 고른 것이기 때문에 경탄할 만한 점은 조금도 없다.

누기카쿠루 하오리스가타노 고초카나
脱ぎかくる 羽織すがたの 胡蝶かな
벗고 있는 하오리 모양의 나비로구나!
('누기카쿠루'는 좀 더 일반적으로는 '누기카케루脱ぎかける'라고 하며, 이 시에서는 '벗어서 걸다'라는 뜻과 '벗기 시작하다'라는 두 가지 뜻을 가지고 있다. 좀 더 느슨하지만 좀 더 효과적으로 이 시를 번역하면 다음과 같다. “하오리를 벗고 있는 여성과 같은, 그것이 저 나비의 모습이다” 이러한 비유를 감상하기 위해서는 이 하오리 옷을 본 적이 있어야 한다. 하오리는 비단으로 만든 웃옷으로 마치 소매 달린 외투와 같으며 남녀 모두 입는다. 하지만 시에서 암시하고 있는 것은 좀 더 화려한 색과 재질로 되어 있는 여성의 하오리이다. 이 하오리는 소매가 넓으며, 안감은 화려하게 꾸며져 있는 밝은 색의

10) 이러한 고전 일본시의 기법을 가케코토바掛詞라고 한다.

비단으로 되어 있다. 하오리를 벗으면 그 화려한 안감이 드러나게 되고, 그렇게 옷이 화려하게 펄럭이는 순간의 모습은 날아다니고 있는 나비의 모습 그대로일 것이다-원주)

도리사시노 사오노 자마스루 고초카나
鳥さしの 竿の邪魔する 胡蝶かな
새잡이 장대를 휘두를 곳에 앉아 새 사냥을 방해하는 나비로구나!
(새잡이 장대에는 끈끈이가 발라져 있다. 이 시는, 끈끈이 묻은 나비를 보고 새들이 경계하게 됨으로써 사냥꾼의 새 사냥을 계속해서 나비가 방해하고 있다는 것을 암시하고 있다. '자마스루'는 '훼방놓다', '방해하다'라는 뜻이다-원주)

쓰리가네니 도마리테네무루 고초카나
釣鐘に とまりて眠る 胡蝶かな
종 위에 앉아 잠든 나비로구나!

네루우치모 아소부유메오야 구사노초
寝るうちも 遊ぶ夢をや 草の蝶
잠든 사이에도 날아다니는 꿈을 꾸는가, 풀 위의 나비여!
(쉬고 있는 동안에도 나비의 두 날개는 마치 날아다니는 꿈을 꾸고 있는 듯이 계속해서 움직이는 것으로 보이는 것이다-원주)

오키오키요 와가토모니센 네루코초
起き起きよ 我がともにせん 寝る胡蝶
일어나라, 일어나! 내 친구가 되어주려무나, 잠든 나비야!
(일본의 홋쿠 시인 중 가장 위대한 시인인 바쇼[11])의 시. 이 시는 봄날의 즐거

운 기분을 암시하고 있다-원주)

가고노토리 조오우라야무 메쓰키카나
籠の鳥 蝶を羨む 目付きかな
새장 안의 새여, 나비를 부러워하는 눈치로구나!

조톤데 가제나키히토모 미에자리키
蝶とんで 風なき日とも 見えざりき
바람 부는 날로는 보이지 않지만 나비가 나는구나!

락카에다니 가에루토미레바 고초카나
落花枝に かへると見れば 胡蝶かな
떨어지는 꽃이 가지로 돌아가는가 하고 보았더니 나비로구나!
(이 시는 "락카 에다니 가에라즈, 하쿄 후타타비 데라사즈(落花枝に帰らず, 破鏡再び照らさず : 떨어진 꽃은 다시 가지로 돌아가지 못하고, 깨진 거울은 다시 비추어볼 수 없다)"라는 불교 격언을 염두에 두고 있다. "격언은 그렇게 말하지만, 내가 보기에는 떨어진 꽃이 다시 가지로 돌아가는 것 같다… 아니, 그건 다만 나비였을 뿐이구나"-원주)

지루하나니 가루사아라소우 고초카나
散る花に 軽さ争ふ 胡蝶かな
지는 꽃잎과 가벼움을 겨루는 나비로구나!

조초야 온나노미치노 아토야사키

11) 바쇼芭蕉(1644-1694)는 에도 전기의 하이쿠 시인으로 하이쿠를 예술의 경지로 끌어올렸으며, 여행기 『오쿠의 작은 길奧の細道』이 유명하다.

蝶々や 女の道の 後や先
나비야, 길가는 여자의 뒤로 갔다가는 또 앞으로!

조초야 하나누스비토오 쓰케테유쿠
蝶々や 花ぬすびとを つけて行く
나비야, 꽃 도둑을 뒤따라가는구나!

아키노초 도모나케레바야 히토니쓰쿠
秋の蝶 友なければや 人につく
가을 나비야, 친구가 없어서 사람을 따르는가!

오와레테모 이소가누후리노 고초카나
追はれたも いそがぬふりの 胡蝶かな
쫓기면서도 서두르지 않는 모습의 나비로구나!

조와미나 주시치하치노 스가타카나
蝶は皆 十七八の 姿かな
나비는 모두 열일곱여덟 살 처녀의 모습이구나!
(즉, 나비들의 우아한 움직임은, 길게 펄럭이는 소매 옷을 아름답게 차려 입은 소녀들의 우아함을 연상시킨다… 옛 일본 속담에서는 도깨비조차도 열여덟 살 때는 이쁘다고 한다 : "도깨비도 열여덟 살 때는 엉겅퀴 꽃(鬼も十八、薊の花)"-원주)

조토부야 고노요노우라미 나키요우니
蝶飛ぶや この世のうらみ 無きやうに
나비가 나는구나, 이 세상에 근심(또는 질투)이 없다는 듯이!

조토부야 고노요니노조미 나이요우니
蝶飛ぶや 此世に望 無いやうに
나비가 나는구나, 이 세상에 바람이 없다는 듯이!

나미노하나니 도마리카네타루 고초카나
波の花に とまりかねたる 胡蝶かな
파도의 꽃(즉, 물거품) 위에 앉지 못하는 나비로구나!

무쓰마시야 우마레카와라바 노베노초
睦しや 生れかはらば 野辺の蝶
다음 생에 태어난다면, 저 들판의 다정한 나비처럼!
(또는 다음과 같이 좀 더 인상적으로 번역할 수 있다. “우리가 행복했다고 당신은 말하고 있습니까? 그래요, 만약 우리가 언젠가 미래에 저 들판의 나비들로 환생한다면, 그 때 우리는 화해할 수 있겠지요.” 이 시는 위대한 시인 고바야시 잇사小林一茶[12]가 아내와 이혼했을 때 지은 것이다-원주)

나데시코니 조초시로시 다레노콘
撫子に 蝶々白し 誰の魂
패랭이꽃 위의 하얀 나비는 누구의 영혼?

이치니치노 쓰마토미에케리 조후타쓰
一日の 妻と見えけり 蝶二つ
단 하루의 아내가 나타났구나, 나비 두 마리!

12) 1763-1827. 바쇼의 정신을 이어 에도 후기에 활동한 하이쿠 시인.

기테와마우 후타리시즈카노 고초카나
来ては舞ふ 二人静の 胡蝶かな
다가와서는 조용히 춤추는 나비로구나!

조오오우 고코로모치타시 이쓰마데모
蝶を追ふ 心もちたし いつまでも
나비를 좇는 마음 간직하고 싶어라, 언제까지나!

∴

나비에 대한 이러한 시 이외에, 이 주제에 대한 일본 산문문학의 진기한 일례도 있다. 나로서는 느슨한 번역만을 시도해 본 그 원문은 『무시이사메虫諫』라는 진기한 옛 책에서 찾아볼 수 있다. 이 글은 나비에 대한 대화의 형태를 취하고 있지만, 사실은 사회적 부침浮沈의 도덕적 의의를 암시하는 교훈적 비유이다.

“봄날 태양 아래 바람은 부드럽고 꽃들은 붉게 피고 풀들은 부드럽고 사람들의 마음은 기쁨으로 넘치고 있다. 나비들은 즐겁게 사방으로 날아다닌다. 그리하여 많은 사람들은 나비를 소재로 한시와 와카和歌[13])를 짓는다.

나비여! 진실로 이 계절은 그대의 행복한 번영의 계절이다. 지금 그대는 너무나도 아름다워서, 이 세상에 그대보다 더 아름다운 그

13) 5/7/5/7/7음절로 이루어진 일본의 전통시.

어떤 존재도 없을 정도이다. 이러한 까닭에 다른 곤충들이 모두 그대를 칭송하고 또 부러워한다. 그대를 부러워하지 않는 자는 단 하나도 없다. 곤충들만이 그대를 부러워할 뿐 아니라, 인간들도 그대를 부러워하고 칭송한다. 중국의 장자는 꿈에서 그대의 모습이 되었다. 일본의 사코쿠佐国는 죽은 뒤에 그대의 모습을 취하여 유령이 되어 나타났다.[14] 그대가 불러일으키는 부러움은 곤충과 인간만이 갖는 것이 아니다. 혼이 없는 것들조차도 그대의 모습으로 변한다. 나비의 모습으로 변하는 저 보리를 보라.[15]

그리하여 그대는 거만해져서 이렇게 생각한다. "이 세상에서 나보다 잘난 존재는 없어!" 아, 나는 그대가 어떻게 생각하는지 너무나도 잘 알 수 있다. 그대는 자기 자신에 대해 너무나도 만족하고 있다. 그렇게 때문에 그대는 바람이 불어오는 대로 가볍게 몸을 내맡기는 것이며, 결코 조용히 머물러 있지 않는 것이다. 언제까지나, 언제까지나, "이 세상에서 나보다 더 행복한 자는 없어"라고 생각하면서.

그러나 그대의 성장과정에 대해 잠시 생각해보자. 회상해 볼 만한 가치가 있다. 왜냐하면 그 안에는 그대의 비천했던 면이 존재하

14) 일본 중세의 설화집 『발심집発心集』에 〈사코쿠가 꽃을 사랑하여 나비가 된 일佐国愛華成蝶事〉이라는 이야기가 실려 있다.

15) 『수신기搜神記』에 "보리가 변해 나비가 되어 날개가 생기고 눈이 형성되어 마음이 존재하게 되면 이것은 지각이 없는 것에서 지각이 있는 것으로 변함과 아울러 원기가 바뀐다"고 나와 있다.

기 때문이다. 어떻게 비천하냐고? 그대가 태어난 뒤 한참 동안 그대는 자기 자신의 모습에 기뻐할 이유가 없었다. 그 당시 그대는 털벌레인 배추벌레였을 뿐이며, 너무나도 가난했기 때문에 벗은 몸 덮을 옷 한 벌 가질 수 없었다. 그대의 외관은 혐오스러웠다. 그 당시에는 모두가 그대를 혐오스러워했다. 그대는 진정 그대 자신에 대해 수치스러워할 만했다. 너무나도 수치스러움을 느낀 그대는, 작은 나뭇가지와 쓰레기를 모아서 숨을 수 있는 둥지를 만들어 나뭇가지에 매달았다. 그러자 모두가 그대를 보고는 "도롱이벌레다!" 라고 소리쳤다. 또한 그대의 일생 중 그 기간에는 그대의 죄 또한 무거웠다. 그대와 그대 동료들이 아름다운 벚나무의 부드러운 초록빛 잎사귀로 모여든 그 모습은 너무나도 보기 추해서, 벚나무들의 아름다움을 칭송하기 위해 먼 곳으로부터 모여든 사람들이 그대들을 보고는 혐오스러워했다.

그러나 사실 그대는 이보다 더욱 사악한 죄를 저질렀다. 그대는 가난에 찌든 남자와 여자들이 밭에서 무를 기르고 있던 것을 기억할 것이다. 그들은 자신들의 마음속이 고통으로 가득 찰 정도로 뜨거운 태양 아래서 괴로워하면서 무를 길러야 했다. 그런데 그대는 동료들을 꼬셔서는 그들이 재배하는 무와 다른 야채들의 잎사귀 위로 모여들었다. 그대는 그들의 고통은 조금도 돌아보지 않고 탐욕스럽게 그 잎사귀들을 갉아먹어서 모두 추한 모습으로 만들어 버렸다… 그래, 그러한 존재였다, 그대는. 그런 짓을 그대는 저질렀다.

그런데 지금의 그대는 아름다운 모습을 지녔다고 해서 그대의 옛 동료인 다른 벌레들을 경멸하고 있다. 그들을 만날 때마다 그대는 그들을 모른 척 한다[일본어 표현을 그대로 번역하면 "나는 모른다는 얼굴知らぬ顔을 한다"]. 지금 그대는 부유하고 지위가 높은 자들만을 친구로 삼으려 하고 있다… 아, 그대는 옛날을 잊었는가? 그런가?

물론 많은 사람들이 그대의 과거를 잊고, 지금 아름다운 모습과 하얀 날개에 매료되어서는 그대에 대해 한시와 와카를 짓는 것이 사실이다. 그대가 예전 모습 그대로였다면 쳐다보는 것조차 참을 수 없어 했을 고귀한 아가씨들이, 이제는 기쁘게 그대를 바라보면서 자신들의 머리핀에 그대가 앉아주기를 기대하고, 혹시라도 그대가 날아와 주지 않을까 하는 기대에서 우아한 부채를 내민다. 그러고 보니 그대에 대한 중국의 옛날 이야기가 떠오른다. 아름다운 이야기는 아니다.

현종 황제 때, 궁정에는 수백 수천 명의 아름다운 여성들이 있었다. 그들이 너무 많았기 때문에 그들 중 누가 가장 사랑스러운지를 고르는 것은 정말 곤란한 일이었음에 틀림없다. 그래서 그들 모두가 한 곳에 모이고, 자유로이 풀려난 그대가 그들 사이를 날아다니게 되었다. 그대가 앉게 될 비녀의 주인이 황제의 침실로 불려갈 것이라고 선언되었다. 그 당시에는 한 명 이상의 황후를 둘 수 없다는 좋은 법이 있었다. 그런데 그대 때문에 현종 황제는 그 나라에 크나큰 재앙을 가져오게 되었다. 그렇게 많이 모인 여성들 중에는 순결한 마음의 소유자도 몇 명은 있었을 텐데, 가볍고 경박한 마음을 가진 그대는 오직 아름다움만을 좇아 가장 겉모습이 아름다운 여성에게로 갔다. 그리하여 많은 궁녀들은 여성의 올바른 길에 대해 생각하는 것을 그만두고, 남성들의 눈에 어떻게 아름답게 보일까만을 궁리하기 시작했다. 그리고 끝내 현종 황제는 비참하고 가슴 아픈 죽음을 맞이하게 되었던 것이다.[16] 이 모든 것이 그대의 경박하고 성실하지 못한 마음 때문이다.

사실, 그대의 진정한 성격은 다른 문제들에 대한 그대의 행동으로부터도 쉽게 알아차릴 수 있다. 예를 들면, 떡갈나무나 소나무와 같이 그 잎이 시들거나 떨어지지 않고 언제까지나 푸르게 남아있는 상록수들을 생각해보자. 이 나무들은 굳건한 마음과 강건한 성격을 지니고 있다. 그런데 그대는 그들이 딱딱하고 엄격하다고 하여 보기 싫다고 하면서 한 번도 들르지 않는다. 오직 그대는 벚나무, 해당화, 작약, 노란 장미에게로만 간다. 그대는 화려한 꽃을 피우는 그들을 좋아하고 그들을 즐겁게 해주려고만 노력한다. 확실히 말하건대, 그러한 행동은 매우 부적절하다! 그러한 나무들은 멋진 꽃을 피우기는 하지만, 사람들의 굶주림을 채워주는 열매를 맺지 않는다. 그들은 오로지 화려함과 허식을 좋아하는 사람들에게만 감사한다. 이것이 바로 그 나무들이 그대의 펄럭이는 날개와 섬세한 외관

16) 755-763년에 걸쳐 일어난 안사安史의 난 와중에 당의 황제 현종이 사망한 것을 가리킨다.

을 좋아하는 이유인 것이다. 이것이 바로 그들이 그대에게 친절한 이유인 것이다.

이 봄의 계절에, 부자들의 정원에서 유쾌하게 춤을 추거나 벚꽃 만개한 벚나무 길을 날아다니면서 그대는 생각한다. "이 세상에 나만큼 유쾌하고 나만큼 훌륭한 친구도 없을 거야. 그리고 누가 뭐라고 해도 나는 작약을 가장 사랑하고, 황금빛의 노란 장미는 나의 유일한 사랑이야. 그들이 그 어떤 사소한 것을 내게 시키더라도 따를 거야. 왜냐하면 그것이 나의 자긍심이자 나의 기쁨이니까…" 그대는 그렇게 말한다. 그러나 꽃들이 풍요하고 우아하게 피는 계절은 너무나도 짧다. 이내 시들어 떨어질 것이다. 그리하여 여름의 햇빛이 내리쬘 때에는 오직 초록 잎들만 남아있을 것이다. 이윽고 가을바람이 불면 그 잎들마저 비처럼 팔랑팔랑 떨어질 것이다. 그러면 그대의 운명은 "**믿고 있던 나무 그늘 아래로 비가 샌다**頼み木の下に雨降る"는 속담 속의 불행한 자와 같을 것이다. 그대는 뿌리를 갉아먹는 벌레나 땅벌레와 같은 옛 친구를 찾아가 그대의 옛 구멍으로 되돌아가게 해 달라고 간청할 것이지만, 이제 그대는 날개를 가졌기 때문에 그 구멍으로 들어갈 수 없어 하늘과 땅 사이 어느 한 곳에도 몸을 숨길 수 없을 것이다. 그때는 연못의 풀도 모두 시들어버려 그대는 혀를 적실 한 방울의 이슬조차 얻지 못할 것이다. 그대는 쓰러져 죽을 수밖에 없을 것이다. 이 모든 것이 그대의 가볍고 경박한 마음 때문이다. 아, 이 얼마나 애처로운 종말인가!…"

III

앞에서도 말한 것처럼, 나비에 대한 일본 이야기의 대부분은 중국 기원인 것 같다. 그러나 나는 일본 고유의 것으로 보이는 이야기를 한 가지 알고 있는데, 이 이야기는 극동極東에는 로맨틱한 사랑이 없다고 믿는 사람들을 위해 들려줄 만한 가치가 있을 것이라고 생각한다.

도쿄 근교 소잔지 절宗参寺의 묘지 뒤에, 다카하마高浜라는 노인이 사는 외로운 집 한 채가 있었다. 붙임성 있던 그는 이웃의 사랑을 받았지만, 사람들은 대부분 그가 조금 미쳤다고 생각했다. 승려가 되기로 하지 않은 사람이라면 결혼해서 가정을 이루는 것이 보통이었으나, 다카하마는 종교적인 삶을 사는 것도 아니면서 아무리 권해도 결혼을 하지 않았다. 그가 어떤 여자와 연애를 한 적이 있는지에 대해서도 알려진 바가 없었다. 그는 오십 년 이상이나 혼자 살아 왔다.

어느 여름날, 병에 걸려 쓰러진 그는 자신이 오래 살지 못하리라는 것을 알고는, 자신이 가장 사랑하는 미망인 의남매와 그가 총애하던 그녀의 스무 살 된 외동아들에게로 사람을 보냈다. 그 둘은 즉시 그곳에 와서는, 노인의 마지막 시간을 편하게 해주기 위해 모든 것을 해 주었다.

어느 무더운 오후, 미망인과 그녀의 아들은 잠들어 있는 다카하마의 곁을 지키고 있었다. 그때 크고 하얀 나비 한 마리가 방안으로 날아 들어와서는 환자의 베개 위에 앉았다. 조카가 부채로 떨어냈지만 나비는 곧 베개로 되돌아왔고, 다시 바람에 밀려났다가는 곧 세 번째로 되돌아왔다. 그래서 조카는 나비를 쫓아 정원으로 나가, 정원을 가로지르고, 열려 있는 문을 지나 근처 절의 묘지로 갔다. 그러나 나비는 그 이상 멀리 쫓겨나는

것이 싫다는 듯 계속해서 그의 앞에서 날개를 퍼덕였다. 그 모습이 너무나도 이상해서, 그는 이것이 진짜 나비인지 악령인지 이상하게 여기기 시작했다. 그는 다시 나비를 좇아 묘지 깊숙이 따라가 어떤 여자의 무덤에 이르렀다. 거기서 이상하게도 나비가 사라졌다. 아무리 찾아도 보이지 않았다. 그는 그 무덤의 비명碑銘을 살펴보았다. 잘 알 수 없는 성씨와 함께 아키코アキコ라는 이름이 새겨져 있고, 아키코는 열여덟 살 때 죽었다고 적혀 있었다. 확실히 그 무덤은 오십 년쯤 전에 세워진 것으로, 이끼가 자라나기 시작했지만 무덤은 잘 돌보아지고 있었다. 그 앞에는 신선한 꽃이 놓여 있었고, 물받침대의 물은 최근에 채워졌다.

환자의 방으로 되돌아온 그는, 삼촌이 숨을 멈추었다는 말을 듣고 놀랐다. 죽음은 그가 잠든 사이에 고통 없이 찾아왔다. 죽은 사람의 얼굴은 미소를 짓고 있었다.

그는 자기가 묘지에서 본 것에 대해 이야기했다.

"아아!" 미망인이 소리쳤다. "그 나비는 틀림없이 아키코였을 거야!…"

"아키코가 누구죠, 어머니?" 그가 물었다.

미망인이 답했다.

"너희 삼촌은 어렸을 때 아키코라고 하는 귀여운 이웃집 소녀와 약혼했었어. 하지만 결혼할 날을 앞두고 아키코는 폐병으로 쓰러졌고, 그녀의 약혼자는 너무나도 슬퍼했지. 아키코의 장례가 끝난 뒤, 그는 일생 동안 결혼하지 않겠다는 서약을 하고는 묘지 곁에 작은 집을 지어 늘 그녀의 무덤 곁에 있으려 했지. 이 모든 일은 오십여 년 전에 일어났었단다. 그리고 그 오십 년 동안 매일, 겨울이든 여름이든 너희 삼촌은 묘지로 가서는 무덤 앞에서 기도하고 묘지를 정돈하고 그 앞에 공물을 바쳤지만, 그 일에 대해 말하는 것을 좋아하지 않았기 때문에 사람들한테는 한 마디도 하지 않았었지… 그리고 마침내, 아키코가 맞이하러 왔구나. 하얀 나비는 그녀의 혼이었던 거야."

Ⅳ

하마터면 호접무胡蝶舞라는 일본의 옛 춤에 대해 언급하는 것을 잊을 뻔했다. 그 춤은 나비처럼 차려입은 사람들이 궁정에서 상연하였다. 그 춤이 오늘날에도 상연되는지는 모르겠다. 그 춤은 배우기가 매우 어렵다고 한다. 그 춤을 제대로 추기 위해서는 여섯 명이 필요하다. 그들은 스텝, 자세, 동작에 이르기까지 전통적인 규칙에 의한 특별한 행동을 취하고, 작은북, 큰북, 작은 피리, 큰 피리, 그리고 서양의 판[17]은 알지 못했던 형태의 피리 소리에 맞추어 아주 천천히 서로를 선회해야 한다.

17) Pan : 그리스 신화의 목축의 신이며 팬플루트를 처음으로 만들었다고 한다.

【역주】

장자가 꿈에서 나비가 되었다는 유명한 이야기는 『장자莊子』 제2편 〈제물론齊物論〉에 나온다.

> 바깥 그림자의 그림자罔兩가 안쪽 그림자에게 물었다.
> "조금 전 그대는 걷더니 이제는 멈추고, 전에는 앉아 있다가 지금은 일어나는구나. 왜 그리도 지조가 없는 게야!"
> 안쪽 그림자景가 대답했다.
> "의지하는 게 있어서 그런 것이 아닌가. 또한 내가 의지하는 것도 기대는 게 있어서 그러네. 혹시 나는 뱀의 비늘이나 매미의 날개에 기대고 있는 건 아닐까? 어째서 그런 줄 알며 왜 그렇지 않은 줄 알겠는가. 언젠가 장주가 꿈에 나비가 되어 즐거이 날아다녔네. 스스로 흡족하게 날아다니다 보니 자신이 인간 장주인지도 몰랐지. 그러다가 문득 잠에서 깨어나 보니 분명히 누워 있는 게 바로 장주였다네. 그가 꿈에 나비가 된 것인지 나비가 꿈에 그가 된 것인지 몰랐다네. 장주와 나비는 틀림없이 다른 존재일 것이므로 이를 물화物化라고 일컫는다네". (『감산의 장자풀이』 107쪽)

데코나에 대해 『와쿤칸倭訓栞 : 또는 '와쿤노시오리'』에는, "'蝶'을 '조てふ'라고 읽는 것은 음독音讀이다. 사가미相模·시모쓰케下野·무쓰陸奥 지방에서 '데후마テフマ', 쓰가루津軽 지방에서 '가니베カニベ' 또는 '데코나'라고 한다"고 되어 있다. 그러나 '데코나てこな' 또는 '데고나てごな'는 '사랑스러운 여자'라는 뜻의 단어로, 그 어원은 '손에 들려져 있는 어린 아이'라는 뜻의 '데코手児' 또는 '데고'와, 사람을 뜻하는 접미어 '나名'의 결합이라고도 한다(쇼가쿠칸 『고어대사전』). 일본의 고대시집인 『만엽집万葉集』 제3권 및 제9권 등에는 '마마의 데고나真間の手児名'라

는 여자에 대한 시가 실려 있다. 그녀는 매우 아름다웠기 때문에 여러 남자로부터 구애를 받았으나, 그들 중 하나만 택하면 다른 남자들의 마음을 상하게 할 것을 우려하여 끝내는 자살했다고 한다.

한편, 이 〈나비〉를 비롯하여 뒤에 이어지는 〈모기〉 〈개미〉 등의 곤충 관련 이야기들은 얼핏 보기에는 『괴담』에 수록되어 있는 다른 이야기들과는 어울리지 않는 것 같지만, 이들 이야기는 헌의 작품 세계에서 독자적인 영역을 차지하고 있는 동시에 그의 인간관·세계관과도 긴밀하게 연결되어 있다.

> 만년의 헌의 창작에서 중심을 이루는 것은 앞서 언급한 바와 같이 주로 괴담과 철학적 사색이었지만, 그 사이에 산견散見되는 것이 곤충에 대한 일본 시가의 연구, 곤충을 둘러싼 수필과 이야기이다. 『이국 정취와 회고』에서부터 최후의 『괴담』에 이르기까지, 〈곤충 연주가〉 〈개구리〉 〈누에〉 〈매미〉 〈잠자리〉 〈파리이야기〉 〈반딧불〉 〈풀종다리〉 〈아키노스케의 꿈〉 〈나비〉 〈모기〉 〈개미〉 등 곤충에 관한 짧은 글이, 괴담의 재화작품再話作品 및 철학적 수상문 사이에 반드시 모습을 나타내고 있다. (중략) 헌은 대학 강의에서 서양문학을 말하고, 영시를 강독 해석하고 있다. 따라서 곤충을 노래한 이들 일본 문학의 수집 연구는 헌의 내부에서 자연히 비교문학적 관심이 작용한 결과라고도 할 수 있을 것이다. 그러나 일본의 시가에 있어서 더욱 일반적인 화조풍월花鳥風月의 모티프에는 눈도 돌리지 않고 오로지 곤충에만 초점을 맞춘 것은 단지 곤충을 좋아한다는 취미에서 비롯된 것은 아니다. 한 가지 이유는, 〈아귀〉, 〈파리이야기〉(『골동』), 〈아키노스케의 꿈〉(『괴담』)에 적혀있는 것처럼, 불교의 민간신앙에서 곤충이 인간의 전생轉生이라고 하고 인간의 영혼이 파리나 나비의 모습이 되어 날아다닌다고 하고

> 있기 때문에, 곤충의 모습이 헌의 마음을 끌던 윤회설을 연상시켰기 때문이다. 물론 인과를 짊어진 인간은 여러 가지 짐승으로도 전생한다. 오히려 그러한 불교설화 쪽이 많다. 그런데도 다른 새나 짐승류에는 관심을 보이지 않고 곤충으로만 헌의 눈이 끌린 최대의 이유는, 곤충이 이 세상에서, 적어도 눈에 보이는 한에서는 가장 작은 생명체이기 때문이었을 것이다. 그 미세한 생명에게로 헌의 마음은 빨려 들어가는 것이다. (『라프카디오 헌-이문화체험의 끝에』 186-187쪽)

특히 〈풀종다리〉라는 단편은 곤충에 대한 헌의 생각을 잘 보여주는 작품이라고 할 수 있다. 헌이 풀종다리 한 마리를 키우며 그 노래소리를 즐겨 들었는데, 어느 날 하녀가 먹이 주는 것을 잊자 풀종다리는 자신의 다리를 먹으면서 노래하다 끝내는 죽고 말았다. 헌은 그 풀종다리의 죽음을 보면서 작가로서의 자기 자신의 모습을 보는 것과 같은 공감을 느꼈던 것이다. 헌의 부인 세쓰도 『회상기』에서 청귀뚜라미를 사랑하던 남편의 만년의 모습을 회상하고 있다.

모기

나는 자기 보호 차원에서 하워드 박사Dr. Howard의 『모기Mosquitoes』를 읽어 왔다. 나는 모기에 시달리고 있기 때문이다. 내 주변에는 몇 종류의 모기가 있지만, 그 중 한 가지 종의 모기가 심각한 고통을 준다. 온몸에 은색 반점이 있고 은색 줄무늬가 있는 작은 바늘처럼 생긴 그 모기는 마치 전기에 화상을 입는 것처럼 강렬하게 살갗을 찌른다. 마치 특정한 냄새가 특정한 맛을 떠올리게 하듯이, 그놈이 부우웅하고 내는 소리조차 앞으로 다가올 고통을 예견하게 하는 찌를 듯한 음색이다. 나는 이 모기가, 하워드 박사가 **스테고마이아 파스키아타**Stegomyia fasciata 또는 **쿨렉스 파스키아투스**Culex fasciatus라고 부른 종류와 가장 닮았고, 이 모기의 습성도 **스테고마이아**와 동일하다는 사실을 알게 되었다. 예를 들어 이 모기는 야행성이기보다는 주행성이며 오후에 가장 귀찮게 군다. 나는 이 모기가 우리

집 정원 뒤에 있는 오래된 사원 묘지에서 생겨난다는 것을 알게 되었다.

하워드 박사는 책에서, 모기라는 이웃을 제거하려면 모기가 사는 고인 물에 약간의 석유나 등유를 붓기만 하면 된다고 밝히고 있다. 기름은 일주일에 한 번 "수면 15평방피트마다 1온스, 그것보다 표면이 좁으면 그것에 상응하는 양의 비율로" 사용해야 한다… 그러나 **내** 주변의 상황에 대해 생각해보자!

나는 앞에서, 나를 괴롭히는 놈들이 사원 묘지에서 생겨난다고 말했다. 그 오래된 묘지에 있는 대부분의 무덤 앞에는 물받침대가 있다. 대부분의 경우 이 물받침대는 비석을 지지하고 있는 넓은 받침돌에 파놓은 타원형 홈에 지나지 않지만, 돈을 들인 무덤의 경우에는 받침돌에 물받침대를 만들지 않고, 대신 돌 하나를 통째로 이용하여 제작하고 집안의 문장紋章이나 상징적인 조각으로 장식한 별도의 큰 물받침대를 놓아둔다. 물받침대가 없는 아주 가난한 사람들의 무덤 앞에는 밥그릇이나 다른 그릇에 물이 담겨져 놓여 있다. 죽은 자들에게는 물이 필요하기 때문이다. 그들에게는 꽃도 바쳐져야 하기 때문에 모든 무덤 앞에는 한 쌍의 대나무 물통이나 다른 꽃병이 놓여 있으며, 그 안에는 당연히 물이 담겨져 있다. 묘지에는 무덤들에 물을 공급하기 위한 우물이 있다. 죽은 자들의 친척이나 친구들이 방문할 때마다 신선한 물이 물받침대나 물 담는 그릇에 부어진다. 그러나 이런 종류의 오래된 묘지에는 수천 개의 물받침대와 수만 개의 꽃병이 있기 때문에, 그 안의 물이 매일 새로 교체될 수는 없다. 물이 고이고 물 안에 사는 놈들의 수가 늘어난다. 바닥이 더 깊은 물받침대는 거의 마를 날이 없다. 열두 달 중 아홉 달 동안 언제나 물받침대들에 조금씩 물이 채워져 있을 정도로 도쿄에는 비가 많이 내린다.

자, 나의 적들이 태어나는 곳은 이런 물받침대와 꽃병들 안이다. 그들은 죽은 자들의 물로부터 수백만 개체로 나타난다. 그리고 불교의 교리에 따르면, 그들 중 일부는 전생의 죄로 인해 식혈아귀食血餓鬼 즉 피를 마시는 아귀가 된 망자들의 환생일지도 모른다… 어쨌든 그 **쿨렉스 파스키아투스**의 악의惡意는, 어떤 사악한 자들의 영혼이 압축되어 그 반점과 같은 크기의 웅웅거리는 몸으로 변한 것일지도 모른다는 생각을 정당화해주는 것 같다…

그래서 등유의 문제로 돌아가면, 어떤 지역에 있는 모든 고여 있는 물의 표면에 등유의 막을 덮으면 그 지역의 모기를 전멸시킬 수 있다. 유충들은 숨 쉬러 떠오르다가 죽고, 성충 암컷은 덩어리진 알을 낳기 위해 물에 접근하다가 죽는다. 하워드 박사의 책을 읽으니, 오만 명이 사는 미국인 마을에서 모기를 전멸하기 위해서 드는 실비는 삼백 달러를 넘지 않는다고 한다!…

만약 공격적이고 과학적이며 진보적인 도쿄 시청이 갑자기 명령을 내려, 사원 묘지의 모든 물의 표면을 일정 간격을 두고 등유 막으로 덮으라고 한다면 사람들은 어떤 말들을 할까! 심지어는 눈에 보이지 않는 생명까지도 죽이는 것을 금지하는 종교가 그러한 명령에 따를 수 있을까? 효심을 지닌 사람들이 그런 명령에 따르는 데 동의한다는 것을 꿈에서라도 생각할 수 있을까? 그리고 또, 도쿄의 묘지에 있는 수백 만 개의 물받침대와 수천만 개의 대나무 꽃병에 일주일마다 등유를 부을 인력과 시간 비용을 생각해보자… 불가능하다! 이 도시가 모기로부터 자유로워지려면 오래된 묘지들을 모두 없애야 할 것인데, 이는 묘지를 끼고 있는 불교 사원들의 파괴를 뜻하는 것이며, 연꽃 피는 연못과 산스크리트어를 새긴 묘비와 홍예虹霓다리와 성스러운 숲과 불가사의한 미소를 띤 부처들이 있는 그 매력적인 정원들의 소멸을 뜻하는 것이다! 그러므로 **쿨렉스 파스키아투스**의 근절은 선조 전래의 제사가 지니는 시적인 아름다움을 파괴할 것인데, 이것은 확실히 너무나도 비싼 희생이다!…

게다가, 나는 죽은 뒤에 어딘가 고풍스러운 사원 무덤에 묻히고 싶다. 나의 땅속 친구들은 메이지 시대의 유행이니 변화니 붕괴니 하는 것에 조금도 관심을 갖지 않는 옛 사람들일 것이다. 우리 집 정원 뒤의 저 오래된 묘지는 내가 묻히기에 적합한 장소가 될 것이다. 그곳의 모든 것은 이상하고 놀라운 진기함이라고 하는 아름다움을 지니고 있다. 그곳의 모든 나무와 돌은, 살아있는 사람의 머릿속에는 더 이상 존재하지 않는 어떤 아주 오랜 이상에 의해 배치되어 있다. 그곳의 그림자들까지도 지금 시간과 지금 태양의 것이 아니라 지금은 잊혀진, 증기기관과 전자기電磁気 그리고 등유를 알지 못했던 시대의 것이다! 또한 그곳의 큰 종에서 데엥하고 울리는 소리에는, 나의 몸의 19세기적인 모든 것으로부터 불가사의할 정도로 멀리 떨어져 있는 느낌들에 눈뜨게 하는 고풍스러운 음색이 있다. 그러한 느낌들이 희미하지만 강하게 솟아나면 나는 미묘하게 두려워진다. 파도와도 같은 그 소리를 들을 때면 언제나, 나의 혼의 깊숙한 곳에 숨어 있는 그 무엇, 몇백 몇천만의 생사의 몽환을 넘어 광명에 도달하려고 괴로워하고 있는 기억과도 같은 감정이 혹은 노력하고 혹은 분투하고 있음을 느끼게 된다. 나는 언제까지나 저 종소리가 들리는 곳에 있고 싶다… 그리고, 혹시 내가 식혈아귀의 상태로 빠지게 될지도 모른다는 것을 생각하면, 가늘고 쏘는 듯한 노래를 부르면서 내가 아는 사람들을 쏘아댈 수 있도록 대나무 꽃병이나 물받침대 안에서 환생할 기회를 얻고 싶다.

개미

I

간밤의 폭우가 지나간 뒤, 오늘 아침의 하늘은 순수한 푸른빛으로 빛나고 있다. 공기-이 미묘한 공기!-는 강풍에 꺾여 흩어진 수많은 소나무 가지에서 흘러나오는 달콤한 송진의 향기로 가득 차 있다. 근처 대나무 숲에서는 『묘법연화경妙法蓮華經』을 찬양하는 새의 피리 소리 같은 노래 소리가 들려온다. 남풍이 불어오는 대지는 너무나도 조용하다. 오랫동안 지체하던 여름이 드디어 우리에게로 온 것이다. 신기한 일본 빛깔의 나비들이 주위를 날아다니고 있고, 매미가 맴맴 울고 있다. 벌이 붕붕 날고 있고, 모기들이 햇빛을 받으며 춤추고 있다. 그리고 개미들은 그들의 파괴된 집을 분주하게 고치고 있다… 나는 문득 일본시 한 편을 떠올린다.

유쿠에나키 아리노스마이야 고가쓰아메
行衛無き 蟻の住家や 五月雨
저 불쌍한 생명체들은 갈 곳을 잃었구나!… 오월 비에 파괴된 개미집이여!

그러나 우리 집 정원에 있는 저 크고 검은 개미들에게는 어떠한 동정도 필요하지 않을 듯하다. 큰 나무가 뿌리째 뽑히고 집이 바람에 날려 산산조각 나고 길이 물에 쓸려가 흔적조차 없어지는 사이에도, 저들은 상상도 못할 방법으로 폭풍을 이겨냈다. 폭풍이 오기 전에 지하도시의 입구를 폐쇄한 이외에는 저들은 눈에 띄는 대비를 하지 않았었다. 그리고 오늘 저들은 의기양양하게 움직이고 있다. 그 모습을 보니 개미에 대한 수필을 한 편 써야겠다는 생각이 들었다.

나는 다소 감정적이거나 혹은 형이상학적인 옛 일본문학을 이 논문의 첫머리에 인용하고 싶었다. 그러나 이 주제에 대하여 나의 일본인 친구들이 찾아준 작품들은, 그다지 가치 없는 약간의 시를 제외하면 모두 중국 작품들이었다. 이 중국 작품은 몇 개의 기묘한 이야기들로 이루어져 있었는데, 이 중 한 가지는 -그 밖에 다른 이야기가 없기 때문에- 인용할 만한 가치가 있어 보인다.

*

중국의 타이슈臺州 지방에, 오랜 세월 동안 어떤 여신을 열심히 숭배해 온 신심 깊은 사람이 살고 있었다. 어느 날 아침, 기도에 열중하고 있던 그의 집안으로 노란 옷을 입은 아름다운 여성이 들어와 그의 앞에 섰다. 너무나도 놀란 그는, 그녀가 무엇을 원하는지 그리고 왜 안내도 청하지 않고 들어왔는지 물었다. 그녀가 답했다.

"나는 여자가 아니다. 나는 네가 그렇게도 오랫동안 열심히 숭배해 준 바로 그 여신이다. 그리고 지금 나는 너의 기도가 헛되지 않았음을 너에게 증명해 주려고 왔다… 너는 개미들의 말을 아느냐?"

여신의 숭배자가 답했다.

"저는 학자가 아니라 천하고 무식한 자일뿐입니다. 개미의 말은 커녕, 신분 높은 분들의 말조차도 알아듣지 못합니다."

이 말을 들은 여신은 웃으면서, 향수를 넣는 상자처럼 생긴 작은 상자를 품에서 꺼냈다. 그녀는 상자를 열고 손가락 하나를 그 안에 넣어 연고 같은 것을 그 안에서 찍어내서는 그 남자의 두 귀에 발라 주었다.

"자," 그녀가 그에게 말했다. "개미 몇 마리를 찾아보아라. 개미를 찾거든 쪼그려 앉아서 그들의 대화를 주의 깊게 들어라. 그대는 그 대화를 이해할 수 있을 것이며, 그대에게 도움이 될 만한 것을 들을 수 있을 것이다… 그러나 개미를 겁주거나 곤란하게 해서는 안 된다."

그리고 그 여신은 사라졌다.

남자는 즉시 개미를 찾아 밖으로 찾았다. 문지방을 넘자마자 그는 집의 기둥을 받치고 있는 돌 위에서 개미를 두 마리 발견했다. 그는 그들의 위에 쪼그려 앉아서 대화를 들으려 했다. 그리고는, 그들의 말소리가 들리고 그 말의 의미를 자신이 이해할 수 있다는 사실을 깨닫고는 놀랐다.

"좀 더 따뜻한 곳을 찾아보자." 두 마리 중 한 마리가 제안했다.

"왜?" 다른 개미가 물었다. "이곳에 뭔가 문제가 있나?"

"바닥이 너무 축축하고 추워." 처음에 말했던 개미가 답했다. "여기 아래에는 큰 보물이 묻혀 있어서, 햇빛이 비쳐도 이 주위는 따뜻해지지 않거든."

그리고는 개미들은 함께 나갔고, 그들의 이야기를 듣고 있던 그는 삽을 가지러 달려갔다.

그 기둥 주변을 판 그는 금화가 가득한 큰항아리들을 많이 찾아냈고, 이 보물의 발견은 그를 매우 부자로 만들어 주었다.

훗날, 그는 몇 번인가 개미들의 대화를 들어보려고 했지만 두 번 다시 들리지 않았다. 여신의 연고는 단 하루 동안 그들의 신비로운 언어를 향해 그의 귀를 열어주었던 것이다.

*

여기서, 이 신심 깊은 중국인과 마찬가지로 나 역시 매우 무식한 사람이어서 개미들의 대화를 들을 수 없다는 사실을 고백해야겠다. 그러나 과학의 요정이 이따금씩 지팡이로 나의 귀와 눈을 건드려주면, 잠시 나는 들을 수 없던 것을 듣고 볼 수 없던 것을 볼 수 있게 되고는 한다.

II

우리들 서양인보다 윤리적으로 우월한 문명을 낳은 비기독교도인들에 대해 말하는 것은, 서양의 여러 사회 집단에서 배덕적背德的인 행위로 간주된다. 마찬가지 이유에서 이제부터 내가 개미에 대해 말하려는 내용에 대해 좋아하지 않는 사람도 있을 것이다. 그러나 한편으로는, 내가 도저히 그렇게 되기를 희망할 수 없을 정도로 현명한 사람들 중에, 기독교의 축복으로부터 떨어져 나와서 곤충과 문명에 대해 고찰하는 사람들이 있다. 그리고 나는 개미에 대한 데이빗 샤프David Sharp 교수의 다음과 같은 언급을 포함하고 있는 신판 『캠브리지 자연사Cambridge Natural History』를 읽으면서 용기를 얻었다.

"이 곤충들의 생활에 대한 관찰을 통해 매우 주목할 만한 현상이 발견되었다. 실제로 우리는 여러 가지 관점에서, 우리 인간 종의 그것과 비교할 때 그들이 더욱 완벽하게 공동생활의 기법을 소유하고 있으며, 또한 사회생활을 매우 편리하게 해주는 여러 산업과 기술의 습득에 있어서 우리를 앞서있다는 결론을 피할 수 없다."

견문이 넓은 사람들이라면, 잘 훈련된 전문가에 의해 표명된 이 평이한 서술에 대해 이러쿵저러쿵 논쟁하지는 않을 것이라고 생각한다. 현대의 과학자는 개미나 벌에 대해서 감상적이 되지 않으며, 사회 진화라는 관점에서 이들 곤충이 인간을 뛰어넘는 발전을 이루었음을 인정하는데 주저하지 않을 것이다. 그 누구도 허버트 스펜서Herbert Spencer[18] 씨에게 로맨틱한 경향이 있다는 비난은 하지 않을 것으로 생각하는데, 그는 샤프 교수보다 한술 더 떠서, 개미들이 진정한 의미에서 경제적으로는 물론 **윤리적으로도** 인류보다 앞서 있다는 것을 보여주고 있다. 그들은 완전히 이타적인 목적을 위해 삶을 헌신하고 있다는 것이다. 샤프교수는 사실, 다음과 같은 주의 깊은 진술을 통하여 개미에 대한 자신의 칭송을 다소 불필요하게 제한하고 있다.

"개미의 능력은 인간의 능력과 동일하지 않다. 그것은 개체의 복지보다는 종의 복지에 더욱 크게 바쳐진다. 즉, 개체는 그 사회의 이익을 위해 희생되고 분화되어 있는 것이다."

---

18) 1820-1903년. 초기의 진화론 주창자.

이 문장에 명백히 포함되어 있는 '어떤 사회적 상태라도 개체의 발전이 사회의 이익을 위해 희생되는 사회는 아직 상당히 불완전한 것이다'라는 숨은 뜻은 현대인의 관점에서 보면 올바를지도 모른다. 왜냐하면 아직 인류의 진화는 불완전해서, 인간 사회는 인간들이 더욱 개체화함으로써 얻는 이득이 많을 것이기 때문이다. 그러나 사회적인 곤충들에 관해서는 교수의 문장에 포함되어 있는 이러한 비평에 상당한 의문의 여지가 있다. 허버트 스펜서 씨는 "개체의 발전은 개체를 사회적 협동에 좀 더 적합하게 만드는 데 달려 있다. 그리고 이것은 사회의 번영에 도움이 되는 것이기 때문에 그 종의 생존에도 도움이 된다."고 말한다. 다른 말로 하면, 개체의 가치는 **오직** 사회와의 관계에서만 있을 수 있다는 것이다. 그러므로 그 사회를 위한 개체의 희생이 좋은 것인지 나쁜 것인지는, 각 개체가 더욱 더 개인주의화함으로써 그 사회가 무엇을 얻거나 잃을지에 따라 결정되는 것임에 틀림없다… 그러나 곧 알게 되겠지만 우리가 가장 주목할 만한 개미사회의 상태는 윤리적 상태이며 이는 인간들의 비평을 초월해 있다. 왜냐하면 그들은 "이기주의와 이타주의가 완전히 양립되어 있어서 개체가 다른 개체와 구별될 수 없을 정도로 융합되어 있는 상태"로서 스펜서 씨가 서술한 도덕적 진화의 이상을 실현하고 있기 때문이다. 바꾸어 말하면, 비이기주의적 행동에서 오는 즐거움이 유일하게 실현 가능한 즐거움인 상태를 말한다. 즉 다시 한 번 스펜서 씨의 글을 인용하면, 개미사회의 활동은 "사회의 안녕을 위해 개체의 안녕을 완전히 뒤로 미룬 결과, 개체의 삶에는 오로지 사회적 삶을 위해 필요한 만큼만 주의가 기울여지는 것으로 보이며… 개체는 체력을 유지하는 데 필요한 만큼의 식사와 휴식만을 취하는 것으로 보이는" 것이다.

III

개미들이 원예와 농업을 하며, 그들이 버섯 재배에 능숙하고 (현재까지의 지식에 따르면) 584종의 가축을 기르고 있고, 단단한 바위를 뚫어 터널을 만들고, 자식들의 건강에 해로울 수 있는 대기大気의 변화에 어떻게 대처하는지를 알고 있고, 또한 곤충으로서는 상당히 장수하는 편이어서 고등 진화한 개미종의 개체들은 꽤 오래 산다는 것들을 독자들이 알고 있으리라고 생각한다.

하지만 내가 특히 강조하고 싶은 것은 이러한 사항들에 대해서가 아니다. 내가 말하고 싶은 것은 개미들의 무시무시할 정도의 예절 감각과 두려울 정도의 도덕성이다(이에 관한 한 가지 흥미로운 사실은, '개미'라는 말에 해당하는 일본어 '아리蟻, あり'는, '곤충'을 뜻하는 상형문자 '蟲'과 '도덕의 단정함' '예의'를 뜻하는 상형문자 '義'가 결합된 표의문자라는 것이다. 따라서 이 한자는 실제로 '예의바른 곤충'을 뜻한다—원주). 진보의 정도를 시간으로 계산할 수 있다면, 행동에 대한 우리의 가장 놀랄 만한 이상도 개미들의 윤리에 비교하면 수백만 년 이상 뒤떨어져 있다!… 여

기서 내가 "개미들"이라고 할 때, 그것은 물론 개미과科 전체가 아니라 가장 진화된 단계의 개미종을 가리키는 것이다. 이제까지 약 이천 종의 개미들이 알려져 있으며 이것은 그들 사회조직의 매우 다양한 진화 단계를 보여주고 있다. 생물학적으로 가장 중요한, 그리고 윤리적 문제에 대한 그 불가사의한 관계에 있어서 그에 못지 않게 중요한 사회적 현상은, 가장 고도로 진화된 개미사회에서만이 연구할 만한 가치가 있을 것이다.

개미가 장수하는 동안 겪게 되는 상대적 경험의 개연적 가치에 대하여 최근에 많은 책이 저술되었기 때문에, 개미들 각각에 개성이 있다는 것을 감히 부정할 사람은 이제 거의 없으리라고 생각한다. 완전히 새로운 종류의 어려움을 만나 그것을 극복하거나 이제까지 전혀 경험해보지 못한 상황에 적응해 나아가는 이 작은 생물의 지적 능력은, 이들이 상당한 주체적 사고 능력을 지니고 있음을 증명한다. 그러나 순수하게 이기적인 방면으로 사용될 수 있는 개성을 개미가 전혀 지니고 있지 않다는 것은 확실하다. 여기서 나는 '이기적'이라는 단어를 일반적인 의미에서 사용하고 있다. 탐욕스러운 개미, 호색적인 개미, 또는 칠대죄七大罪[19] 중의 한 가지라도, 아니 아주 작은 용서할 만한 죄라도 저지를 수 있는 개미와 같은 것은 상상조차 할 수 없다. 물론, 로맨틱한 개미, 관념론적인 개미, 시적인

19) 오만, 탐욕, 사음邪淫, 노여움, 탐식貪食, 질투, 나태.

개미, 혹은 철학적 사색에 빠지곤 하는 개미라는 것 역시 상상하기 어렵다. 어떤 인간도 개미 마음의 절대적 실제성實際性에 도달할 수는 없을 것이며, 현재의 체제에 속해 있는 어떤 인간도 개미의 습관처럼 결점이 없는 실제적인 심적 습성을 기를 수는 없을 것이다. 그러나 이렇듯 지고하게 실제적인 마음은 도덕적 과실을 저지를 수가 없다. 아마도 개미가 종교적 관념을 갖고 있지 않다는 것을 증명하기는 어렵겠지만, 그러한 관념이 그들에게 전혀 쓸모없다는 것은 확실하다. 도덕적으로 약해질 수 없는 존재에게 정신적 지도精神的指導는 필요하지 않은 것이다.

개미 사회의 특성과 개미 도덕의 성질에 대해 우리는 오직 애매하게만 이해할 수 있으며, 그러한 애매한 이해조차도 인간 사회와 인간 도덕으로서는 아직 도달할 수 없는 상태를 상상함으로써만이 가능하다. 쉼 없이 맹렬하게 일하는 사람들로 가득한 세계를 상상해보자. 모두 여성들로 생각되는 이들 중 누구에게라도, 자신의 체력을 유지하는 데 필요한 분량보다 한 톨이라도 더 음식을 먹도록 설득하거나 속이는 것은 불가능하다. 또한 그들 중 누구도 자신의 신경 계통을 훌륭하게 작동할 수 있게 하는 데 필요한 시간보다 일 분이라도 더 자는 일은 없을 것이다. 그들 모두는 최소한의 불필요한 방탕이라도 기능의 혼란을 불러일으킬 수 있는 그러한 독특한 방식으로 구성되어 있다.

이 여성 일개미들은 매일같이 길을 만들고, 다리를 놓고, 벌채하고, 온갖 종류의 건물을 짓고, 원예와 농업을 하고, 수백 종의 가축에게 먹이를 주거나 그들을 보호하고, 갖가지 화학제품을 생산하고, 수없이 많은 식량을 축적 보관하고, 종족의 아이들을 돌본다. 이 모든 노동이 공동체를 위해 행해진다. 공동체의 시민 중 **공화국** res publica의 소유물로서가 아닌 '재산'에 대해 생각만이라도 할 수 있는 자는 단 하나도 없다. 이 공동체의 유일한 목적은, 전부가 소녀들인 종족의 아이들을 양육하고 훈련시키는 것이다. 유년기는 길다. 아이들은 오랫동안 무력할 뿐 아니라 형체도 없는 상태로 지내게 되며, 게다가 최소한의 온도 변화에도 대단히 민감하기 때문에 매우 신중하게 보호해야 할 정도로 허약하다. 다행히도 그들의 보모들은 보건 법칙을 잘 알고 있다. 환기, 소독, 배수, 습기, 그리고 우리에게는 현미경을 통해서만 보이지만 아마도 근시近視인 그들에게는 맨눈에 보일 병균들의 위험에 대하여 자신들이 알고 있어야 할 것들을 그들은 완전히 알고 있다. 실제로 위생에 대한 모든 사항은 아주 잘 숙지되어 있어서, 어떤 보모도 자기 주변의 위생 상태에 대해 이제까지 실수한 적이 없을 정도이다.

이러한 쉼 없는 노동에도 불구하고, 어떤 일개미도 단정치 못한 상태로 있는 것은 아니다. 그들 각자는 하루에 몇 번이나 화장을 하고 정성스럽게 몸을 단정히 한다. 그러나 어떤 일개미든 아주 아름다운 빗과 솔을 손목에 붙이고 태어나기 때문에, 화장실에서 쓸데

없이 시간을 낭비할 필요는 없다. 더욱이 그들은 언제나 자기 자신을 아주 청결하게 유지하는 동시에, 아이들을 위해 자기들의 집과 정원을 흠 없는 상태로 유지해야 한다. 지진, 분화噴火, 홍수, 혹은 절체절명絶體絶命의 전쟁이 아닌 그 어떤 것도, 먼지를 떨고 청소하고 닦고 소독하는 일상 업무를 방해하도록 허락되지 않는다.

IV

그런데, 더욱 이상한 사실이 있다!

이 끝없는 노동의 세계는 단순히 베스타들[20]의 세계이기만 한 것이 아니다. 그 무리 안에서 이따금 수컷들이 발견되는 것이 사실이지만, 그들은 특정한 계절에만 나타나며, 일개미나 일상적인 일과는 아무런 관계를 갖지 않는다. 아마도 공동의 위험이라는 예외적인 상황이 아니라면, 그들 중 누구도 일개미에게 말을 걸려고 하지 않으려 한다. 일개미들 역시 수컷에게 말을 걸 생각을 하지 않을 것이다. 왜냐하면 이 이상한 세계에서는 이들 수컷들이 싸우거나 일할 수 있는 능력을 갖지 못하고 단지 필요악으로서만 용인되는 열등한 존재들이기 때문이다. 여왕개미들이라는 하나의 특수한 암컷 계급만이 특정한 계절의 아주 짧은 기간 동안만 그들과 어울려

20) 베스타Vesta는 로마의 불타는 화로의 여신으로, 베스타 여신에게 헌신하는 여성들은 모두 처녀였다.

준다. 그러나 여왕개미들은 일을 하지 않으며 그들은 남편을 **받아들여야만 한다**. 일개미는 수컷과 교제하는 것을 꿈도 꿀 수 없는데, 이는 그러한 교제가 단순히 가장 쓸모없는 시간낭비이기 때문만이 아니라, 그리고 필연적으로 일개미들이 모든 수컷들을 말할 수 없는 경멸의 시선으로 보기 때문만도 아니라, 일개미들은 교접이 불가능하기 때문이다. 물론 어떤 일개미들은 단성생식單性生殖이 가능해서 아버지 없는 아이들을 낳을 수 있다. 그러나 일반적 규칙에 따라 일개미들은 도덕적 본능에 있어서만이 진실로 여성이다. 그들은 우리가 '모성적'이라고 부르는 모든 종류의 부드러움과 인내심을 지니고 있지만, 마치 불교 전설에 등장하는 용녀龍女[21]와 마찬가지로 그녀의 성性은 없어져버렸다.

공동체의 적인 육식동물들을 방어하기 위해 일개미들은 무기를 지니고 있다. 그리고 나아가 강력한 군대의 보호를 받는다. 병정개미들은 일개미들보다 훨씬 더 커서(적어도 어떤 공동체에서는 그렇다), 첫눈에는 그들이 같은 종이라는 것이 믿어지지 않을 정도이다. 자

---

21) 『법화경』 〈제바달다품提婆達多品〉에서는 문수보살文殊菩薩이 용궁에서 설하는 『법화경』을 듣고 사갈라娑竭羅 용왕의 여덟 살 된 딸인 용녀가 깨달음을 얻었다고 적고 있어, 원래는 다섯 가지 장애로 인해 성불을 할 수 없다고 되어 있는 여성들이 『법화경』의 힘으로 여성의 기관이 소멸하고 남성의 기관이 나타나는 변성남자變成男子의 과정을 통해 성불할 수 있다는 단초를 제공한다. 『신약』 시대의 위경僞經 중 하나인 〈도마복음서Gospel of Thomas〉에서도 막달라 마리아에 대해 "나는 그녀가 너희 남자들처럼 산 영혼이 될 수 있도록 하기 위하여 그녀를 한 남자로 만들 수 있을 만큼 그녀를 끌어당길 것이다. 남자가 되는 모든 여인이 하늘나라로 들어갈 것이기 때문이다"라는 신학적 언설이 등장한다.(『도마복음서 연구』)

신들이 보호하는 일개미들보다 백 배나 더 큰 병정개미들은 드물지 않다. 그러나 이들 병정개미들은 아마존Amazons,[22] 아니 좀 더 정확하게 말하면 반여성半女性이다. 그들 모두 열심히 일할 수는 있지만 주로 전쟁을 하거나 무거운 것을 끌기에 적합하게 되어 있는 신체이기 때문에, 그들의 쓸모는 기술보다는 힘이 요구되는 방면으로 제한된다.

[진화의 과정에서 왜 수컷이 아니라 암컷이 병정개미 및 일개미로 분화되었는가하는 문제는 생각만큼 간단하지 않은 것 같다. 나로서는 이에 답할 수 없다고 단언할 수 있다. 아마도 자연 경제natural economy가 이것을 결정했을 것이다. 여러 생명체를 보면, 몸의 크기나 힘에 있어서 암컷이 수컷을 크게 능가한다. 개미의 경우에는 아마도, 완전한 암컷이 원래부터 소유하고 있던 상대적으로 풍부한 생활력의 축적이 특정한 전사계급의 발달을 위해 더욱 빠르고 효과적으로 이용되었을 것이다. 생산력이 풍부한 암컷에게 있어서 아이를 낳는 데 이용되는 모든 정력이 개미의 경우에는 공격력이나 노동능력의 진화 방향으로 향해졌을 것이다.]

어머니로서 선택된, 진정한 암컷이라 할 수 있는 여왕개미는 사실 그 수가 매우 적으며 이들은 여왕과 같은 대우를 받는다. 그들은 어떤 소망이라도 좀처럼 말할 필요가 없을 정도로 쉴 새 없이 대우받는다. 그들은 후손을 낳는 의무를 제외한 생존의 모든 근심으로부터 해방되어 있다. 밤낮으로 그들은 모든 방식으로 대접받는다. 그들만이 맛있는 음식을 넘칠 만큼 공급받는다. 그들은 후손을 위

---

22) 그리스 신화에서, 흑해 부근에 살았다고 하는 여인족 전사들.

해 완전히 왕족답게 먹고 마시고 쉬어야 하며, 그들의 생리적 분화分化는 그러한 것들을 마음껏 즐길 수 있도록 되어 있다. 그들은 거의 밖으로 나가지 않으며, 간혹 나갈 때에는 엄중한 에스코트가 수반된다. 불필요한 피로나 위험을 초래하는 것은 허용되지 않기 때문이다. 아마도 밖으로 나가고 싶은 소망도 거의 없을 것이다. 그들을 둘러싸고 종족의 모든 활동이 이루어지고 있다. 그들의 모든 지혜와 노고와 검약은 오로지 이 여왕개미와 아이들의 안녕을 위한 것이다.

이 여왕개미들의 남편이자 필요악적 존재인 수컷들이, 이 종족에서 가장 마지막 계급을 차지하고 있는 가장 소수의 무리이다. 앞에서 서술한 바와 같이 그들은 특정한 계절에만 나타나며 그들의 생명은 매우 짧다. 왕족 결혼이 예정되어 있지만 고귀한 집안의 후손이라고 자랑할 수조차 없다. 왜냐하면 그들은 고귀한 집안의 후손이 아니라 처녀생식, 즉 단성생식의 결과물이며, 특히 그 이유로 인하여 어떤 신비스러운 격세유전隔世遺傳의 우연한 소산에 지나지 않는 열등한 자들이기 때문이다. 그러나 공동체는 여왕개미의 남편으로서 봉사할 정도의 극소수를 초과한 수컷들을 용인하지 않으며 이들 극소수 역시 임무가 끝나는 동시에 사멸한다. 이 이상한 세계에 있어서 자연법의 의미는, 노력하지 않는 생활은 죄악이라고 한 러스킨John Ruskin[23]의 가르침과 일치한다. 수컷들은 일개미나 병정

23) 1819-1900. 영국의 미술가이자 사회비평가. 이상주의적 사회주의를 제창했다.

개미처럼 유용하지 않기 때문에 그들의 존재는 일시적인 중요성을 지닐 뿐이다. 테스카틀리포카Tezcatlipoca[24)]에게 바쳐지는 제의를 위해 선택되어 이십 일간의 신혼이 허가된 뒤에 심장이 잘려나가는 아스테카Azteca의 희생자들처럼 수컷들이 희생되지는 않지만, 그 불행함은 거의 이에 뒤떨어지지 않는다. 그들은 단 하룻밤 동안 여왕의 신랑이 될 운명을 지니고 있는 것이며, 혼례가 끝난 뒤에는 살아있을 어떤 도덕적 권리도 지니지 않게 될 것이다. 따라서 결혼은 그들 모두에게 필연적인 죽음을 의미하며, 자신들보다 몇 세대 동안 더 살아남을 젊은 과부들이 자신들을 위해 슬퍼해 주리라는 희망조차 가질 수 없을 것이다. 이런 사실을 알면서 양육되는 젊은이들을 생각해 보라! …

V

그러나 이제까지 서술해 온 모든 것은 진정한 '곤충 세계의 로망스Romance of the Insect-World'의 서언에 지나지 않는다.

이 경탄할 만한 문명과 관련해서 가장 놀랄 만한 것은 성性의 억압의 발견이다. 어떤 진보된 형태의 개미 사회에서는 대부분의 개

24) "연기를 내는 거울"이라는 뜻의 중앙아메리카 아스텍족의 신. 아스텍족의 마법사들이 사용한 흑요석 거울에서 유래했다. 생명을 주거나 빼앗는 전능의 신이며, 그에게 희생제의가 바쳐졌다.

체들에게서 성이라고 하는 것이 완전히 사라져 있다. 거의 모든 고등한 개미 사회에서 성생활은 오직 종의 지속에 절대적으로 요구되는 범위 내에서만 존재하는 것으로 보인다. 그러나 생물학적 사실 그 자체도 그것이 제시하는 윤리적 제안에 비교하면 놀라운 것이 아니다. **왜냐하면 성기능에 대한 이 실제적 억압 혹은 조절은 각 개체의 자발적인 것으로 보이기 때문이다!** 적어도 그 종에 관계된 한에서는 자발적이다. 이 놀라운 생명체들은 어떤 특별한 양육방법에 의해 아이들의 성을 개발시키거나 혹은 개발을 억제하는 방법을 알고 있다고 오늘날 믿어지고 있다. 그들은 일반적으로 가장 강력하고 통제할 수 없는 본능이라고 믿어지는 것을 완벽한 통제하에 두는 데 성공한 것이다. 그리고 종이 절멸하지 않는 데 필요한 범위 내에서만 성생활이 이루어지도록 하는 이 엄격한 규제는, 이 종이 이루어낸 수많은 생명적 경제생활 중 (가장 놀라운 것이기는 하지만) 단 한 가지에 지나지 않는다. '이기적egoistic'이라는 단어의 일반적 의미에서의 '이기적 즐거움'을 느낄 수 있는 모든 능력 역시 생물학적 변경에 의해 억압되어 있다. 어떠한 자연적 식욕도, 그것이 직접적이거나 간접적으로 그 종에 이득이 되는 이상으로는 불가능하다. 식욕 및 수면이라고 하는 필수적인 요구조차도 건전한 활동을 유지하는 데 필요한 정도로만 만족이 주어지는 것이다. 각 개체는 사회적 이익을 위해서만 존재하고 행동하고 생각하며, 그 사회는 우주의 자연법이 허용하는 한 사랑이나 굶주림에 지배되는 것을 성공적으로 거부하고 있다.

우리들 인간 대부분은, 미래의 보답에 대한 기대나 미래의 처벌에 대한 두려움으로 이루어진 종교적 신조 없이는 어떤 문명도 존재할 수 없다는 믿음 아래 양육되어왔다. 도덕적 관념에 기반을 둔 법이 없고 그러한 법을 실행할 수 있는 효과적인 경찰이 없다면, 우리 모두는 자신의 개인적 이득만을 추구하며 타인들에게 불이익을 가져다주게 될 것이라고 생각하도록 교육받아왔다. 그렇게 되면 강자가 약자를 없앨 것이고 연민과 동정은 사라질 것이며 모든 사회조직은 산산조각날 것이다… 이러한 가르침은 인간 본성에 존재하는 불완전함을 고백하고 있으며 명백한 진리를 담고 있다. 그러나 수천수만 년 전에 그 진리를 처음으로 주창한 사람들은, 이기심이라고 하는 것이 **자연적으로** 불가능한 사회적 존재의 한 형태를 상상할 수 없었다. 능동적 선을 행하는 즐거움이 의무의 관념을 불필요하게 하는 사회, 본능적 도덕성이 모든 종류의 도덕 법전을 불필요한 것으로 만들 수 있는 사회, 그곳의 주민들은 태어나면서부터 한 사람도 빠짐없이 절대적으로 이기심이 없고 열정적으로 선량해서 도덕 훈련은 젊은이들에게 오로지 귀중한 시간의 낭비에 지나지 않을 수 있는 그러한 사회가 존재할 수 있다는 적극적인 증거를, 비종교적인 **본성**으로서 우리에게 제공해주고 있는 것이다.

이러한 사실들은 진화론자에게, 우리들의 도덕적 이상주의의 가치는 한시적일 뿐이며, 현재 인간들이 사용하고 있는 의미로서의 덕virtue과 친절함kindness과 극기self-denial보다 우월한 어떤 가치가 어떠한 상태에서는 끝내 그것들을 대체할 것임을 필연적으로 암시하고 있다. 진화론자는, 도덕적 관념이 없는 사회가 그러한 관념에 의해 행동이 규제 받는 사회보다 도덕적으로 더 우월한 것은 아닐까 하는 의문과 맞닥뜨려야 한다. 우리들에게 종교적 규율과 도덕률과 윤리적 기준이 존재하는 것은 우리들이 여전히 사회진화의 매우 원시적 단계에 머물러 있다는 것을 증명하는 것은 아닐까, 하고 진화론자는 자문하게 된다. 그리고 이러한 의문들은 자연히 또 다른 의문으로 이어진다 : 이 행성에 사는 인류는, 그 모든 이상을 넘어서 있는 윤리적 상태에, 즉 지금 우리가 '악evil'이라고 부르는 모든 것들이 사라져버리고 우리가 '덕'이라고 부르는 모든 것들이 본능으로 변한, 지금도 더욱 고등한 개미사회에서 그러하듯 윤리적 개념과 법칙들이 불필요하게 된 이타주의의 상태에 도달할 수 있는 것일까?

근대 사상의 거인들은 이 문제에 대해 주의를 기울여 왔으며, 그들 중 가장 위대한 사람이 부분적으로 긍정적인 답변을 제시했다. 허버트 스펜서는 인류가 도덕적으로 개미들의 사회와 비교할 만한 문명의 단계에 도달하리라는 자신의 믿음을 표명해 왔다.

"만약 하등한 단계의 생물 중에 그 본성이 체질상 변화하여, 이타적 활동이 이기적 활동과 동일한 것으로 되어버린 예가 있다면, 그와 동일한 일이 동일한 상황 아래 인류에게 일어나리라는 피할 수 없는 암시가 된다. 사회적 곤충들은 전적으로 이 점에 대해, 한 개체가 다른 개체들의 생존에 도움이 되기 위해 놀라울 정도로 전념하는 실례들을 우리들에게 보여주고 있다… 우리가 이해하는 의미에서의 '의무' 관념을 개미나 벌이 지니고 있다거나, 일반적으로 받아들여지는 단어적 의미로서의 '자기 희생'을 그들이 계속적으로 경험하고 있다고는 상상할 수 없다… [이러한 사실들은] 이타적 목적을 추구하면서도 이기적 목적을 추구할 때와 동일한 정도로 열정적이 되는 본성을 만들어내는 것이 유기체의 가능성 범위 안에 있다는 것을 우리에게 보여준다. 또한 그러한 경우에는, 다른 측면에서 보면 이기적인 목적을 추구함으로써 이들 이타적 목적이 추구된다는 것을 보여준다. 그 유기체의 필요를 만족시키기 위해서는 타인의 안녕을 불러올 수 있는 행동을 **행해야 하는 것이다…**

자신의 이익을 추구하는 마음이 타인을 생각하는 마음에 늘 복종해야한다는 것이 진리이기는커녕, 그와는 반대로 타인을 생각하는 마음이 결국에는 크나큰 즐거움의 원천이 되어, 그 즐거움이 직접적인 이기적 만족에서 생기는 즐거움보다 커지게 되는 일이 모든

미래를 통하여 일어나게 될 것이다… 그리하여 결국에는 이기주의와 이타주의가 절충되어 서로 융합된 상태가 또한 도래하게 될 것이다."

VI

물론 이 예언은 곤충사회의 다양한 계급들을 분화시킨 '조직적 분화'와 같은 생물학적 변화를 인간의 본성 역시 거치게 될 것이라는 것을 함축하고 있지는 않다. 비활동적인 소수의 선택된 여왕을 위하여 활동적인 다수의 반여성半女性 노동자와 전사가 일하는 미래의 인류 사회는 상상할 수 없다. 스펜서 씨조차, 완벽하게 발달한 신경계통과 인간 출생의 대감소에 관한 자신의 일반적 서술에서는 도덕적 진화가 상당한 생리적 변화를 의미한다는 것이 암시되어 있음에도 불구하고, 〈미래의 인구Human Population in the Future〉라는 장章에서, 도덕적으로 더욱 고등한 종류의 산출을 위해 피할 수 없는 생리적 변화에 대해서는 어떠한 상세한 서술도 시도하고 있지 않다. 만약 미래의 인류에게 있어서 상호 이익을 도모하는 즐거움이 인생의 모든 즐거움이 되리라고 믿는 것이 합리적이라면, 곤충생물학의 사례들에 의해 진화적 가능성의 범위 내에 있다고 증명된 생리적이자 도덕적인 다른 변화들을 상상하는 것 또한 합리적이지 않을까?… 나로서는 알 수 없다. 나는 허버트 스펜서를 이제까지 세상에 나타난 가장 위대한 철학자로서 존경한다. 따라서 내가 그의 가르침에 반대되는 것을 적어서 그러한 내용이 그의 종합철학Synthetic Philosophy에서 영감을 얻은 것이라고 독자가 상상하게 된다면 그것은 매우 유감이다. 아래에 서술할 고찰은 오로지 나에게만 책임이 있으며, 만약 내가 오류를 범했다면 그 죄는 나에게만 있다.

나는 스펜서 씨가 예언한 도덕적 변화는 오로지 생리적 변화의 도움을 통해, 그것도 엄청난 대가를 치러서만이 달성될 수 있다고 생각한다. 곤충 사회가 보여주는 저 윤리적 상태는 대단히 맹렬한 욕구에 저항하는 수백만 년 동안의 필사적인 노력에 의해서만이 비로소 달성될 수 있을 것이다. 인류 역시 그와 마찬가지로 무자비한 욕망과 맞닥뜨려 결국에는 그것을 정복해야 할 것이다. 인류가 경험할 수 있는 가장 큰 시련의 때는 아직 오지 않았으며 가장 거대한 인구 증가의 억압이 이에 수반되리라는 것을 스펜서 씨는 제시해 주었다. 그러한 장기간의 억압이 초래할 여러 결과 중에, 인간의 지혜와 동정의 엄청난 증가가 포함되어 있을 것이며, 이러한 지혜의 증가는 인간의 다산多産을 희생함으로써 성취될 수 있을 것이라고 나는 생각한다. 그러나 들리는 바에 따르면 이러한 생산력의 감소는 최상의 사회 상태를 보증해 주기에는 충분하지 않으며, 다만 인류 고난의 주요 원인이 되어온 인구 증가의 억압을 경감시켜줄 뿐인 것이다. 인류는 사회의 완벽한 평형 상태에 근접은 할 수 있을지

언정 이에 완전히 도달할 수는 없다-

사회적 곤충들이 이미 해결하고 있는 것과 같이, 성생활을 금지함으로써 경제적 문제를 해결할 수 있는 어떠한 수단이 발견되지 않는 한.

이러한 발견이 이루어졌다고 가정하고, 또한 현재 성생활을 위해 요구되는 힘들을 더욱 고등한 활동력의 발전으로 들릴 수 있도록 우리 아이들 대부분의 성 발달을 억제하기로 인류가 결심했다고 가정한다면, 그 결과는 개미와 마찬가지로 궁극적인 동질이형同質異形의 상태가 되는 것은 아닐까? 그리고 그렇게 된다면, 남성의 진화에 의하기보다는 여성의 진화를 통해 나타나게 될 미래의 인종은, 남녀 어느 성도 아닌 더욱 고등한 타입의 사람들이 다수를 차지하게 되는 것이 아닐까?

오늘날조차도 완전히 비이기적인 동기(종교적 동기의 경우에는 말할 것도 없지만)에서 독신생활을 선택하는 사람들이 많다는 것을 고려한다면, 현재보다 더욱 고등하게 진화된 인류가 공공의 행복을 위해, 특히 그로 인해 얻어지는 어떠한 이득을 위해 자신의 성생활 대부분을 기꺼이 희생하게 되리라는 것은 전혀 불가능한 일 같지는 않다. 그러한 이득 중에 -개미와 같은 자연적 방법을 이용하여 인류가 성생활을 조절할 수 있다는 것을 늘 가정해서- 놀랄 만큼의 수명 연장은 결코 가장 적은 이득은 아닐 것이다. 성을 초월한 더욱 고등한 타입의 인류는 천년의 수명이라는 꿈을 실현할 수 있을 것이다.

우리가 해야 할 일을 위해 현재의 삶이 너무 짧다는 것을 우리는 이미 알고 있다. 게다가 발견은 끝없이 가속도를 더하여 진행되고 있고 지식은 쉴 새 없이 커지고 있기 때문에 짧은 수명을 한탄할 만한 이유는 확실히 더해질 것이다. 연금술사의 희망이었던 엘릭시르 Elixir[25]를 언젠가 과학이 발견할 가능성은 거의 없다. 우주의 힘들은 인류가 자신들을 속이는 것을 허용하지 않을 것이다. 그들이 우리에게 양보하는 이익들을 위해 우리는 충분한 대가를 치러야 한다. '희생 없는 대가 없다'는 것은 영원불멸의 법이다. 아마도 장수를 위한 대가는 개미들이 이미 치른 그 대가일 것이다. 어쩌면 지구보다 더 오래된 어떤 행성에서는 그 대가가 이미 치러져서, 자손을 낳는 힘은 우리가 상상할 수 없는 방법을 통해 형태학적으로 그 종의 다른 자들로부터 분화된 특정 계급만의 것으로 한정되어 있을지도 모른다…

Ⅶ

그러나 곤충생물학적 사실들이 인류 진화의 미래의 진로에 관하

25) 여타의 금속을 금으로 만들기 위해 필요한 물질이라고 연금술사들이 생각한 상상의 물질. 불사의 약을 가리키기도 한다.

여 이렇게나 많은 것을 암시하고 있는 것과 동시에, 그들은 또한 윤리와 우주 법칙과의 관계에 대해 가장 중대한 무언가를 암시하고 있지 않은가? 인간의 도덕적 경험이 모든 시대에 걸쳐서 비난해 온 것을 할 수 있는 동물에게는 최고 수준의 진화가 허락되지 않을 것이 확실하다. 비이기심의 힘이 모든 힘들 중 최상이라는 것 역시 확실하다. 잔인함이나 색욕色慾에 대해 최상의 힘이 허용되지는 않을 것이다. 신은 없을지도 모른다There may be no gods. 그러나 생물의 모든 형태를 구성하고 또 분해하는 그 힘들은 신보다 훨씬 더 엄격한 것 같다. 별들의 움직임에서 극적인 경향dramatic tendency을 입증해 내는 것은 불가능하지만, 그럼에도 불구하고 우주의 운행은 인간의 이기심이라는 것에 근본적으로 반대하고 있는 인간의 모든 윤리 제도의 가치를 긍정하고 있는 것 같다.

【역주】

헌은 곤충 전반을 모두 좋아했지만 개미에 대해서는 특히 큰 관심을 보였다. "보세요, 개미는 우리들 인간보다도 고등동물입니다. 서로 싸우거나 사기를 치거나 험담을 하거나 하지 않지요. 인간이 개미와 같이 이기주의를 버리고 공공公共을 위해 일한다면 더욱 좋은 세상이 될 텐데요"(『고이즈미 야쿠모 전집 별책』 402쪽)라는 그의 생각은 이 단편의 주제와도 일치한다.

헌은 스펜서를 매우 존경하여 "스펜서의 연구에 의해 나의 사상이 근본적으로 변했다… 모든 주의主義로부터 떨어져 나오고, 모든 주의에 대한 공감을 잃고 스펜서에게 귀의하기에 이르렀다"(『고이즈미 야쿠모 전집 별책』 184쪽)고 편지에 적고 있다. 도쿄대학에서 헌의 영문학 강의를 들었으며, 헌의 전기를 쓰기도 한 다나베 류지田部隆次는 스펜서의 사상이 헌에게 끼친 영향을 "(헌은) 자칭하여 스펜서의 제자가 되었다. 헌은 진화론과 불교의 윤회설을 결합하여 독자적인 세계관을 만들어 내고 있다"(『고이즈미 야쿠모 전집 별책』 185쪽)고 설명하고 있다. 그의 영문학 강의 중 스펜서와 러스킨에 대한 부분을 옮겨 적는다.

> 빅토리아 시대와 관련된 또 다른 특이한 사실은 새로운 사고양식의 도입이었는데, 이것은 당대의 문학작품 전체에 크게든 혹은 적게든 영향을 끼쳤다. 그것은 바로 '진화론 철학'이었다. (중략) 여러분은 이와 같은 철학이 서구인의 정신에 얼마나 큰 충격을 주었을 것인가를 인식할 수 있을 것이다. 그런 생각은 새로운 것이었기 때문이다. 그 위대한 주창자는 허버트 스펜서였다. 그러나 사람들은 그를 이해할 수 없었으며, 그를 이해하는 데에는 강한 정신력과 다년간의 연구가 필요했다. 그 반면 사람들은 다윈을 이해할

수 있었는데, 그는 그들이 알고 있는 동물, 새, 곤충, 식물 등에 관한 내용을 씀으로써 그러한 주제에 한 장을 보태었을 뿐이다. 다윈은 대중의 비난을 받았다. 그러나 지성계에 가해진 진짜 충격은 스펜서, 헉슬리, 갤튼Galton, 모즐리Maudsley 등과 같은 사람들의 철학에 의한 것이었다. (『동양인을 위한 영국문학사』 454-455쪽)

그(찰스 킹슬리Charles Kingsley)가 학생 때부터 크게 열중한 것이 있었다. 그 하나는 이른바 '기독교 사회주의Christian Socialism'라는 것이다. 알다시피 러스킨은 독자적인 사회주의 이론으로 무장한 '기독교 사회주의자'였다. 위대한 러시아 작가인 톨스토이도 기독교 사회주의자였다. 그러나 이들 두 위인은 특히 독단적 교리를 완전히 배제하는 기독교적 정서를 대변한다. 이들에게서는 대단한 교회의 교리를 찾을 수 없다. 이 두 사람의 설교는 원시 기독교인이 이해했던 의미로서의 사랑과 평등의 종교일 뿐이다. 킹슬리는 이들 자유사상가 어느 쪽만큼도 기성 (교회의) 도그마에서 멀리 이탈할 수는 없었다. 그는 자기가 속한 교회의 관례의 테두리 속에 매여 있었다. 그러나 그 테두리 안에서나마 그는 아주 자유롭게 자신을 표현했다. 하지만 대체로 관대한 자세였다. 젊은 시절 그에게 가장 영향력을 미친 사람은 테니슨의 유명한 친구였던 모리스Maurice라는 성직자로서, 시인이 그에게 아름다운 시들을 바친 적이 있었다. 모리스와 그 일파의 가르침은 교리보다는 행동으로서 입증되는 일종의 새로운 기독교였다. 다시 말해 산업사회에 불가피한 여러 형태의 인간적 고통에 대한 순수한 동정심과, 또 기성 제도에서 벗어나지 않는 한에서의 민주적 정신으로 입증될 수 있는 그런 기독교였다. 아주 쉽게 말해서, 이들은 어떤 상황에서든 그 정당성-가난과 무지의 편에서라도-을 지지하고, 또 어떤 상황에서든 그 부정-정부와 교회 어느 쪽에서라도-을 공격하는 것을 자신들의 의무로 삼았다. 그들의 설교는 거의 혁명적 이론에 가까웠다. 또 개인으로서의 행동규범도 단호하고 실천적이었다. 러스킨은 노력 없는 삶은 범죄라고 말했다. 이상은 모리스와 킹슬리가 대표하는 기독교 사회주의자들의 가르침이기도 했다. 이들의 이론은 당시 영국 언론에게 은근히 조롱을 받았다. 이들의 이념은 "근육적 그리스도교Muscular Christianity"라는 꼬리표가 붙어졌다. 킹슬리는 이 "근육적 그리스도교"의 문학적 대예언자였다. (같은 책 506-507쪽)

『괴담』의 일본어 원전

◉ 귀 없는 호이치의 이야기

『와유기담臥遊奇談』 권2 〈비파의 숨은 명곡이 유령을 울리다琵琶秘曲泣幽霊〉에서. 1782년 성립. 영어권 독자를 위해 필요한 최소한의 역사적·지리적 설명, 주인공이 당연히 품을 법한 의심에 대한 설명 및 심리 묘사를 부가한 점을 제외한 이야기의 큰 흐름은 거의 원작 그대로지만, 라프카디오 헌의 작품은 원작의 4, 5배 길이로 되어 있다. 또한 원작에서는 호이치의 몸에 『반야심경』을 적은 뒤에 "주지승을 비롯하여 여러 승려들은 모두 두려워하며 주지승의 방에 들어가 바깥의 모습을 살피고 있었다"라고 되어 있으나, 헌의 이야기에서 주지승은 법회에 참석하기 위해 외출한 것으로 바뀌어 있다. 원작 문말의 '귀 잘린 호이치耳きれ芳一'를 '귀 없는 호이치耳なし芳一'로 바꾸어 제목으로 삼았다.

조슈 지방 아카마가세키長州赤間関는 옛날 기나모토씨·다이라씨源平 두 집안이 맞붙었던 땅으로서, 천 년의 원한이 서려있는 곳이다. 다이라씨의 유령이 오랫동안 사라지지 않아, 달 밝은 밤이면 바다 위에서 이상한 소리가 들리고, 거센 비가 내리는 밤에는 모래사장에 도깨비불이 날아다닌다. 후세에 이르러 한 채의 절을 지어 원혼을 달래니 그 이름을 아미다지 절阿弥陀寺이라고 한다. 절에 속한 묘지에는 멸망한 다이라씨平氏 일족과 병사들의 무덤이 줄지어 있다.

아미다지 절 근처에 맹인이 있어, 이름을 호이치芳一라고 했다. 어릴 적부터 비파를 연습하여, 장성함에 따라 그 기술의 미묘함이 극치에 이르렀다. 헤이안 시대平安時代의 비파 명인 미나모토노 히로마사源博雅의 옛날을 떠올리며 슬퍼하고, 히로마사의 스승으로 오사카 고개逢坂에 살았던 세미마루蟬丸의 옛 일을 본떠 하루종일 비파를 켜니, 당시 세상 사람들은 호이치가 헤이케의 옛 일을 노래하면 사람들을 감읍感泣시키고 귀신을 감동시킨다고 칭송했다. 아미다지 절의 주지승도 늘 이를 칭찬하여 그를 절 안에 머물게 하고 매일 밤 비파를 켜게 했다.

어느 날 주지승이 절의 일 때문에 출타하게 된 일이 있었다. 이에 호이치는 더위를 피하기 위해 객전客殿[1] 툇마루 위에 홀로 앉아 비파를 켜고 있었다. 밤이 깊어졌을 때 문 밖에 사람이 있어, 안으로 들어와 툇마루 아래에 서서,

"호이치! 호이치!" 하고 부르니, 호이치는 연주를 멈추고 "누구십니까?" 하고 물었다.

"두려워할 것 없소. 근처의 사람이오만, 어떤 분께서 와카和歌의 명소를 찾아 이 단노우라의 옛 전쟁터를 보시려고 이곳에 유람 오

1) 손님을 머물게 하는 건물.

셔서 근처에 숙소를 잡으셨는데, 그대가 비파를 매우 훌륭히 연주한다는 소문이 있기에 오늘 밤 적적하신 차에 숙소로 부르신 것이니 나를 따라 오시오."

호이치가 마음속으로 생각하기를, '이런 고귀한 분께서 나를 부르시는 것이야말로, 비파를 연주한 보답이 이제서야 온 것이겠지' 라고 기뻐하며 그 사람을 따라 나갔다. 이윽고 하나의 문을 지나 저택 안에 이르러,

"호이치가 대령했사옵나이다."

라고 아뢰자, 시녀들로 보이는 사람들이 많이 나오더니 그의 손을 잡고 어떤 방에 들어갔다. 이 방은 고귀하신 분의 처소 같았으며, 좌우에 앉아 계신 사람들도 모두 아무 말이 없었다.

이윽고 늙은 여자의 목소리가 들려, "헤이케의 이야기를 읊으시오."라고 명령하기에, "헤이케의 이야기 중에 어느 부분을 읊을까요?"라고 여쭙자, "장소도 장소이니만큼 단노우라 전투 부분이야말로 운치도 있을 터"라는 답이 있었다.

연주를 시작한 처음에는 좌우의 사람들께서 감상하시는 소리만이 소곤소곤 들렸으나, 헤이케 일족이 익사하는 부분에 이르자 남녀 모두 감읍하여 그 소리가 잠시 동안 멈추지 않았다. 곡이 끝나자 또다시 늙은 여자가 호이치에게,

"귀인께서 그대의 묘한 솜씨에 깊이 감동하셔서 하사품을 내리실 것이니 앞으로 엿새 동안 이 저택으로 오도록. 세상 사람들의 눈을

꺼리는 분이시므로, 절대로 다른 사람에게 말하면 안 될 것이오."

저택에서 나와, 아까 데려왔던 무사에게 이끌려 절로 돌아왔다. 다음 날 밤에도 불려가 밤늦게 돌아오니, 절 안의 사람들이 이를 이상히 여겨 주지승에게 사정을 알렸다. 주지승은 곧 호이치를 불러, "매일 밤 어디에 갔었는가?"하고 물었지만, 다만, "사정이 있어서 다녀왔습니다"라고만 하며 까닭을 말하지 않았다.

주지로부터, "오늘 밤에도 호이치가 나가면, 그 뒤를 밟아 보아라"라는 명령을 받은 승려들이 호이치의 외출을 기다리고 있자니, 역시 밤이 되어 호이치가 보이지 않게 되었다. 그들은 마을과 경내를 수색하기 시작했다. 이 날 밤에는 비가 내리니 도깨비불이 사방에 날아다녀 매우 스산한 밤길을 찾아다닌 끝에 모두 지쳐버렸을 즈음, 멀리서 비파 소리가 들렸다. 모두들, "찾았다!"고 소리치며 도착한 곳은 안토쿠 덴노安德天皇의 무덤으로, 호이치는 그 앞에 앉아 비파를 켜고 있었다. "이게 무슨 일인가?" 하고 모두 달라붙어, "자넨 필시 여우나 너구리에게 홀렸던 게야"라고 떠들어대니, 호이치는 소리를 낮추며, "귀하신 분의 앞이오! 함부로 오실 수 없는 곳이오!"라며 제지했다. 승려들은 크게 웃으며 억지로 호이치를 붙잡아 절로 돌아와서는 주지승에게 방금 전의 일을 보고했다. 주지승이 "어떻게 하여 그런 곳에 있었는가?"라고 물어도 호이치는 다만 고개를 떨구고 아무런 답이 없었으나, 주지승이 낯빛을 바꾸어 엄중히 묻자 할 수 없이 자초지종을 말했다.

주지승은 크게 놀라며,

“이는 필시 유령들이 그대의 명곡을 감상하기 위해 그대를 속여서 비파를 연주하게 한 것이리라. 그대가 매일 밤 그곳에 간다면 아마도 그대의 양기가 유령의 음기에 눌려 목숨이 위험해질 것이야.”

이 말을 들은 호이치는 얼굴이 창백해지며 후회했다. 잠시 생각에 잠겨 있던 주지승은,

“걱정할 일 없네. 이를 벗어날 계책이 있으니. 그대는 부디 내 말대로 해야 해. 만일 어긴다면 목숨을 잃게 될 것이야.”

주지승은 호이치를 알몸으로 만들고는 스스로 붓을 들고 승려들에게도 명령하여 호이치의 몸에 빠짐없이 『반야심경』을 적게 했다. 다 적은 뒤, “그대는 오늘 밤에도 평소대로 비파를 켜게. 어떠한 괴이한 일이 있더라도 입을 열면 안 되네”라고 잘 타일러 말한 뒤, 그대로 객전의 툇마루 위에 앉혔다. 주지승을 비롯하여 여러 승려들은 모두 두려워하며 주지승의 방에 들어가 바깥의 모습을 살피고 있었다.

호이치는 명령대로 오로지 비파만 켜고 있었는데, 밤이 깊어지자 예의 무사가 와서 “호이치! 호이치!” 하고 불렀다. “왔구나”라며 즉시 호이치가 연주를 멈추고 침묵하고 있으려니, 이 사람은 툇마루 아래에 이르러, “이상하다. 소리가 안 들리는군”이라고 하면서 곧

장 툇마루 위로 올라와, "늘 여기에 앉아 있었는데, 오늘밤에는 어찌된 일인지 그 사람은 없고 두 귀만 있군. 모르겠다. 이 귀를 증거로 가져가서 아뢰어야겠다"라며 두 귓불에 손을 대고는 아무렇지도 않게 뜯어내서는 툇마루에서 내려가 절 밖으로 사라졌다. 두 귀를 뜯긴 호이치는 참을 수 없이 아팠지만 가만히 참고 있었다.

이윽고 아침이 밝아올 무렵 주지승이 승려들과 함께 객전으로 와 '호이치는 어떻게 되었을까'라고 툇마루 위를 보니, 피가 흘러 판자를 적시고 있었다. "불쌍하다! 목숨을 잃었는가?" 하고 다가가니, 호이치는 두 귀를 감싸쥐고는 소리도 지르지 못하고 울고 있었다. 주지승이 오시는 소리를 듣고 소리치며, "주지스님, 접니다! 귀를 조심하세요!"라고 하는 것을 듣고는, 비로소 사람들은 무슨 일이 일어났는지를 알게 되었다. 주지승에게 질문을 받은 호이치가 귀를 뜯긴 자초지종을 말하니 주지승은 크게 놀라며 "내가 잘못해서 귀를 빠뜨리고 불경을 적어서 너에게 이런 고통을 겪게 했구나. 그러나 앞으로 그 사람은 안 올 것이니 목숨은 안전할 것이야"라고 말하고는 호이치를 치료해 주었다.

그 후로 밤이 되어도 절 안에 들어와 호이치의 이름을 부르는 사람은 없었다. 위험했던 목숨을 건진 것이다. 여전히 비파를 훌륭히 연주했으므로, 세상 사람들은 '귀 잘린 호이치의 비파'라고 칭송했다고 한다.

◉ 원앙새

『고금저문집古今著聞集』 권20에서. 원작은 약 400자 정도의 소품이며, 라프카디오 헌의 작품도 원작의 세 배가 약간 넘는 간결한 단편으로 되어 있다. 양쪽의 차이는, 우선 원앙새를 쏘는 이유가 라프카디오 헌의 작품에서는 그 날 사냥한 것이 없고 배가 고팠기 때문이라고 하고, 잡아서는 금방 요리해서 먹었다고 하고 있으나, 원작에서는 매 사냥꾼의 직업적 무의식에 기인한 살생으로 되어 있으며 수컷의 사체를 하루 종일 방치해 두고 있는 점을 들 수 있다. 다음으로, 매 사냥꾼에 대한 암컷의 태도의 차이를 들 수 있다. 원작에서는 꿈에 나타났을 때의 절절한 원한도, 마지막에 자신의 배를 부리로 꿰뚫어 죽은 모습도 정적靜的이며 가해자에 대한 무언의 항의라는 인상이 강한 데 비해, 라프카디오 헌의 작품에서는 꿈속에 나타났을 때에는 물론, 다음날 아카누마 연못에서 매 사냥꾼을 향해 똑바로 헤엄쳐 와서는 그의 눈앞에서 자기 몸을 부리로 꿰뚫어 자해한다고 하는 강렬한 모습이 인상적이다.

미치노쿠陸奥[2] 다무라 고을田村鄕의 주민인 우마노조 모씨馬ノ允なにがし라고 하는 남자는 매 사냥을 하는 사람이었다. 어느 날 새를 잡지 못하고 헛되이 돌아가는 길에 아카누마赤沼라는 연못에 원앙새 한

2) 일본 혼슈本州 섬의 최북단 지역을 가리키는 옛 명칭.

쌍이 있는 것을 보고는 물새 사냥용 화살을 쏘았다. 화살은 빗나가지 않고 수컷 원앙새에 맞았다. 곧 그 원앙새를 집어서는 간을 빼어 매에게 먹이로 준 뒤, 새의 잔해를 매 먹이 담는 주머니에 넣어 집에 돌아왔다.

그 다음 밤의 꿈에 대단히 아름답고 몸집이 작은 여자가 베갯머리에 와서는 한없이 울었다. 이상해서,

"누구신데 이렇게 우시는가?"

라고 물어보니,

"어제 아카누마에서 어떠한 잘못도 하지 않은 내 평생의 남편을 당신이 죽이신 슬픔을 참을 수 없어서 이렇게 와서 한탄하는 것입니다. 이 슬픔으로 인해 저도 오래 살 수 없을 것입니다"

라며 한 수의 시를 읊고는 울며 울며 사라졌다.

> 저녁이 되면 둥지로 돌아가기 위해 저는 당신을 부르곤 했었는데
> 이제는 아카누마의 줄 풀 그늘 아래서 홀로 잠드는 것이 슬픕니다
> 日暮るれば さそひしものを 赤沼の 真菰がくれの ひとり寝ぞ憂き

슬프기도 하고 이상하기도 해서 곰곰이 생각하던 중, 하루가 지난 뒤에 새의 잔해를 살펴보니, 매 먹이 주머니 안에 암컷 원앙새가 자기 배를 자기 부리로 꿰뚫어 죽어 있었다. 이것을 본 우마노조는 곧 머리카락을 자르고 출가出家했다. 이 일이 일어난 이곳은 전에 형부태보刑部太輔 관직에 있던 나카요시 아손仲能朝臣의 영지이다.

◉ 오테이의 이야기

『야창귀담夜窗鬼談』 상권 〈원혼이 몸을 빌리다怨魂借体〉에서. 상권 45편, 하권 42편 중 이 이야기의 원작은 상권 제31화이다. 원작에서 오테이는 근심과 우울병을 앓아온 기녀로, 의사인 나가오 교세이가 그녀를 치료해 준 데에서 두 사람이 인연을 맺었다고 되어 있으나, 라프카디오 헌의 작품에서는 그녀의 병을 폐병이라고 하고, 부모 친구의 딸이라고 되어 있다. 또한 라프카디오 헌의 작품에서는, 오테이가 왼쪽 눈의 시력을 잃는 것, 교세이가 도쿄에서 개업한 뒤에 그녀의 저주로 왼쪽 눈의 시력을 잃는 것, 점술가의 점 이야기 등의 원작의 설정을 생략하여, 임종 때 오테이가 한 환생약속이 실현되는 것을 인상적으로 만들고 있다. 원작과 비교하여 순화·미화 경향이 강화되어 있다.

나가오 교세이長尾杏生는 에치고 니가타越後新潟 사람이다. 집안은 의술을 업으로 삼았다. 약관의 나이[3]에 아버지를 대신하여 환자를 진찰하기 시작했다.

어느 유곽遊廓에 한 명의 기녀妓女가 있었다. 오테이阿貞라고 했다. 오랫동안 근심병과 우울증을 앓아왔다. 앓아 누워있었기 때문에 수

3) 20살.

십 일 동안 손님을 접대하지 못했다. 교세이가 종종 이를 진찰했다. 삼개월간 치료하니 완전히 치유되었다. 교세이는 인물이 수려하고 또 해학에 능하여 항상 사람들로 하여금 웃게 했다. 오테이가 나은 것은 약제의 효험에 의해서라고 하지만, 사실은 교세이가 그 우울증을 달래주었기 때문이다.

어느 날 밤 성찬을 준비한 오테이가 교세이를 초대하여 말하기를,

"당신의 후의厚意에 의하여 마른 뼈에 살이 다시 오를 수 있었습니다. 사소한 상을 준비하여 이로써 저의 보잘것없는 정성을 표하고자 합니다. 바라옵건대 한 잔 드시지요."

오테이가 물을 주고 등을 어루만지며 말하기를,

"밤이 깊고 비가 내립니다. 청컨대 침대에 오르셔서 주무십시오."

교세이는 아직 술이 깨지 않았으므로 이에 한 방에 들어가 이불 위에 앉아서 장난삼아 말하기를,

"오랫동안 손님을 접대하지 않았으니, 짝을 그리워하는 마음이 있는가 없는가?"

오테이가 웃으며 말하기를,

"진실로 당신과 같은 사람은 없습니다. 어찌 다른 짝을 그리워하겠습니까?"

교세이가 말하기를,

"그대가 만약 나를 속이지 않는다면, 나 역시 진심을 다할 뿐이오."

오테이가 눈물을 흘리며 말하길,

"막중한 은혜를 베푸신 분. 무엇으로써 이를 보답하겠습니까. 당신께서 만일 추한 저를 버리시지 않는다면 목숨을 다하여 섬기겠습니다."

교세이는 기뻐했다. 마침내 동침의 기쁨을 누렸다.

이로부터 종종 이곳에 왔다. 그 애정이 보통이 아니어서 다른 기녀들이 놀리는 바가 되었다. 교세이의 아버지는 그 방탕함을 분노하여, 기녀에 대한 아들의 생각을 일시에 끊어버리기를 원했다. 재물을 주어 에도江戸의 의학박사 모씨 아래 들어가 기술을 배우게 했다. 교세이는 할 수 없이 봇짐을 지고 고향을 떠났다. 그 후로 오테이와 연락이 통하지 않게 되었다. 오테이는 이를 듣고 크게 한탄하여 병이 재발했고, 끝내 왼쪽 눈의 시력을 잃은 지 얼마 안 되어 죽고 말았다.

교세이가 학문에 임한 것이 오 년. 아버지를 돌보기 위해 고향으로 돌아왔다. 아버지는 교세이가 홀로 있으면 방탕해질 것을 경계하여 급히 한 여자를 교세이의 처로 삼았다.

교세이에게는 동생이 있었다. 계모의 소생이다. 계모는 동생으로 하여금 집안을 상속하게 하기를 원했다. 교세이는 그 뜻을 알고는 처를 데리고 다시 도쿄로 와서 시타마치下町[4]에서 의원을 개업했

4) 도쿄 저지대에 위치한 상공인 거주 지역. 오늘날 도쿄 서부의 간다神田, 아사쿠사浅

다. 점차 명성이 높아져 사람들의 발걸음이 문을 가득 채웠다. 이때 나이는 마흔. 우연히 왼쪽 귀가 멀게 되었다. 온갖 치료의 효험이 없었다. 스스로 불치의 병이라 여기고 두 번 다시 깊이 치료하지 않았다.

집 근처에 점술가가 있었다. 길흉화복을 잘 맞추었다. 교세이와 친하게 지냈다. 교세이가 점술가에게 말하기를,

"내가 귀를 멀게 된 것 또한 화禍의 근원이 있어서일까?"

점술가는 잠시 깊이 생각에 잠겼다가, 이윽고 눈썹을 찌푸리며 말하길,

"이십 년 전에 어떤 부인을 속인 일이 없는가?"

교세이가 말하기를,

"기억나는 바 없네."

점술가가 말하기를,

"이 부인이 왼쪽 눈의 시력을 잃고, 마침내는 근심병과 우울증으로 인해 죽었네. 그 원념怨念이 사라지지 않고 지금도 여전히 쌓여 있네. 그대는 그것을 곰곰이 생각해보게."

교세이는 놀라며 비로소 오테이가 저주[5]를 내렸음을 알았다. 이로 인하여 상세히 예전 일을 말해 주었다. 점술가가 말하기를,

---

草, 니혼바시日本橋 등의 지역.

5) 일본어로는 다타리祟. 애니메이션『모노노케히메もののけ姫』에 등장하는 다타리가미祟神를 생각하면 된다.

"그대는 덕이 많은 사람이어서 그녀의 원귀怨鬼가 가까이 오지는 못하네. 그렇지만 뭉쳐 있는 원한의 일념은 해가 거듭되어도 여전히 희미해지지 않고 있으니, 반드시 원령에게 제사를 지내고 사죄해야 하네."

그리고 원한을 푸는 주술을 알려 주었다. 교세이는 곧 제단을 만들고 원령에게 제사를 지내고 향과 꽃을 바치며 사죄했다. 또한 편지를 적기를,

"내가 맹세를 어긴 것은 어쩔 수 없었다. 그대가 만약 여전히 나를 사모하는 마음이 있다면, 바라건대는 환생하여 우리의 맹세를 확인하라. 그렇지만 나는 늙어서 기가 쇠했다. 용모가 그대와 닮은 여자에게 강신降神하라. 그리하면 지금 세상에서 다시 한 번 전생의 연을 다할 수 있을 것이다. 나에게는 지금 자식이 없다. 다행히 그대가 나의 첩이 되어 자식을 낳는다면 나의 소원 또한 이루어질 것이다."

편지를 다 썼다. 이것을 제단 앞에서 불살랐다. 이로부터 안 들리던 귀의 상태가 조금씩 나아졌고, 3년 뒤에는 완전히 나았다.

이보다 앞서 아버지가 돌아가셨다. 교세이는 다시 고향으로 돌아갔다. 십삼 년째의 추도일이 끝나고 고향에서 제사를 올렸다. 돌아오는 길에 이카호伊香保 온천에 들렀다. 여관에 머문 지 며칠. 한 소녀가 있어 나이는 열여섯이 되려고 했다. 용모와 음성이 마치 오테

이와 같았다. 밤낮으로 음식과 기침起寢의 일에 있어서 또한 매우 잘 접대해주었다. 유순하고 우아하고 사랑스러운 것이 교세이를 사모하는 것 같았다.

어느 깊은 밤, 교세이가 아직 잠들지 않고 침상에 앉아 책을 읽고 있는데, 소녀가 와서는 등잔 기름을 더해주었다. 교세이가 장난삼아 소녀에게 말하기를,

"네 모습이 내가 알던 여자와 닮았구나. 어느 지방에서 왔니?"

그러자 소녀가 교세이의 손을 잡고 즐거워하며,

"당신은 설마 저를 잊으신 건가요?"

교세이는 놀라서,

"너는 오테이의 환생인가?"

"당신의 서약의 말을 믿고 당신의 귀향을 기다렸으나, 뜻하지 않게 옛 병이 재발하여 끝내 원한을 품고 죽었더랍니다. 일념이 사라지지 않고 가서 그대의 몸을 괴롭혔습니다. 그 후에 그대의 편지를 얻어, 환생을 기다리지 않고 이 여자의 몸을 빌려 전생의 연을 다하기를 바란 것입니다. 그대는 약속을 어기지 말고 빨리 저를 데리고 가십시오. 소녀는 첩이 되는 것을 꺼리지 않을 것입니다."

소녀는 말을 마치고 기절했다. 맥이 끊어질 것 같았다. 교세이는 급히 물을 먹이고 약을 머금게 했다. 조금 있자 깨어난 듯하여 되살아났다. 교세이가 묻기를,

"말한 것이 기억나니?"

말하기를,

"모르겠습니다. 다만 한 여자가 제 몸 안에 들어온 것이 기억납니다."

교세이는 그 소녀의 성명과 고향의 이름을 물었다. 소녀가 울며 말하길,

"첩의 이름은 데이貞. 다카자키高崎 모씨 사무라이의 차녀입니다. 일찍이 부모님과 언니를 여의었습니다. 논밭과 집안의 재산을 모두 빚으로 잃은 뒤로는 저 혼자 남아, 입에 풀칠할 수도 없어서 끝내 여기에 와서 고용되어 있습니다. 주인은 저의 박복함을 불쌍히 여기고 또한 아직 어리고 힘이 약함으로 인하여 심한 일은 시키지 않습니다. 여종업원이 하나 있어 재봉을 일로 삼고 있는데, 저는 그녀를 따라 배울 뿐입니다."

말이 끝나고 흐느끼며 또한 눈물이 소매를 적셨다. 교세이는 이를 불쌍히 여겨 끝내 그 주인에게 청하여 첩으로 삼았다. 주인도 또한 크게 기뻐하여 이에 의복과 화장도구를 주었다. 가마를 빌려 여자를 태웠다.

교세이는 여자를 데리고 집에 돌아와 이 사람을 다른 방에 두었다. 얼마 지나지 않아 남자 아이를 낳았다. 교세이의 처는 자식이 없었으므로 이 아이를 사랑하는 것이 마치 자신이 낳은 아이를 대하는 것과 같았다. 또한 데이를 사랑하는 것이 누이에 대한 것과 같았다. 데이는 자람에 따라 언어와 거동이 조금도 오테이와 다르지

않았다. 수년 뒤 처가 병으로 죽었다. 죽음에 임하여 교세이에게 말하기를,

"데이는 성격이 온후하고 근검하며 솔직하니, 제가 죽은 뒤에는 청컨대 데이를 처로 삼으시길. 다른 여자를 취하지 마소서."

이로 인하여 데이는 처가 되었다. 이 때 25살. 오테이가 25살 때 교세이와 헤어졌었다. 데이는 25살 때 정처가 되었다. 또한 기이하다.

나의 친구 아오키青木 님이 들려준 이야기이다.

◉ 우바자쿠라

『문예클럽文芸倶楽部』 제7권 제8호의 〈여러 지방의 기담諸国奇談〉 13편 중 한 편인 〈우바자쿠라姥桜〉에서. 1901년 6월 1일에 하쿠분칸博文館에서 간행되었다. 라프카디오 헌의 작품은 줄거리와 세부에 걸쳐서 원작과 거의 같지만, 원작에서는 현재의 벚나무가 2대째라는 것을 적고 있는 데 반해, 라프카디오 헌의 작품에서는 삼백 년, 이백오십 년이라는 연대의 차이로 암시하고 있다.

지금으로부터 삼백여 년 전, 이요지방 온센고오리 아사미무라伊予温泉郡朝美村에 도쿠베徳兵衛라고 하는 촌장이 있었다. 자비심 깊고 자신의 이름인 '덕徳'자와 같이 덕이 높은 사람이었으므르, 모든 마을 사람들이 그 말에 잘 따르고 존경하고 있었다. 자연히 다이묘大名에게까지 이름이 알려져 다이묘의 총애도 점점 더 깊어졌으니 집안은 부유하고 무엇 하나 부자유함 없이 살았다.

그러나 달이 구름에 가리우고 꽃에 바람이 불 듯 마음대로 되지 않는 것이 세상사. 도쿠베는 벌써 마흔을 넘었지만 아직 집안을 이을 자식이 없었으므로, 그 부인과 함께 핏줄이 끊길 것을 두려워하여 늘 한숨지었다. 그리하여 마침내 상의한 끝에 같은 마을 니시야

마西山의 부동명왕不動明王님께 삼칠일 동안 전심을 다하여 기원하니, 부동명왕님도 그 소원이 애처로운 것을 가엾게 여기셨는지 불가사의하게도 그 달부터 임신하여, 이윽고 달이 차서 옥과 같은 여자 아이를 낳았으므로, 부부의 기쁨은 필설로 다할 수 없었다. 이름을 오쓰유お露라고 붙이고 한 사람의 유모를 두어, 불면 날아갈까 쥐면 꺼질까 예뻐하며, 기어 다니기 시작하자 일어서길 바라고 일어서자 걷길 바라는 부모의 마음은 자기 몸이 나이 드는 것도 잊고 자식의 성장을 즐거워하였다.

세월에는 막을 관문關門이 없고 달리는 말을 붙잡기 어렵듯이 세월이 흘러가, 벌써 열다섯의 봄을 맞은 오쓰유는 더욱 더 용모가 아름다워지고 행동거지도 온화하였기 때문에, 마을 안의 평판도 높고 부모의 총애도 더더욱 깊어갔다. 그러나 차면 기우는 것이 세상사. 어떠한 나쁜 날에 태어난 것인지, 어느 날 감기 기운이 있다면서 자리에 누운 뒤로는 나날이 병이 깊어졌다. 의사를 부른다 굿을 한다 하면서 온갖 수단을 다했지만, 점차 자신의 이름대로 이슬처럼 마르고 쇠약해져서 금방이라도 죽을 것 같을 뿐이었다. 보금자리가 타버린 꿩이 새끼를 감싸듯, 추운 밤 두루미가 새끼를 그 날개 속에 감싸듯, 자식 걱정으로 밤길 헤매는 부모마음. 더욱이 둘도 없는 외동딸이므로 부모의 마음은 더 말할 나위도 없다. 곁에서 간병하는 유모 소데袖도, '십오 년 동안 돌보고 양육해 온 분이므로, 내 목숨을 줄여서라도 오쓰유님의 목숨을 살리고 싶다'고 부동명왕님께 기원하며 침식을 잊고 삼칠일 동안 전심으로 오쓰유의 쾌차를 기원하니, 부동명왕도 유모의 충절에 감동했는지, 언제 죽을지 모르던 큰 병이 마치 얇은 종이를 떼어 내듯이 차츰 나아져 이제는 거동도 자유로워졌으므로, 촌장 부부의 기쁨은 말할 것도 없고 유모의 기쁨은 비할 바가 없어 마음속으로 가만히 부동의 영험이 깊음을 느끼며 감사의 눈물에 젖었다.

각설하고, 이에 촌장 부부는 의사조차도 치료를 포기했을 정도의 큰 병이 순식간에 나은 것을 이상히 여기다가 소데가 충절을 다했음을 알고는 크게 기뻐하며 눈물을 흘렸다. 이로부터 곧 유모 소데가 고열을 일으키자 촌장 부부는 크게 놀라 온갖 치료를 다했다. 특히 오쓰유는 자기의 목숨을 살려주신 부모의 병이므로 한시도 곁에서 떠나지 않고 간병에 게으름이 없었지만, 병은 나날이 더해갈 뿐으로, 이제는 희망도 점차 사라져갔다.

어느 때인가 부부는 소데의 베갯머리에 와서,

"아무래도 자네의 병은 이제 돌이킬 수 없을 듯하네. 이 세상에 남길 말이 있다면 거리끼지 말고 말하게. 어떤 일이라도 들어주겠네"라고 눈물을 흘리며 말했으므로, 소데는 무거운 머리를 들고 괴로운 숨을 내쉬며 촌장 부부의 얼굴을 바라보았다.

"무엇하나 부족함 없는 은혜를 입었으므로 최후의 순간에 남길 말도 없습니다만, 단 한 가지 드리고 싶은 말씀은, 아가씨가 병에 걸리셨을 때 저는 부동명왕님께 전심으로 기원하여, 아가씨의 병이 나으시는 날 아침에 벚나무 한 그루를 절의 경내에 심어 드리겠다고 굳게 맹세했었습니다. 이제는 저의 병이 나을 것 같지 않으니, 부디 제가 죽거든 그 후에는 그 사이호지 절西法寺에 한 그루의 벚나무를 심고 저라고 생각하셔서 아껴주신다면, 저는 무덤 속에서도 기뻐하며 성불할 수 있을 것입니다."
라고 말을 마친 뒤, 돌아올 수 없는 여행을 떠났다. 촌장 부부는 물론 오쓰유는 슬픔을 가눌 길 없어 헛되이 시체에 매달려 소리 높여 통곡했지만, 언제까지 통곡한다고 해서 돌아올 수 있는 것이 아니므로, 울며 울며 장사葬事를 끝낸 다음 날, 유언대로 사이호지 절의 경내에 벚나무를 심었다. 불가사의하게도 매년 이월 십육일에는 꽃을 피우는데 그 꽃이 마치 젖가슴 모양을 한다고 전한다.

안타깝구나, 심었던 벚나무는 지금으로부터 오륙십 년 전에 말라버리고, 오늘날 있는 벚나무는 그 후에 심은 것이라고 한다. 꽃 모양도 이제는 젖 모양을 보이지 않지만, 반드시 이월 십육일에는 꽃을 피운다고 한다. 이는 이월 십육일에 유모가 죽었기 때문이라고 하여, 세상 사람들은 이를 '우바자쿠라乳母桜'라고 한다.

◉ 거울과 종

『야창귀담夜窗鬼談』 상권 〈기원하여 금을 얻다祈ツテ金ヲ得〉에서. 상권 45편 중의 제15편. 원작에서는 거름통을 운반하게 된 방탕한 농부의 이야기가 대부분을 차지하고 있으나, 라프카디오 헌의 작품에서는 그 부분을 1/7 정도로 줄이고, 무겐의 종 전설의 소개 및, '나조라에루なぞらえる'라는 단어가 갖는 마술적·종교적 의미의 분석을 통해, 사람이 죽기 직전에 품는 염원이 불가사의하게 실현된다는 것을 설명하는 데에 절반 이상을 할애하고 있다. 〈책략〉과 상통하는 주제의 단편으로 되어 있다.

옛날, 도토미 지방 무겐야마 산遠江無間山에 큰 절이 있었다. 절의 승려들이 쇠를 시주받아 종을 만들기로 했는데, 민가의 여자가 아끼던 거울을 희사했다가 후에 이를 깊이 후회했다. 종을 만들려는데 이 거울이 녹지 않았다. 여자는 이를 부끄러워하여 물에 빠져 죽었다. 죽음에 임하여 서약하기를, 만약 이 종을 쳐서 부수는 자가 있다면 만금萬金을 주겠다고 했다. 가난한 자들이 많이 와서 힘껏 종을 쳤다. 절의 승려들이 이를 미워하여 끝내 깊은 계곡에 묻어버렸다고 한다.

속설에, 가지와라 가게스에梶原景季의 첩 우메가에梅枝라는 사람이 남편의 급한 용무를 돕기 위해 300금金을 필요로 했다. 하지만 어찌할 수가 없어서 쇠로 만든 세숫대야를 종이라고 생각하고 이를 쳤다. 한 손님이 있다가 그 정성스러운 마음을 안타까이 여겨 건물 위층에서 돈을 던져 이 여자에게 주었다. 이 일은 연극으로 만들어져 전해져서 부녀자들이 모두 이를 잘 안다.

오오이가와 강大井川 근처에 부유한 농부가 있었다. 오랜 세월 동안 인색하였다. 집에 억만의 재산을 쌓았다. 이웃 주민들이 모두 그가 인자하지 못함을 미워했다. 어떤 사람이 말하기를, 그의 조상은 무겐야마 산의 종을 쳐서 막대한 재산을 얻은 자라고 했다. 한 명의 아들이 있어 이름을 도미오富夫라고 했다. 부잣집에서 태어났기 때문에 재산 귀한 줄을 몰랐다. 나이가 들어감에 따라 나날이 주색에 빠져갔다. 혹은 유곽에서 놀며 재산을 흩어버리기를 마치 진흙을 버리는 것과 같았다. 혹은 도박을 일삼아 천금을 한 번에 날렸다. 부모가 죽은 뒤에는 더더욱 자신의 마음대로 행하였다. 늘 나쁜 친구들과 어울리며 스스로 그 우두머리가 되었다. 친척들이 이를 미워하여 함께 상종하는 자가 없었다.

채 십 년도 되지 않아 논밭과 집과 재산을 탕진해버렸다. 끝내 큰아버지에게 의탁하여 간신히 폐가廢家를 빌려 처와 살았다. 무거운 것을 들지도 못하고 농사지을 줄도 몰랐다. 남에게 고용되어 간신히 몇 푼을 받아 입에 풀칠할 뿐이었다. 추위와 더위에도 간신히 누더기로 지내며 술과 맛있는 음식을 입에 넣지 못했다. 죽조차도 배불리 먹지 못했다. 시루에는 먼지만 쌓여가니 가난함이 극에 이르렀다. 이에 가만히 생각하기를,

"저 무겐야마 산의 범종梵鐘이 땅 속에 묻혀있다고 하는데, 그곳에 가서 이를 파내어 기도하면 혹시 보답이 있지 않을까?"

이리하여 곧 그날 밤에 종을 묻은 곳에 가서 기원하며 말하기를,

"제가 종을 쳐서 깨버려 큰 복을 얻고자 합니다. 하지만 종은 지금 깊은 계곡에 있습니다. 그래서 임시로 흙덩이를 종이라고 하고 土塊(ドクワイ)ヲ以テ鐘ニ擬(ナゾ)ラヘ 이를 부숴 버릴 것입니다. 혹시 신이나 영혼이 존재한다면, 그 우메가에라는 여자와 같이 저에게도 많은 돈을 주시기를."

이렇게 백 번 절하며 기원하기를 마치고 장차 돌아가려고 하는데, 홀연히 한 여자가 나무들 사이에서 나타나 도미오를 부르기를,

"네가 원하는 바를 내가 받아들였다. 원하는 바가 또한 대단히 간단하다. 나를 따라와 금고에 오너라."

이에 함께 산을 내려와 몇 리 정도를 걸어가 이윽고 창고 앞에 이르렀다. 열쇠로 문을 열고 안에 들어가니, 금과 은이 산처럼 쌓여 있어 그 빛이 눈부셨다. 여자가 말하기를,

"너는 큰 주머니를 갖고 있느냐?"

말하기를,

"없습니다."

여자가 말하기를,

"다행히 두 개의 통이 있다. 모두 금이 담겨 있다. 청컨대, 이를 가지고 돌아가거라."

도미오가 대단히 기뻐하며 감사의 절을 올리고, 마침내 통을 지고 돌아왔다. 열 걸음 걷고 한 번 쉬며, 4경[6] 무렵에 간신히 집에 돌아왔다. 문을 두드려 부인을 불렀다. 부인이 눈을 비비며 나와 맞이했다. 도미오가 말하기를,

"내가 신에게 기도하여 금을 얻었다. 나는 이제 옛날로 돌아갈 수 있다."

고 하며 통을 들고 방안에 들어가는데, 잘못하여 문지방에 걸려 통을 바닥에 떨어뜨렸다. 처가 등불을 들어 이를 보니, 똥과 오줌이 넘쳐흘러 냄새를 참을 수가 없었다. 도미오가 크게 놀라 다른 통을 보니, 이와 같을 뿐이었다.

일찍이 『요재지이聊齋志異』를 읽으니 이와 비슷한 이야기가 있었다. 빈주浜州의 한 수재秀才[7]가 일찍이 여우 신선과 친하게 지내며 금전을 달라고 졸랐다. 이에 함께 밀실로 들어가니, 돈이 대들보 사이에서 쏟아져 3, 4척 높이로 큰방을 채웠다. 이를 가져와 쓰려고

6) 새벽 1시와 3시 사이.

7) 중국의 과거시험 등급 중 하나. 이를 통과한 사람을 부르는 호칭.

하니 모두 사라졌다. 수재가 실망하여 대단히 미워했다. 여우 신선이 말하기를,

"내가 본래 그대와 글로 교류하며, 그대와 도적질할 것을 꾀하지 않았다. 그러하니 당신과 같은 사람은 다만 양상군자梁上君子[8]를 찾아가 친구가 되어야 할 것이다. 나는 자네의 부탁을 들어줄 수 없다."며 끝내 옷자락을 뿌리치고 사라졌다.

무릇 금전은 본래 사람이 만든 것이다. 신선이 소유한 바가 아니다. 이 사람은 이를 사람에게서 구하지 않고 반대로 신에게서 구하려고 했다. 신이 어찌 인간의 금전에 상관하는 자일 것인가?

8) 도둑.

◉ 식인귀

『통속불교백과전서通俗仏教百科全書』 중권 〈여러 가지 이야기いろいろの話〉 417화 중의 69번째 이야기. 라프카디오 헌의 작품은 거의 원작 그대로이지만 길이는 약 다섯 배로 되어 있다. 원작에서는 무소국사를 묵게 해준 집의 남자가 죽은 자의 유해가 없어진다고 하는 마을의 소문을 국사에게 들려주는 것이 다음날의 일로 되어 있으나, 라프카디오 헌의 작품에서는 사람들이 집을 떠나기 전에 어느 정도 국사에게 알려주고 있다.

선승 무소국사夢窓国師께서 미노 지방美濃国의 산중을 지나시는데 해가 져버린바, 인가도 가까이에 없고 다만 외딴 초가집 한 채만 있었기 때문에 다가가서 보시니, 늙은 승려가 혼자 살고 있는 모습이었다. 하룻밤 묵겠다고 청하여도 그는, "묵으시게 하기 어렵다"고만 하며 잠자리를 빌려주지 않았다. 할 수 없이 산을 내려와 인가에서 잠자리를 빌리셨는데, 그 집안 권속들이 모여 한탄하며 슬퍼하는 모습이기에 그 까닭을 물으시니, 그 집의 주인이 사망하여 모두 모여 슬퍼하고 있다고 대답했다.

해가 저물자 그 죽은 자를 그대로 집에 두고 시체 앞에는 공양물과 등불 등을 준비하여 놓아두고는 집안 권속들은 한 사람도 빠짐 없이 밖으로 나갔다. 선사께서는 이상히 여기시며 그 집의 한 쪽 방 안에서 좌선하고 계셨는데, 밤이 깊어지자 어떤 사람이 집으로 와서 죽은 자를 끌어안고는, 마치 고양이가 쥐를 갉아먹는 것이 이러할까, 머리도, 손도, 다리도 모두 먹어치워 배를 불리고, 공양물도 모두 먹어버리고는 흔적 없이 사라져 버렸다.

날이 밝자 처자 권속이 모두 집에 돌아왔기에 선사는 이상하게 생각하여 까닭을 물으니, 그 권속들이 말하기를,

"이곳의 관습으로서 사람이 죽으면 남녀노소에 상관없이 들로 데려가 매장하지 않고 집 안에 두고는 처자 권속은 모두 다른 마을로 가서 하룻밤을 묵은 뒤에 돌아오게 되어 있습니다. 그렇게 하지 않으면 사람에게 재앙이 내리고 집에 재앙이 내립니다. 하룻밤 안에 그 시체도 공물도 흔적 없이 사라지므로, 무슨 일이 있는지는 모릅니다. 어젯밤에는 당신께서 머물러 계셨기에 무슨 일을 당하시지는 않으셨을지 불안하게 생각했습니다만, 무사히 밤을 지내셨으니 혹시 시체가 어떻게 되었는지 보시지는 않았습니까?'

하고 물으매, 선사는 있는 그대로 본 대로 말하셨으므로, 모두들,

"과연, 과연, 옛날부터 사람들이 말하는 것과 다르지 않은 일이다"

라고 말했다.

그 후 무소선사는 어제 암자가 있었던 산에 올라가 암자의 주인인 노승과 만나시니, 노승이 말하길, "정말로 정말로, 부끄럽습니다, 부끄럽습니다"라며 수치스러워하는 모습이므로, 선사가 "무슨 일이 부끄럽습니까?"라고 물으시니, 노승이 말하길,

"어젯밤 스님께서 보신 대로 죽은 자를 먹은 것은 저입니다. 귀승께 의지하여 참회하겠습니다. 이 주변 십 리 정도의 산 속에는 승려가 이 어리석은 저 혼자이기 때문에, 죽은 사람이 있으면 장례를 치러달라고 부탁 받는 것에 응하여 그 일로 밥벌이를 하여 의식을 풍부히 했습니다만, 한 때의 목숨이 끝나자 아귀도餓鬼道에 태어나 식인귀가 되어, 이 주변의 사람들이 죽는 것을 기다려 죽은 자를 먹는 것은 보신 그대로입니다. 저의 명복을 빌어주시어 도와주소서."

그러는 중에 노승도 사라지고 암자도 사라져, 풀 숲 가운데 그 노승의 무덤으로 보이는 오륜석이 있을 뿐이었다, 라고 이 이야기도 여러 사람들이 말하는 바이다.

◉ 너구리

『백 가지 이야기百物語』의 제33화. 권두에 적혀 있는 곳피도진骨皮道人의 서문에는 "예부터 백 가지 이야기百物語라는 것이 있다. 그 방법을 물으니 말하길, 백 개의 등불을 켜 두고는 한 사람이 괴담을 다 말할 때마다 그 등불을 꺼 나아가, 점차 그 백 개의 등불을 불어 끄면 곧 방이 깜깜해짐과 동시에 장롱(簞笥 : 단스(だんす)라고 발음한다)에 눈코가 붙어서 '이게 웬일이냐(是は何だんす : 고레와 난단스)'라고 농담을 하고…"라고 되어 있듯이 라쿠고落語풍의 괴담을 모은 것이다. 제1화부터 제34화까지 당시 유명한 강담가講談家의 이야기가 실려 있다. 짧은 원작과 호응하여 라프카디오 헌의 이야기도 약 두 배 정도의 소품이 되어 있다. 원작에서는 배경이 비 내리는 밤이었던 것이 깊은 밤으로 되어 있고, 메밀국수 장수의 손수레가 맞은편에서 오는 것이, 라프카디오 헌의 이야기에서는 저 멀리 반딧불빛처럼 보이는 등불 쪽으로 달려갔다고 하여 주인공 남자의 공포와 안심감을 잘 포착하고 있다. 또한 원작은 '2척 정도 길이의 얼굴'이라고밖에 적혀 있지 않지만, 라프카디오 헌의 작품에서는 눈코가 없다든가, 계란 같다든다 하는 식으로 구체적으로 묘사하고 있으며, 또한 그 얼굴을 보여줄 때에는 모두 '손으로 문지른다'고 하여 인상을 강하게 하고 있다.

소생의 집에서 오랫동안 일하고 있는 사타로佐太郎라고 하는 늙은 하인은 성실하고 정직한 성격인데, 이 사람이 젊었을 때 당했던 일이라고 합니다.

어느 날인가 급한 일이 있어서 아카사카赤坂에서 요쓰야四谷[9])로 가게 되었습니다만, 공교롭게도 비는 내리지 더욱이 한밤중이었기 때문에 가급적 가지 않으려고 했지만, 급한 용무였기 때문에 하는 수 없이 부리나케 달려서 기이노쿠니자카 언덕紀の国坂을 중간쯤 지날 무렵에는 장대비에 바람까지 갑자기 더해져서 그 처연함이란 이루 말할 수도 없었습니다. 어쨌든 빨리 목적지에 가야겠다 하고 날 듯이 달려가는데, 툭 하고 발에 채이는 것이 있어서, 헉, 하고 놀라서 등불을 내밀어서 보니, 이게 어찌된 일입니까, 다카시마다高島田[10])에 금실무늬비단옷을 늘어뜨린 모습이 천해보이지 않는 한 여자가 고개를 숙이고 웅크려 있는 게 아닙니까. 그 사람은 놀라면서도,

"무슨 일이십니까?"

하고 묻자, 고개를 숙인 채로,

"지병持病인 가슴통증이 일어나서요."

라고 말하기에,

"아아, 그것 참 곤란하시겠군요. 다행히 제가 박하薄荷[11])를 가지고 있으니 그걸 드리지요. 자, 손을 내미십시오."라고 말하니,

"예, 정말 친절하신 분이시군요. 고맙습니다."

---

9) 둘 다 도쿄의 지명. 요쓰야는 에도 시대 후기의 가부키 『도카이도 요쓰야 괴담東海道四谷怪談』 등 공포물의 무대로 유명했다.

10) 에도시대에 처녀들이 하던 머리모양.

11) 식물인 박하를 가리킨다. 통증에 효과가 있다.

라고 인사말을 하면서 쑥 하고 치켜든 얼굴을 보니, 얼굴 길이가 이척[12]이나 될 듯한 괴물. '으악!' 하고 소리치며 정신없이 도망쳐서 3-4정町[13]쯤 가니, 맞은편에서 "메밀국수 사려-"타고 외치며 한 사람의 메밀국수 장수가 이쪽으로 오길래 '야, 살았다!' 하고는 달려가서, "어이, 어이, 메밀국수 장수, 나 좀 살려주게"라고 말하니, 메밀국수 장수도 놀라서,

"다다당신, 무무무슨 일이십니까?"

"아니, 여차저차 말할 것도 없어. 저 앞에서 괴물을 봤어."

"이야, 그것 참, 그것 참. 그런데 어떤 괴물이었습니까?"

"아니, 어떻다고 말해도 흉내도 못 내요, 무무물 한 잔 주쇼." 라고 말하니, "물론입니다. 드립죠."라며 잔에 물을 따라 주면서, "저, 그 괴물의 얼굴은 이렇지 않던가요?"라고 말하는 메밀국수 장수의 얼굴이 또한 이 척. 이번에는 "으악!"하고 소리치며 그대로 기절해 있다가, 시간이 흐른 뒤 지나가던 사람에게 도움을 받았다고 합니다. 나중에 듣자 하니 그 괴물은 해자에 사는 수달[14]일 거라고 하는 소문입니다만서도, 이 이야기는 절대로 거짓갈[15]이 아니라고 합니다.

12) 즉 육십 센티미터.

13) 3-4정은 약 3-400미터.

14) 일본어로는 '가와우소獺'.

15) 일본어로는 '우소노 가와獺の皮'.

◉ 로쿠로쿠비

『괴물여론怪物輿論』 권4 〈로쿠로쿠비의 원한이 도리어 복을 불러온 이야기轆轤首悕念却報福話〉에서. 이 책은 에도 후기의 소설가 짓펜샤 잇쿠十返舍一九가 편찬했다. 헌은 원작의 고사故事·불경 인용 및 말미에 열거된 로쿠로쿠비 관계 서적에 대한 이야기를 뺀 거의 전체 줄거리를 그대로 차용하고 있다.

규슈 기쿠치菊池 집안의 가신인 이소가이 헤이다자에몬 다케쓰라磯貝平太左衛門武連라는 자는, 선조대부터 무사도에 있어서 다른 사람들을 뛰어넘고 창술에 정통하여, 대대로 역량 있는 핏줄이 면면히 이어졌으므로 그 명성이 원근에 널리 알려졌다. 에이쿄 전쟁永享の乱에서 종종 무공을 세워 여러 지방에 위세를 떨쳤지만, 주군 가문이 끝내 오우치 요시히로大内義弘에게 멸망당했기 때문에, 이때부터 머리를 깎고 가이료回龍라고 이름하고는 행각승이 되었다. 그러나 불도仏道를 지향하여 얼굴을 검은 천으로 가리웠다고는 해도 강건하고 앞 뒤 가리지 않는 성격은 예전과 다름이 없어서, 심산 유곡 광야라고 해도 밤이 되면 풀을 깔고 노숙했다.

어느 때인가, 아즈마吾妻[16]를 향해 여행하던 도중 가이 지방甲斐

의 산중에 이르렀을 무렵 이미 해가 저물었으므로, 바위 위에 옷을 깔고 나무뿌리를 베개 삼아 느긋하게 누워 있었다. 그 때, 헌 옷을 입고 섶단을 짊어진 나무꾼인 듯한 사람이 갑자기 나타나서는 가이료를 보더니 말했다.

"당신은 어떤 분이시길래 이런 산 속에 머무십니까? 짐승들이 두렵지 않으십니까?"

가이료가 말했다.

"저는 행각승이므로, 인생의 괴로움이 산천山川에는 없다고 생각하여 괴로움을 즐겁게 수행으로 삼으므로 굳이 목숨을 아까워하지는 않습니다. 그러나 무사가문에서 태어나 무술에도 조금 식견이 있으니 어찌 헛되이 짐승들의 밥이 되겠습니까? 그러므로 어떠한 변경의 깊은 곳에 누워도 조금도 두려워하는 일이 없습니다."

나무꾼이 말하길,

"스님께서는 참으로 담대하시군요. 하지만 군자는 위험에 가까이 가지 않는다는 말도 있으니, 즐겨 괴이함을 구하심은 진실로 용기 있는 대장부의 행동은 아닙니다. 저의 오두막이 누추하기는 하지만 묵으셔서 여행의 노고를 푸십시오."

라는 간절한 부탁에 딴 뜻은 없어 보였으므로, 가이료는 흔연히,

"그렇다면 당신의 말에 따라 하룻밤 신세를 지겠습니다."

라고 그를 따라 나섰다. 구불구불한 산길을 더듬어 바위를 기어오

16) 간토지역을 가리키는 옛 호칭.

르고 나뭇가지를 타넘어 이윽고 한 채의 황폐한 집에 이르러서 보니, 고목에 이끼가 가득하고 적막했다. 근처에 놓인 대나무 관을 흘러오는 물로 발을 씻은 뒤 대나무 문을 밀어젖히고 안으로 들어가니, 장작을 넣어 불을 지핀 화로 주변에 남녀 사오 명이 모여 있다가, 가이료를 보고는 무릎을 꿇고 두 손을 모아 절했다. 가이료는 주인의 언행이 예사롭지 않음을 감탄하여 그의 성장과정에 대해 물었다. 주인이 말하길,

"저희들은 이 산중에 은둔하면서, 집안의 다섯 명이 양식을 먹고 물을 마시며 다행히 이슬 같은 목숨을 이어가면서 영락한 삶을 살아가고 있습니다만, 이전에는 이 지방의 총대장을 역임하면서 보잘것없지만 중역重役을 맡아 조금 이름을 날리던 자의 직계 자손입니다. 저는 어리석어서 부모의 가업을 이은 뒤로 색과 술에 빠졌으며, 거기에다 사람을 속이는 아첨의 혀끝에 놀아나 관내管内에서 이유 없이 처형을 시행하여 사람을 죽인 일이 몇 번인지 모릅니다. 그렇게 쌓인 악행들이 이 몸에 업보로 내려 이와 같이 천민의 신분으로 영락하여 천신만고를 겪으니, 아아, 다시 한 번 집안의 명예를 떨치려고 하였으나 불의의 사고가 생겨 어쨌든 심신을 편안히 할 수가 없습니다. 이 때문에 죄업이 이렇듯 깊음을 괴로워하고 이전의 죄를 반성한 나머지, 산 속을 지나는 여행자를 멈추게 하여 이를 공양하여 참회멸죄懺悔滅罪의 공덕을 바라고 있습니다."

가이료가 듣고는,

“정말로 그런 일도 있는 것입니다. 무릇 선을 쌓으면 남는 경사가 있고 악을 쌓으면 남는 재앙이 있는 법積善之家必有餘慶, 積不善之家必有餘殃. 『당서唐書』에서 말하길, 옹주雍州의 효정孝政이 벌집에 끓는 물을 부은 앙화로 몰락하고, 또 『유서類書』에서 말하길, 매향梅香은 거북이를 살려주어 열병이 나았다고 했습니다. 짐승이라고 해도 이처럼 응보함이 빠른 것은 즉 하늘의 응보입니다. 하물며 만물의 영장인 인간에게 있어서야 그 응보를 받지 않겠습니까. 『북신신주경北辰神呪經』에서 말하길, 포악하고 타락하여 여러 신하를 자기 멋대로 대하고 백성을 잔혹하게 대하면, 내가 능히 이를 제거하고 현명 유능한 자를 불러 그 자리를 대신하게 하리라고 하였습니다. 이로써 볼 때에는, 국왕뿐 아니라 제후·대부·선비·서민이라고 해도, 원한과 비뚤어진 마음으로 백성과 사물에 대해 잘못된 일을 행하고 이유 없이 처형을 행하여 사람을 살해한 죄, 어찌 그 응보를 피할 수 있겠습니까. 『아함경阿含經』에서는 ‘참괴慙愧[17]’라는 두 글자를 ‘참회懺悔’라는 뜻으로 설명하고 있습니다. 지금 당신이 옛 잘못을 고치고 앞으로 수행하며 참괴 참회하여 멸죄의 공덕을 바라는 것은 매우 갸륵한 일입니다. 저는 비록 어리석은 중이지만 이 인연으로 인하여 여러 부처님을 모시고 밤새 독경 염불하여 그 효험을 빌겠습니다.”

라고 말하며 오랫동안 대화하였다. 이윽고 가이료는 별채에 자리를

---

17) 부끄러워한다는 뜻.

잡고 일심으로 경을 읽고 방울을 울리니, 신념 근행信念勤行의 소리가 잠시도 끊이지 않았다. 빽빽한 나뭇가지들이 맑은 바람에 떨리고 이슬이 달빛에 반짝이는 적막한 밤, 곤충들의 맑은 울음소리가 마음으로 스며들고 대나무 관에서 떨어지는 물소리가 또렷이 들릴 즈음. 잠시 독경을 멈춘 가이료가 잠시 마음을 가다듬으며 좌우를 둘러보니, 온 집안은 조용한 것이 모두 자고 있는 모양이었다.

가이료가 찻물을 받으려고 무심코 부서진 장지문을 열고 부엌 쪽을 바라보니, 이거 참 괴이하다, 주인을 비롯하여 집안 사람 다섯 명 모두 몸만 누워 있고 그 목이 없었다. 가이료가 놀라서, '이런 괴이한 일은 필시 여우 너구리가 나를 속이는 것인가. 아니, 이야기로 전해지는 그 로쿠로쿠비라고 하는 것인가. 『수신기搜神記』에서 말하길, 시두만尸頭蠻이라는 것이 있다. 머리가 날아간 뒤 그 몸을 다른 장소로 옮기면, 머리가 돌아와서는 세 번 땅에 떨어진 뒤 헐떡이며 곧 죽는다고 했다. 시험 삼아 그렇게 해보리라'라고 생각하고는, 집주인의 몸을 찾아서는 일으켜서 창밖으로 끄집어낸 뒤 때렸다. 그리고는 주위의 동정을 살펴보아야겠다고 생각하고는 조용히 밖으로 나와 이곳 저곳을 보는데, 정원에서 떨어져 있는 수풀 저편에 사람의 목소리를 내면서 벌레를 먹고 있는 다섯 개의 머리가 있었다. 주인의 머리가 작은 소리로 말하기를,

"오늘밤의 객승은 온 몸에 살이 올라 있어서, 이놈을 먹으면 필시 배가 부를 터. 내가 공연히 묻지도 않은 쓸데없는 말을 해버려서 그

놈이 경을 읽고 염불을 외기 때문에 다가갈 수가 없어서 그놈을 잡아먹을 시간이 헛되이 늦어지고 있군. 이제는 객승도 잠들었겠지. 누군가 가서 보고 와라."

라고 말을 하자 머리 한 개가 끄덕거리고는 홀연히 날아갔다가, 잠시 후에 돌아와 말하기를,

"객승은 어찌 된 걸까요. 별채에서 보이지 않습니다. 게다가 어떤 놈의 짓인지 주인의 몸도 없어졌어요!"

라고 급히 고하고 날아가 버렸다. 주인의 목이 크게 슬퍼하고 통곡하며,

"이게 무슨 일이냐! 내 몸을 잃어버리면 두 번 다시 합체할 수 없어. 이제는 죽음을 기다릴 수밖에 없다. 그 객승의 짓이 분명해. 내가 그 놈을 함께 저승으로 끌고 가야겠다!"

라고 분노를 나타내며 날아오르다가, 가이료가 근처에서 웅크리고 앉아있는 것을 발견하고는,

"그 객승이 여기 있다!"

다섯 개의 머리가 일제히 달려드는 것을 가이료는 손에 잡히는 나뭇가지를 꺾어 휘두르며 전후 좌우로 베어대니, 그 기세가 맹렬하고 격했으므로 주인의 머리가 곧 맞아서 떨어져 나가고 나머지 머리들은 모두 도망가버렸다. 가이료는 유유히 원래의 방으로 돌아와 보니, 집 안의 사람들이 모두 그 머리가 본체에 돌아와 있다가 가이료를 보고는,

"아, 무섭다! 지금 저 법사는 우리들도 때려죽이러 온 걸 거야."
라고 외치며 당황하여 도망쳤다. 가이료는 조용히 보따리를 걸치고 지팡이를 짚으며 집밖으로 나오는데 주인의 머리가 또 다시 날아오면서,

"네놈이 내 몸을 버렸기 때문에 나는 원래대로 돌아갈 수가 없다. 봐라, 너의 목을 물어뜯어 그 오체를 빼앗아주마!"
라며 이를 악물며 달려드는 것을 쳐서 떨어뜨리니, 날아올라서 가이료의 옷자락을 물고는 때려도 떨어지지 않고 찔러도 느슨해지지 않고 그 모습 그대로 죽었다. 대담한 가이료는 일부러 그 목을 소맷자락에 매단 채로 신경 쓰지도 않고, '나의 승복에 매달린 여행 선물. 이런 괴물과 마주친 증거로서 가져가면 딱 좋겠구나'라고 하여 굳이 이것을 떼어내지 않았다.

그후 신슈 지방 스와信州諏訪에 이르러 하루 종일 성 아래 마을을 배회하는데, 지나치는 남녀들 모두 가이료의 소맷자락에 목이 매달려 있는 것을 보고는 겁먹어 제정신을 잃고 창백해져서는 도망쳤다. 관직에 있는 무사들이 이 모습을 이상히 여겨 가이료를 붙잡고는 말하길,

"너는 어딘가에서 사람을 죽이고는 도망쳐온 자로 보이는구나. 진상을 밝혀라. 반항하면 포승줄로 묶어서 심문할 것이다."
라고 말하며 포리捕吏에게 명하여 관청으로 끌고 가라고 하니, 이에 사람들이 북적거렸다. 가이료는 사람들을 달래면서 괴물과 만난 자

초지종을 상세히 말했지만, 여전히 그 해명이 수상하다면서 조금도 믿지 않고 포리들이 그를 때리려 했다. 그 때 안에서, 우두머리되는 사무라이가 가이료의 소맷자락에 매달린 목을 다시 한 번 보고는 말했다.

"객승의 해명은 진실이다. 『남방이물지南方異物志』에서 말하길, 비두만飛頭蠻은 목덜미에 붉은 흔적이 있다고 한다. 지금 이 목에 붉은 흔적이 있다. 가이 지방甲斐国의 산 속에 이런 괴물이 있다는 것은 대개 풍문으로 들었다. 그렇다고는 해도 보기 드문 대담한 스님의 행동이 아닌가?"

라고 하며 그의 성장 과정을 묻고는, 관리에게 권하여 포상을 하게 하니, 넘치도록 명성을 얻은 가이료는 그 영주의 인자관용함에 감복하면서 그곳을 떠나 조슈上州 길로 향했는데, 어느 산 속에서 도적과 만나 계속 술값을 요구받자 가이료가 말하길,

"나는 한 곳에 머물지 않고 나무 아래에서 노숙하면서 방랑하는 자이므로, 어찌 노잣돈을 간직해 두었겠는가. 다른 사람을 기다렸다가 달라고 하시오."

라고 미소를 지으며 상대해 주지 않으니, 도적이 화를 내면서,

"너는 거절하지 말아라. 내가 한 번 말을 꺼내면 그것을 헛되이 한 적이 없다. 노잣돈이 없다면 입고 있는 옷을 벗어두고 가라."

그 말을 들은 가이료는 일부러 그 말에 따라 쥐색 무명옷을 벗으며,

"그렇다면 그대에게 드리겠소."
라며 내밀자, 도적은 그 소맷자락에 매달린 목을 보고는 크게 놀라서,

"너는 승려 된 몸으로서 사람을 죽여서 원한을 사 이렇게 머리에 원념이 머물러 너에게 들러붙게 만들었구나. 그래도 이걸 아무렇지 않게 붙이고 있는 걸 보니, 실로 대담무쌍한 중이다. 나는 너의 그 기세에 감탄했으니, 나의 옷과 이것을 바꾸자."

도적이 입던 것을 가이료에게 주고 그 쥐색 무명옷을 도적이 받아서는 입고,

"내가 오랫동안 이 일로써 먹고 살아왔지만, 사람을 놀라게 하는 데에는 이 옷에 매달린 괴물이야말로 한 마디 말도 없이 나의 강함을 드러낼 수 있는 최고의 물건이다."
라며, 또한 가이료에게 돈을 주고는 여행길을 배웅했다. 가이료는 뜻하지 않게 당한 이상한 일로부터 여기저기서 행운이 따르는 것을 기뻐하고는, 다행히 귀찮은 물건을 넘겨줄 수 있게 되었구나, 라고 박수 치며 웃은 뒤 길을 떠났다.

이 도적이 나중에 가이 지방에 이르러 가이료의 이야기에 따라 그 흔적을 찾아가니, 어찌된 일인지 황폐해진 빈집만 남아 있을 뿐, 그 사람도 없고 그 사람에 대해 아는 사람도 없었다. 도적은 이 머리를 땅 속에 묻고 무덤을 만들었으니, 오늘날에도 가이의 산속에 로쿠로쿠비의 무덤이 덤불 속에 남아있다고 전해진다. 이 로쿠로쿠

비라고 하는 것은 원나라 진부陳孚의 시에서 이르길

> 코로 물을 들이키는 것이 마치 기와장 같고
> 머리로 날아다니는 것이 마치 녹로轆轤 같구나
> 鼻飮如瓴甋 頭飛似轆轤

이것은 남방 시두만南方尸頭蠻의 시이다. 로쿠로쿠비라는 이름은 이 시에서 유래한 것이리라. 또한 『영애승람瀛涯勝覽』의 낙두민落頭民, 『본초강목本草綱目』의 비두만, 그 외 『박물지博物志』 『성사승람星槎勝覽』 등에 대개 적혀있는 바이므로, 굳이 있을 수 없는 일도 아니리라.

◉ 묻혀진 비밀

『신찬 백 가지 이야기新撰百物語』 권3 〈보랏빛 구름 서린 밀통 남자의 연애편지紫雲たな引密夫の玉章〉에서. 라프카디오 헌의 작품에서는 원작의 교훈적인 긴 앞부분을 생략하여 전체를 간략하게 하면서 본론으로 들어가고 있다. 원작에서는 오소노의 망령을 보는 것이 가족들로 되어 있는 것을, 라프카디오 헌의 작품에서는 처음에 그녀의 아들이 보았다고 바꾸어 놓았다. 또한 마지막에 장롱 밑에서 나온 불륜의 편지를 원작에서는 수십 통이라고 하고 있으나 라프카디오 헌은 한 통이라고 했으며, 원작에서는 절에서 승려가 그 편지를 태울 때 또다시 망자가 모습을 나타내고 있으나 이 부분도 잘라내었다. 전체적으로 원작의 칙칙한 느낌과 교훈적인 어조를 제거하면서, 오소노의 단 한 번의 실수와 그로 인한 미련을 효과적으로 표현하고 있다.

"사요고로모小夜衣…"라는 시를 적어보낸 것은, 아아 높이 살 만하다.[18] 정녀貞女라고도 절녀節女라고도 할 만하여, 고금에 뛰어나고

---

18) '사요고로모'는 잠옷이라는 뜻이다. 이 부분은 에도시대의 유명한 조루리 『가나데혼 추신구라仮名手本忠臣蔵』 제3단에 실려 있는, 자신을 유혹하는 남자의 시에 대한 기혼 여성의 거절의 답시 "그렇지 않아도 잠옷은 무거운데 내 옷소매가 아닌 남의 옷소매를 포개어 자지 마라 さなきだに/重きが上の/**小夜衣**/わがつまならぬ/つまな重ねそ"(와카의 번역은 『주신구라』 41쪽을 참고)라는 와카를 가리키고 있는 것 같다. '쓰마つま'가 '옷소매'와 '아내'라는 이중적 의미로 읽힌다는 데 이 시의 숨은 뜻이 있다.

드물어 훗날까지도 그 이름을 남겼다. 이러한 현녀賢女를 요즘 세상에는 풍취를 모른다느니, 쑥맥이라느니, 멋이 없다느니, 재미없다느니 한다. 이것은 모두 서남쪽의 지렁이처럼 미워할 만하다. 사람으로 하여금 악으로 이끄는 죄인인 것이다. 이런 말하는 자를 쥐새끼라고 하니, 그 까닭이 무엇인가 하면, 먹는 것만을 좋아할 뿐 남 앞에 떳떳이 나서지는 못하기 때문이다. 지당하도다. 자식은 부모의 마음에 따르는 법이므로 장난삼아서라도 불의不義·음란한 것을 말하지 않아야 한다.

여자는 특히 효를 제일로 하여 삼감을 가르쳐야 한다. 연극에서, '아가씨가 집에서 도망 나온 뒤에는 유녀집에 팔리신다'라느니, '유녀의 정부情夫'라느니 하는 대사는 듣게 하는 것만으로도 해로운 것인데, 어머니가 그런 연극을 좋아한다고 해서 딸을 앞장세우고는 연극 시작을 알리는 첫 북소리가 나기도 전부터 어린아이의 손을 끌고 가서 맛들이게 하니, 그 아들딸이 유명한 풍류아가 되어 아들은 대대로 이어 내려온 집안을 말아먹고는 길가에서 구걸하게 되고 딸은 간부奸婦의 씨앗이 되는 것이다.

이제는 옛날 이야기, 단바 지역丹波国에 이나무라야 젠스케稲村や善助라고 하는 포목상에게 오소노お園라는 딸이 있었는데, 외동딸이기도 하고 남들보다 뛰어난 용모였으므로 부모의 총애가 적지 않았다. 시골 처녀로 자라게 하는 것도 마음 아파서 일 년 중 대부분은 교토 오사카에 방을 잡고 유모 하녀를 많이 붙이고는, 평민 출신이

라도 귀한 분들보다 낫다고 생각하여 평민출신의 스승을 붙여 와카를 배우게 하고, 다도茶道도 조금은 알아야 한다고 생각하여 리큐류利休流[19]의 사람에게 부탁하여 나가이타長板[20]까지 준비하여 마와리즈미廻り炭[21]에 온 정신을 쏟았다. 그러자, 너무 공부에만 열중하면 안 된다고 하면서 하녀들이 거문고·샤미센琴三絃을 꺼내 주고, 그 다음 날에는 연극을 보러 가자고 하여 온나가타女形[22]의 용모에 마음이 끌리고 배우의 성대모사를 하였다.

그리하여 학업이 끝나니, 한창 때인 열여덟 살답지 않은 눈매와 입매는 시골에서 드문 미모라고 하여 서로 며느리로 데려가려고 했는데, 그 중에 나가라야 세이시치長良や清七라는 사람이 있어 이나무라야 젠스케에게 뒤떨어지지 않는 재산도 갖고 있었으니, 눈썰미 좋은 환전상[23]의 며느리이자 순진무구한 처녀인 오소노와 나가라야 부부는 마치 어음 거래 없이 금화로 현금 거래하듯 사이가 좋아서, 바로 그 해에 오소노는 임신하여 옥 같은 아들을 낳았다. 그러나 시간이 지나도 그녀의 용모는 변함없이 아름다웠으니, 특별히 바탕이 좋은 것이라고 칭송을 들었지만, 늦가을도 아닌데 시름시름

---

19) 일본식 다도의 완성자 센노리큐千利休의 계통.

20) 다도에서 쓰는 판의 하나.

21) 다도에서, 겨울에 순서대로 화로의 탄을 놓는 방법을 연습하는 일.

22) 가부키에서 여자 역할을 하는 남자 배우.

23) 에도 시대에는 정부 차원의 금화·은화 및 각 번藩에서 자체적으로 발행한 지폐 등 여러 가지 화폐가 동시에 사용되었기 때문에 환전상이 발달하였다.

하더니 병이라고 할 만한 것에도 걸리지 않았는데 어쩐지 얼굴이 점차 말라가고 신경질적으로 쇠약해지면서 무언가 고민하는 듯한 기색이므로, 양친과 시집 어른과 남편이 갑자기 놀라서 의사에게도 보이고 약이니 침이니 소란을 피우고 신과 부처에게 열심히 빌었지만, 끝내는 이 세상과의 연이 다하여 회자정리會者定離라고는 알고 있었지만 들판의 이슬처럼 사라져 갔으니, 한창 나이에 화장火葬되어 눈물의 씨앗이 되었다.

그런데, 이상하구나, 화장한 그날 밤부터 오소노의 모습이 그림자처럼 뚜렷이 나타나서는 아무 말도 하지 않고 쓸쓸히 장롱 곁에 머무르는 것이었다. 모두들 옆에 다가가,

"아, 그리운 사람!"

이라고 하며 매달려도 다만 구름, 안개처럼 손에도 잡히지 않는다.

"왜 여기에 왔는가?"

라고 물어도 대답도 없이 그저 눈물에 목이 멜 뿐 까닭을 알 수 없으므로, 할 수 없이,

"불쌍하구나, 내 아들 세이키치에게 마음이 남아 떠돌고 있는 것이겠지."

라며 갖가지 법회를 행하여 열심히 내세를 기원했지만, 자리도 바꾸지 않고 모습도 사라지지 않는다.

"그렇다면 장롱의 옷가지 속이나 장신구에 집착하는 것인가?"

하고 남김없이 절에 보냈지만 여전히 힘없는 모습으로 처음과 다르

지 않아 보였으므로, 온 가족이 조용히 모여,

"옷가지와 장신구를 절에 보내고 이렇게 법회를 행해도 조금도 효험이 없을 때에는, 좀처럼 범부凡夫의 지혜로는 미치지 못하는 것이다. 지혜 깊은 스님의 힘이 아니면 이 요괴는 물러나지 않을 것이다."

라고 하여, 그 무렵 여러 지방에서 명성 높은 선승 다이겐 화상太元和尚에게 상세히 말씀드리니, 화상은 잠시 생각한 뒤에,

"댁에 들러서 모습을 본 뒤 더 이상 떠돌지 않게 해야겠군요."

라고 하여, 초야初夜[24]가 지날 무렵 홀로 나가라야의 집으로 오셔서 보니, 집안 사람들의 말과 같이 망자의 모습이 안개처럼 장롱 곁에 나타나서는 눈도 떼지 않고 장롱을 바라보며 눈물을 흘리고 슬퍼하는 모습이었다. 화상은 앞 뒤 상황을 찬찬히 본 뒤에 망자의 모습에 대해 생각하고는,

"한 가지 바람이 있기 때문에 이러는 것입니다. 잠시 이 방에서 사람을 내보내고 장지문을 닫으십시오. 어떤 일이 있어도 한 사람도 오면 안 됩니다. 이제 곧 효험을 보여드리겠습니다."

라고 말하고, 자신은 망자 쪽을 향하여 그 모습을 바라보다가, 일어나서 장롱 속을 하나하나 잘 살펴보아도 처음과 다름없었다. 그래서,

"장롱 아래를 살펴볼까."

라고 잡아당기니, 불의의 연애편지 수십 통을 한데 봉해서 숨겨둔 것이 있었다.

---

24) 오후 11시 반부터 오전 0시 반 사이.

"이것이야말로 방황의 근원이겠구나!"
라며 유령에게 향하여,

"마음 편히 성불하십시오. 이 편지들은 태워 버려서 다른 사람들에게는 보이지 않겠소."
라고 굳은 서약의 말을 건네니, 망자의 모습은 기쁜 듯이 합장하는 것처럼 보인 다음 순간, 아침 햇살에 서리가 녹듯이 사라져서 그 모습은 보이지 않게 되었다. 화상은 크게 기뻐하며 일가족을 모두 불러내어,

"망자는 두 번 다시 오지 않을 것입니다. 앞으로 더욱 명복을 빌어주십시오."
라고 말하고는 돌아갔다.

그 편지들을 불전에서 태우는 연기 속으로 망자는 또렷이 또다시 모습을 드러내어 '대오지혜의 인도를 받아 바로 지금 성불합니다' 라며 보랏빛 구름을 타고 날아갔다, 라는 다이겐 화상의 제자 된 사람의 말이라고 전해진다.

◉ 아오야기의 이야기

『다마스다레玉すだれ』 권3의 〈버드나무의 정령柳情霊妖〉에서. 라프카디오 헌의 작품의 줄거리는 거의 원작 그대로이지만, 작품 속에서 헌은, 일본의 원작에는 도모타다의 어머니나 아오야기의 양친 및 주군 하타케야마 요시무네의 일이 적혀 있지 않아 앞뒤가 맞지 않는다고 적고 있다. 그러나 어머니의 일은 그렇다고 해도, 아오야기의 양친에 대하여는 마지막 장면이 존재하는 한 반드시 적을 필요가 없는 것이고, 하타케야마 요시무네에 대해서는 야마나씨山名氏와 호소카와씨細川氏의 대립이 끝난 뒤에 요시무네가 상경하여 도토지 절都東寺에 묵고 있다고 적혀 있다. 원작을 따르더라도 특별히 앞뒤가 맞지 않는다고는 생각되지 않지만, 헌은 주군의 허가 없이 부인을 얻었다고 하는 점을 염두에 둔 것일까.

그 밖에, 원작에서는 호소카와 마사모토가 아오야기를 돌려보낸 뒤, "이로부터 부부 해로동혈偕老同穴의 언약이 더욱 더 깊어져 세월이 흘렀는데, 어느 날 부인이 말하길, 저는 뜻하지 않게 당신과 다섯 세상의 인연을 맺었습니다. 앞으로도 언제까지나 함께 하고 싶다고 생각했는데, 불가사의하게도 저의 목숨이 오늘밤에 끝났습니다"라고 하여, 자신이 버드나무의 정령이라고 아오야기가 털어놓고 죽은 것이 '밤'의 일로 되어있는 것을, 라프카디오 헌의 작품에서는 이것을 '아침'이라고 하여 버드나무가 잘려나간 아침 혹은 낮의 일과 맞추어 나무가 잘려나갈 때의 고통을 확실히 표현하고 있다.

분메이 연간, 노토 지역能登国의 태수 하타케야마 요시무네畠山義統의 가신 중에 이와키 시치로 도모타다岩木七郎友忠라는 자가 있었다. 어릴 적부터 재능과 지혜가 남다르고, 문장에 이름을 얻었으며, 중국과 일본의 학식이 풍부했다. 용모도 아름다워, 아직 스무 살이 안 되었을 때부터 요시무네가 그를 총애하여 늘 곁에 두었다. 태어난 고장은 에치젠越前으로, 홀어머니가 고향에 계셨다. 세상이 아직 안정되지 않았기 때문에 어머니를 뵈러갈 수도 없었다.

어느 해인가 요시무네가 쇼군将軍의 명을 받아 야마나씨山名氏를 배신하고 호소카와씨細川氏와 연결되어 홋코쿠北国로의 통로를 열고는, 소마야마 산杣山에 있는 야마나씨 측의 성을 공격하려고 소마야마 산기슭으로 출전하여 날을 보내시니, 이 틈을 살펴 어머니가 계신 곳도 가까웠기 때문에 도모타다가 조용히 혼자 말을 타고 길을 떠난 그 때는 음력 정월 초. 눈이 산을 덮고 삭풍朔風은 살갗을 스치며 말은 한 곳에 머물러 나아가지 않는다.

길 한 쪽에 있는 초가집에서 연기가 피어오르는 것을 본 도모타다가 말을 이끌고 다가가 보니, 노부부가 열일곱여덟 살 되어 보이는 딸을 가운데 두고 불을 쬐며 졸고 있었다. 머리칼은 쑥처럼 엉켜 있고 때 묻은 옷의 소매는 짧았지만, 꽃 같은 눈매가 아름답고 눈 같은 살갗은 서늘하며 상냥하고 교태가 있어, '실로 이런 산골짜기에 이런 사람이 있는가. 신선의 거처일지도 모르겠다'라며 이상히 여겼다. 노부부는 도모타다를 보고는

"어찌하여 불쌍하게도 소년께서는 이런 산 속을 혼자 헤매십니까? 눈이 내려 쌓이고 삭풍은 견디기 어렵습니다. 우선 불을 쬐십시오."

라며 열심히 권하였으므로, 도모타다가 기뻐하여 말하길,

"날은 이미 저물었는데 눈은 점점 더 쌓이고 있습니다. 오늘밤에는 여기서 지내게 해주십시오."

라고 [이 부분, 원문이 불명확하다] 하니, 노인은,

"이런 두메산골에서 대접해드릴 것도 없습니다. 하지만 눈길을 헤매는 여행길, 오늘밤을 묵으시게 하는 데 무슨 어려움이 있겠습니까?"

라며 말의 안장을 내리고 방 한 칸을 만들어 잘 대접했다. 이 소녀는 용모를 꾸미고 의상을 갈아입고는 발을 치고 도모타다를 보는데, 처음에 보았을 때보다 한층 더 아름다워 보이는 것은 이상하게 여겨질 정도였다. 산 속 마을에서 그렇듯 탁주 등을 불에 덥혀,

"밤의 추위를 녹이십시오."

라며 주인이 먼저 술잔을 돌렸다. 도모타다의 눈길은 자기도 모르게 소녀에게로 향한다. 부부가 웃으며,

"산 속에서 자란 비천한 딸자식입니다. 마음에는 드시지 않겠지만 객지에서 묵는 울적함을 달래시는 의미에서 술을 한 잔 주시지요."

라고 말하니, 소녀도 얼굴을 붉히며 술잔을 잡는다. 도모타다는 이 여자의 모습이 세상의 다른 여성과는 다르다고 느꼈기 때문에, 마

음을 끌어보리라 생각하고 아무렇지도 않게,

다즈네쓰루 다마카토테코소 히오쿠라세 아케누니나도카 아카네사스란
尋つる 玉かとてこそ 日をくらせ 明ぬになどか あかねさすらん

이라고 읊조리니, 소녀도 또한,

이즈루히노 호노메쿠이로오 와가소데니 쓰쓰마바아스모 기미야토마란
いつる日の ほのめくいろを わがそでに つつまばあすも 君やとまらん

이라고 읊었다. 그녀의 와카를 듣고, 보통 사람은 아니겠다는 생각이 들었으므로,

"저에게는 아내가 없습니다. 바라건대는 저에게 딸을 주십시오."
라고 말하니, 부부는,

"이렇게 비천한 딸을 어찌 드릴 수 있겠습니까? 그저 잠시 마음을 달래는 상대로 생각하십시오."
라고 말하니, 딸도,

"이 몸을 당신께 드리는 바에는 그저 처분에 따르겠습니다."
라고 하여 한 방에 들어갔다. 그리하여 밤이 새자 날도 개고 폭풍도 그쳤다. 도모타다는,

"이제는 이별을 고하겠습니다. 다음에 뵐 때까지의 기념으로 삼아주십시오."

라며 한 무더기의 금화를 주머니에서 꺼내 이를 주었다. 주인이 말하길,

"이것은 좋지 않은 일입니다. 저희야말로 딸자식에게 좋은 옷이라도 입혀 당신께 드려야하겠지만, 가난한 몸이니 어찌하면 되겠습니까. 저희 부부는 어떻게든 살아갈 몸이므로, 어서 어서 딸자식을 데리고 가십시오."

라고 답하며 받으려 하지 않으므로, 도모타다도 할 수 없이 딸을 말에 태우고 이별을 고한 뒤 돌아갔다.

이리하여, 야마나씨와 호소카와씨 두 집안의 진영陣營이 파하여 요시무네도 교토로 올라가 도지 절東寺에 머물렀으므로, 도모타다는 가만히 부인을 데리고 숨어 지냈는데, 어떻게 된 것인지, 주인의 일족인 호소카와 마사모토細川政元가 이 여자를 처음 보고는 깊이 그리워하게 되어, 야음을 틈타 빼앗아오게 하여 총애하는 것이 매우 심하였으므로 도모타다는 원통해했지만, 귀족과 적대하기 어려웠으므로 밤낮으로 생각에 잠겨 있었다. 어느 때인가 너무나도 그리웠기 때문에 조용히 사람을 구하여 한 통의 편지를 적어 보내면서 편지 끝에,

공자왕손축후진 公子王孫逐後塵
녹주수루적라건 綠珠垂涙滴羅巾
후문일입심여해 侯門一入深如海
종시소랑시로인 從是蕭郎是路人

이라고 적었다. 어찌된 것인지 이 시에 대한 것이 마사모토의 귀에 들어갔으므로, 마사모토는 조용히 도모타다를 불러 할 말이 있다고 전하게 했으므로, 도모타다는 무슨 일 때문인지 알지 못하고,

"필시 내 아내의 일이 드러났기 때문에 내가 원한을 품은 것을 두려워하여 잘 구슬려서는 공격하려는 것이리라. 설령 죽더라 하더라도 지금 한 번 더 그녀를 볼 수 있을지 모르겠다. 잘만 하면 원한의 칼을 한 번…"

이라고 결심하고는 갔다. 이윽고 마사모토가 나와서 도모타다의 손을 잡고는,

"'후문일입심여해'라는 시는 너의 시인가. 실로 깊이 감동 받았다."

라고 말하고는 눈물을 흘리며 곧 그 여자를 불러내어 도모타다에게 돌려보내고는, 거기에 더하여 갖가지 선물을 주어 돌려 보내셨다. 그 마음은 진실로 다정하다. 무엇보다도 문도文道의 덕일 것이다.

이로부터 부부 해로동혈偕老同穴의 언약이 더욱 더 깊어져 세월이 흘렀는데, 어느 날 부인이 말하길,

"저는 뜻하지 않게 당신과 다섯 세상의 인연을 맺었습니다. 앞으로도 언제까지나 함께 하고 싶다고 생각했지만, 불가사의하게도 저의 목숨이 오늘밤에 끝났습니다. 숙세宿世의 인연을 생각해주신다면 저의 명복을 빌어주세요."

라며 비오듯 눈물을 쏟으며 울기에 도모타다는 너무나 놀라서,

"이상한 일이라니, 무슨 말이오?"

라고 물으니, 아내가 거듭해서,

"이제는 무엇을 숨기겠습니까? 저는 원래 인간의 종자가 아니라 나무의 정령이온대, 뜻하지 않게 땔나무가 되기 위해 벌채를 당하여 이제 썩어지려 합니다. 이제는 슬퍼해도 수가 없습니다."

라고 소맷자락으로 가리는 것 같더니, 서리가 녹듯이 옷만 덩그러니 남게 되었다. 놀라서 다가가 보니 옷만 남아있고 형체는 없다. 하늘을 쳐다보고 땅에 엎드려 슬퍼해도 지난 세월의 모습은 꿈에서조차 보이지 않는다. 어찌할 수 없어서 마침내는 머리를 깎고 전국을 떠도는 객승이 되었다. 아내의 고향을 찾아가 옛 집터를 보니 집도 없었다. 찾아보니 이웃집도 없고 아는 사람도 없다. 다만 큰 버드나무의 잘린 밑동이 세 개 남아 있었다. 더 생각할 것도 없이 이것인 것 같다고 생각하여 그 곁에 무덤을 만들고 울며 울며 떠났다.

◉ 십육일 벚꽃

『문예클럽文芸俱楽部』 第7권 第3호의 〈여러 지방의 기담諸国奇談〉 여섯 편 중의 한 편에서. 매년 음력 정월 십육일에 피는 벚꽃, 노인이 정월 십육일에 피어주면 좋겠다고 생각했다는 점만 같을 뿐, 원작에서는 이웃 사람들이 어린 나무 묘목을 심어주었다든가, 말라 버린 늙은 나무 앞에서 '목숨을 대신'한다든가, 할복한다든가 하는 이야기는 없다. 또한 지명을 '이요 지방 와케군'이라고 한 것은, 〈우바자쿠라〉의 지명이 똑같이 '이요 지방 온센군'으로 되어 있는 것과의 반복을 피하기 때문일 것이다.

이요 지방 온센군 야마고에마을伊予国温泉郡山越村 류온지 절龍穏寺의 경내에 십육일 벚꽃이라 불리는 한 그루의 벚나무가 있다. 매년 음력 정월 십육일에는 날이 춥거나 따뜻하거나 관계없이 꽃봉오리를 틔워 반드시 그날 꽃을 피운다. 또한 이 벚나무의 다른 이름을 '세치에자쿠라節会桜[25]'라고도 하는데, 조메이 덴노舒明天皇가 도고 온천道後温泉에 행차하셨을 때에도 이 벚나무를 보셨다고 하며, 레이제이 다메무라冷泉爲村도 '초봄의 첫 벚꽃은 진귀하구나, 수도에서 활짝 핀 매화꽃인 듯하다初春の/はつ花桜/めづらしく/都の梅の/盛とも見る'라

25) '세치에'는 옛날 조정朝廷에서 24절기나 의식이 있던 날에 베푼 연회.

고 읊으셨다던가.

이 벚나무의 유래를 살펴보니, 옛날 이 마을에 벚꽃을 사랑하는 노인이 있었는데, 어느 해 정월 십육일에 이 나무 아래 멈춰 서서 '내 나이도 이미 팔순을 넘었으니, 또 다시 벚꽃 피는 봄을 맞이할 수 있을까'라고 혼잣말을 했는데, 불가사의하게도 벚나무가 곧 두세 개의 꽃망울을 틔우니 노인의 기쁨은 말할 나위도 없고 보는 사람도 모두 눈물을 흘렸다. 실로 초목에게조차 마음이 있어 그 노인의 정에 감응한 것이리라.

그로부터 지금에 이르기까지 날짜를 틀리지 않고 꽃망울을 틔우고 꽃을 피운다고 한다. 이 날은 마을 원근의 문인 묵객이 나무 아래 모여 종일 꽃을 감상하며 즐거움을 다한 뒤 돌아간다. 여러분도 도고온천에 목욕하러 가실 때에는 한번 가보시라. 도고온천에서 20정町[26]도 안 되는 거리라고 한다.

26) 1정은 약 108미터.

◉ 아키노스케의 꿈

이 작품의 원작은 제국문고帝国文庫『바킨 걸작집馬琴傑作集』에 수록되어 있는『삼칠전전 남가몽三七全伝南柯夢』의 서문에 인용된 진한陳翰의 산문 〈괴궁기槐宮記〉에 의한 것으로 추측된다. 진한은 명대明代 염주廉州 지사로『구지재언초求志齋言草』를 쓴 사람. 〈괴궁기〉는 오륙백 자의 단문이지만, 원래는 당대唐代 이공좌李公佐의『남가태수전南柯太守伝』, 명대의 희곡작가 탕현조湯顯祖의『남가기南柯記』계통의 작품임에 틀림없다. 라프카디오 헌의 이야기에서 덧붙여진 것은, 꿈의 초입에서 행렬이 아키노스케를 맞이하러 오는 모습, 수면 중에 나비가 춤을 추거나 입안에 들어가거나 한 점, 마지막 부분에서 작은 돌 아래에 암캐미의 사체가 있었다는 점이다. 생략된 것은, 왕비가 공주에게 건네는 충고 및 천도 망국遷都亡国의 예언 등이다.

순우분淳于棼의 집은 광릉廣陵에 있었다. 그 집의 남쪽에는 오래된 홰나무가 있었는데, 어느 날 순우분이 그 아래서 술을 많이 마시고는 취하여 괴로워하자 두 친구가 그를 부축하여 돌아갔다.

순우분의 꿈에 검은 옷을 입은 사자使者 한 명이 나와,
“괴안국왕槐安国王께서 부르십니다.”

라고 말하여, 그가 두 명의 사자를 따라 수레에 오르니, 수레는 늙은 홰나무에 나 있는 구멍 안으로 들어갔다. 그 안에는 큰 성이 있었고, 붉은빛의 성문에는 '대괴안국大槐安国'이라고 적혀 있었다. 말을 탄 사람이 한 명 있었는데, 그가 도착한 것을 보고,

"부마駙馬께서 멀리서 오셨다."

라고 외치며, 그를 안내하여 넓은 궁으로 들어갔다. 순우분이 바라보니 흰 비단 옷을 입고 붉은 관을 쓴 사람이 있었다. 사람들이 순우분으로 하여금 왕에게 절하게 했다. 왕이 말하기를,

"옛 현인의 말씀에 따라, 아름다운 여자가 군자를 모심을 허한다."

선녀 같은 여성이 수십 명 있어, 음악을 연주하며 등불을 들고 그를 인도했다. 금과 비취로 된 장막이 영롱한 소리를 내며 울리는 가운데 어떤 문에 이르렀다. 그곳을 금의궁金儀宮이라 하며, 한 여자가 있어 금지공주金枝公主라 했다. 단정한 그 모습이 신선과 같았다. 서로 기뻐하며 예를 치렀다. 서로에 대한 정이 나날이 두터워졌다.

왕이 말하길,

"우리나라의 남가군南柯郡은 정사가 제대로 이루어지고 있지 않다. 그대를 그곳의 지사로 임명한다."

관리에게 명하여 금과 옥과 비단을 꺼내고, 이내 남종 여종과 거마車馬가 큰길에 도열한 가운데 공주의 행차를 전별餞別했다. 왕후가 공주에게 훈계하기를,

"순우랑[27]은 성격이 강직하며 술을 좋아한다. 아녀자 된 도리는 유순한 것을 가장 높이 사니, 너는 이를 잘 행하거라."

날을 거듭한 끝에 남가군에 이르니, 관리와 승려들이 길에 나와 음악을 연주하며 그를 맞이했다. 수레에서 내려 그 풍속을 살피고 질병을 처치하니 남가군이 크게 다스려졌다. 무릇 20년, 백성들이 살아있는 그를 위해 사당을 세우고, 왕은 작록을 하사하고 영지를 하사했다. 지위는 대보臺輔를 차지하고 5남 2녀를 얻으니, 그 영화로움은 비할 데가 없었다.

공주가 병에 걸려 죽었다. 순우분은 청하여 상여를 호위하고 수도로 향했다. 왕은 왕후와 함께 소복차림으로 교외에 나와 통곡했다. 우보羽葆[28]를 드리우고 북을 치며 공주를 반룡강盤龍岡에 장사지냈다.

순우분은 존귀한 친인척의 힘을 입어 위엄과 행복이 나날이 성해졌다. 그때 어떤 사람이 있어 왕에게 상소하기를,

"하늘에서 괴상한 운기雲気가 보이니 나라에 큰 우환이 있습니다. 도읍이 천도하고 종묘는 파괴될 것이니 그 일은 소장蕭牆[29]에서 생겨납니다."

이에 회의하니 순우분의 분수에 넘치는 사치로 의견이 모아졌다.

---

27) 순우분의 다른 호칭.

28) 새의 깃털로 만들어 의식 등에 사용하는, 깃발이나 수레의 덮개에 드리우는 것.

29) 군신이 회견하는 곳에 쌓은 담.

국왕은 이로써 순우분에게 명하여,

"경은 잠시 고향에 돌아가 친척들에게 인사를 하고 오라. 여기 남게 될 자손들의 일은 걱정 말라."

고 말하고는, 또 다시 두 명의 사신으로 하여금 구멍 밖으로 나가게 했다. 마침내 잠에서 깨었다.

순우분이 보니 집안의 하인들은 정원에서 빗자루를 들고 있고 두 손님은 의자에 앉아 발을 씻고 있었다. 지는 해는 아직 서쪽 담장 아래로 기울지는 않았다. 남아 있는 술독은 여전히 동쪽 들창에 가득했다. 이에 두 손님과 함께 늙은 홰나무 아래의 구멍을 찾았다. 의자 하나가 들어갈 만한 큰 구멍이 뚜렷이 있었다. 흙을 들어내니 성과 종묘와 궁전의 모양이 있고, 수십 말數斛 분량이나 될 정도의 개미들이 있었다. 두 마리 큰 개미는 흰 날개에 검은 목을 한 것이 곧 괴안국왕이었다. 또 다른 구멍을 파니 곧 남쪽 가지南柯로 올라가, 무리 지은 개미들이 또한 그 안에 있었다. 이는 곧 남가군이었다. 또 한 구멍은 꼬불꼬불한盤屈 것이 용·뱀龍蛇의 모양과 같으며 그곳에 작은 무덤이 있어 높이가 한 척 남짓하니 곧 반룡산강盤龍山岡이었다.

순우분은 옛 일을 생각하며 감탄하고, 급히 남은 흙으로 그곳을 덮었다. 그날 저녁에 폭풍우가 일었다. 잠시 후에 보니 그 구멍이 마침내 사라지고, 개미 무리는 간 곳을 알 수 없었다. 그 나라의 기록에 '큰 우환이 있어 도읍이 천도한다'고 한 것은 곧 이를 말한 것이다.

역자 후기

이 책은 라프카디오 헌Lafcadio Hearn[1]의 대표작 『KWAIDAN-Stories and Studies of Strange Things』(Boston; Houghton Mifflin Co., 1904)의 온전한 번역이다. 원작인 영문판을 주 텍스트로 하고, 다나베 류지田部隆次 외 『고이즈미 야쿠모 전집 제7권』(第一書房, 1928), 나카노 요시오中野好夫 외 『고이즈미 야쿠모집』(筑摩書房, 1970), 히라카와 스케히로平川祐弘 『고이즈미 야쿠모-괴담·기담』(講談社, 1990) 등 세 권의 일본어 번역본을 참고로 했다. 원작에는 일본 인명과 지명이 로마자로만 표기되어 있고 한자 등으로는 표기되어 있지 않기 때문에 본 번역에서 참고한 세 종류의 일본어 번역본에서 서로 다른 한자를 붙여놓은 경우가 종종 있었는데, 그 경우에는 히라카와 교수의 번역본에 따랐다. 또한 히라카와 교수는 도야마대학富山大学 부속도서관 〈헤른 문고ヘルン文庫〉[2]에 소장되어 있는 헌의 장서蔵書

1) 1850-1904. 일본식으로는 라프카디오 한ラフカディオ・ハーン 또는 라프카디오 헤른ラフカディオ・ヘルン이라고 읽으며, 고이즈미 야쿠모小泉八雲라는 일본 이름으로도 불린다.

2) 현재 도야마대학의 홈페이지에 주요 장서의 원문 이미지가 공개되어 있다.(http://www.lib.u-toyama.ac.jp/chuo/hearnlib.html) 일본어 원작의 번역시에는 이들 원문 이미지도 참고하였다.

를 조사하여, 헌이 『괴담』을 창작할 때 이용한 것으로 추정되는 일본의 작품들을 『고이즈미 야쿠모-괴담·기담』에 수록했는데(361-400쪽), 이 부분도 함께 한국어로 번역하여 수록하고, 누노무라 히로시布村弘 교수가 각 일본어 원작에 대해 적어 놓은 간단한 해설(332-342쪽)을 한국어로 요약하여 덧붙였다. 영어 원제인 'Kwaidan'은 헌이 직접 붙인 것으로, '괴담怪談'의 옛 일본어 발음 '과이단くわいだん'을 그대로 옮겨놓은 것이다. 현대일본어에서는 '가이단かいだん'이라고 표기한다.

원작에는 저자 라프카디오 헌의 주석이 수록되어 있는데, 이 중 동아시아의 문화에 익숙하지 않은 19세기 유럽과 미국의 독자를 위한 것으로서 한국의 독자들에게 필요하지 않으리라고 생각되는 일부 주석은 번역에서 제외했으며, 번역하여 실은 경우에는 '원주'라고 표기했다. 또한 한국인 독자를 위해 주석이 필요한 내용 중 간단한 것은 각주를 달았고 긴 설명이 필요한 것은 각 이야기가 끝난 뒤에 덧붙였다. 번거로움을 피하기 위해, 일본어 번역본들에 실려 있는 주석 중 이 번역본에 수록한 내용의 출처는 일일이 밝히지 않았다. '원주' 또는 '역주'라는 표기 없이 '( )' 또는 '[ ]'로 제시되어 있는 부분은 원문 그대로이고, 본문 중의 '…' 표기는 영문판 그대로이며, 본문 중에 진한 글씨로 되어 있는 부분은 영문판에서 이탤릭체나 고딕체로 강조한 부분이다.

라프카디오 헌은 1850년에 영국인 군의관 찰스 부시 헌Charles Bush Hearn과 그리스인 어머니 로자 테시마Rosa Tessima와의 사이에서 태어났다. 태어난 섬의 이름인 북 아이오니아 열도의 레우카디아Leucadia 또는 레프카다Lefcada를 따서 이름을 라프카디오라고 했다. 1851년에 찰스 헌이 서인도 제도로 부임하게 되자, 그의 아내는 남편의 고향인 아일랜드 더블린으로 이주했으나 그곳의 문화에 적응하지 못하였고, 귀국한 찰스 헌이 자신의 옛 애인과 다시 교제를 가진 끝에 이들 부부는 이혼하고 로자는 그리스로 되돌아가 버렸다. 그녀는 정신병원에서 사망했지만, 헌은 끝끝내 그 사실을 알지 못한 채 평생 동안 어머니에 대한 그리움을 안고 살았다. 이로부터 자라나기 시작한 아버지에 대한 증오와 어머니(=여성)에 대한 동경은 일생 동안 헌의 정서를 지배하게 된다.

그 후 아버지 찰스 헌의 외숙모 샐리 브레넨Sally Brenane의 보호 아래서 영국, 프랑스의 학교 등에서 학업을 받은 그는, 1869년에 미국 뉴욕으로 건너간 뒤 이민열차를 타고 오하이오주 신시내티에 도착했다. 극도의 궁핍 속에 여러 직업을 전전한 끝에, 헨리 와트킨Henry Watkin이라는 인쇄업자의 도움을 얻어 겨우 정착하게 되었다. 이 와트킨과는 나이차이가 적지 않았지만 평생을 걸쳐 우정을 지속했으며, 그는 헌이 사망한 뒤 헌과 주고받은 편지를 모아 책으로 간행하기도 했다. 와트킨은 작가로서의 헌을 높이 평가하여, "대작가가 될 천부적 재능을 모두 지니고 있었지만, 단 하나, 유머라는 점이 결핍되어 있었다"(『고이즈미 야쿠모 전집 별책』 134쪽)라고 말한 바 있다.

1874년에는 신문 기자가 되어 생애 처음으로 일정한 직업을 갖게 되었다. 1877년에 미국 남부 루이지애나주의 뉴올리언스로 이주한 후에는, 유럽 문학, 특히 프랑스 소설의 번역으로 주목받았다. 당시에 출판한 『이문학유문Stray Leaves from Strange Literature』(1884년), 『중국괴담Some Chinese Ghosts』(1887년) 등은 세계 각지의 신화·전설을 헌 자신의 관점에서 재해석하여 새롭게 쓴 이야기들인데, '재화문학再話文学'이라고 일컬어지는 헌의 이러한 작품 창작 방식은 『괴담』을 비롯하여 그의 주된 창작 기법이 된다. 한편, 1884년에 뉴올리언즈에서 열린 뉴올리언즈 백년제 기념 박람회에는 일본의 출품물도 전시되어 있었는데, 신문 기자로서 이 행사를 취재하는 중간에 이들 일본의 물품들을 직접 본 헌은 일본에 대해 크게 흥미를 느꼈고, 이는 훗날 일본행을 결심하게 된 계기가 되었다.

1887년에는 뉴올리언즈를 떠나 카리브해 서인도제도의 마르티니크 섬Martinique으로 이주한다. 그는 그곳에서 남국의 태양을 만끽하며 여러 작품을 썼으며, 이들 원고를 갖고 1889년에 미국으로 돌아와서 소설 『치타Chita』를 출판했다. 그 해 말 뉴욕으로 나온 그는 『하퍼스 먼슬리Harper's Monthly』의 미술주임 기자와 알게 되어, 그와의 교섭을 통해 이 신문사의 특파원으로서 일본에 파견되기로 결정된다. 그리하여 그는 1890년에 소설 『유마Youma』 『프랑스령 서인도의 2년간Two Years in the French West Indies』 등을 출판하는 한

편, 뉴욕을 출발하여 몬트리올, 밴쿠버를 거쳐 이 해 4월에 일본에 도착하게 된다. 일본으로의 파견 시 그는 자신의 기사에 삽화를 그려줄 화가와 동행하고 있었는데, 배 위에서 일본의 첫 풍경을 본 헌이 "나는 여기서 죽고 싶다"고 하자 그 화가는 "나는 여기서 살고 싶다"고 했다는 에피소드가 전한다.

도착한 다음 달인 5월에 『하퍼스 먼슬리』와 계약을 끊은 그는, 친구 맥도널드를 통해 당시 도쿄제국대학 영문과 교수이자 일본의 옛 역사서인 『고사기古事記』를 번역한 쳄벌린B. H. Chamberlain(1850-1935) 교수와 알게 되고, 쳄벌린 교수의 알선에 힘입어 한국의 동해에 접한 고도古都 마쓰에松江의 중학교 및 사범학교의 영어교사가 되었다. 이곳은 옛날에는 이즈모出雲라고 불리던 땅으로, 일본 신화에서 중요한 무대가 되는 땅이었다. 고대 일본 신화를 담은 『고사기』의 영역본을 읽은 바 있는 헌은, 책을 통해서만 알고 있던 신화의 땅에 직접 갈 수 있다는 데 대해 매우 만족했으며, 당시까지 근대 문명의 손길이 거의 미치지 않고 있던 마쓰에의 고풍스러움은 그의 이국정조를 충족시키기에 충분했다. 이곳에서 옛 무사집안의 후손인 고이즈미 세쓰小泉節(セツ)子와 결혼한 그는, 부인의 성에서 '고이즈미'를 따고, 이곳을 무대로 한 신화 중에 나오는 "뭉게구름八雲 피어나는 이즈모. 여러 겹 담, 아내를 넣어 두려고 여러 겹 담을 만든다, 그 여러 겹 담을(八雲立つ/出雲八重垣/妻籠みに/八重垣作る/その八重垣を)"이라는 시의 한 구절 '야쿠모'를 따서 자신의 일본식 이름을 고이즈미 야쿠모小泉

八雲라고 짓게 된다.

그는 마쓰에의 모든 것을 좋아했지만, 단 한 가지, 지중해의 태양이 내리쬐는 그리스인을 어머니로 두고, 성장한 뒤에도 뉴올리언즈, 서인도제도 등 남방의 여름을 좋아했던 그로서는 바닷가를 면한 그 북방 도시의 추위만은 견디기 어려웠다. 그래서 이듬해인 1891년에는 규슈 서남쪽의 도시 구마모토熊本로 이주한다.

1893년에 장남 가즈오一雄가 태어나자, 그는 어머니와 자신이 아버지로부터 버림받았던 쓰라린 기억을 되새기면서 더욱 책임감을 느끼게 된다. 그는 1896년에 일본으로 귀화하게 되는데, "헌의 귀화의 직접적 원인은 일본국토의 아름다움에 매료되었기 때문이 아니다. (중략) 귀화하기에 이른 것은 처자와 일족의 미래를 생각해서 그렇게 하는 것이 최선의 방법이라고 생각한 바를 결행한 것이었다."(『근대문학연구총서』 제7권, 298쪽)

구마모토에서 3년간 머물렀던 그는, 1894년부터 2년간 고베神戸에 머물면서 신문 기자로 근무했다. 1896년 2월에는 일본에 귀화했으며, 반년 후에는 쳄벌린의 알선으로 도쿄대학東京大学의 영문학 강사가 되었다. 그리하여 1896년 8월에 도쿄로 이주한 그는 이후 사망할 때까지 도쿄에서 살게 된다. 현대문학을 포함한 구미문학의 감상, 비평을 중심으로 하는 개성적, 문학적인 강의는 학생들에게 큰 감명을 주어, 1903년 3월에 타의에 의해 강사를 퇴직하게 되었을 때에는 학생들을 중심으로 유임 운동이 일어나기도 했다. 이 때 그를 대신해서 일본인 강사로서 오게 된 사람이 유명한 나쓰메 소세키夏目漱石였다.

헌을 대신해서 영문과 강사가 된 소세키는, 당시 작가로서 세계적 명성을 쌓았으며 학생들로부터도 신뢰를 받아온 헌을 대신하게 된 자신의 부담을 "고이즈미 선생은 영문학의 태두이기도 하고, 또 문호(文豪)로서 세계에 명성을 떨친 훌륭한 분인데, 나 같은 신출내기 서생이 그 후임이 되었으니 도저히 훌륭한 강의를 할 수 있을 턱이 없어. 또 학생들이 만족해 줄 도리도 없지."(『고이즈미 야쿠모-서양탈출의 꿈』 66쪽)라고 아내에게 털어놓기도 했다. 나중에는 소설 『산시로三四郎』, 『나는 고양이로소이다吾輩は猫である』 등에서 여유롭게 헌을 회상하게 되는 소세키지만, 어쨌든 도쿄대학에서의 헌의 모습을 엿보게 해 주는 이야기라고 할 수 있을 것이다.

이 사건을 대단히 불쾌하게 생각한 그는, 서구의 여러 대학에서 보내오는 강연 의뢰 등에도 관심을 보였으나, 결국은 1904년 4월부터 와세다대학早稲田大学에 출강하게 되었고, 같은 달에 『괴담』이 출판되었으나. 이 해 9월 26일에 협심증이 발생하여 54살의 나이로 급사하였다. 사후 불교식으로 화장되어 조시가야雑司ヶ谷 공동묘지에 안장되었다.

그의 일생은 크리스트교 서구 문명 즉 근대와의 대결과 도피였다. 그의 아버지 찰스 헌은 당시 세계 최강국이던 영국의 군인으로서 그리스에 주둔하면서 그곳의 여성과 결혼하고는 곧 그녀를 버렸다. 환영받지 못하는 아이로서 아일랜드에 혼자 남게 된 헌은 엄격한 가톨릭 집안에서 자라면서 심각한 스트레스를 받아 그때부터 유령과 환상을 보기 시작했지만, 아무도 그를 이해해주거나 달래주지 않았다. 그가 가톨릭 신부가 되기를 바라는 대숙모의 압력에 따라 10대 후반을 여러 가톨릭계 학교에서 지내게 되지만, 견디지 못하고 중도에 학업을 포기하고 만다. 특히 열일곱 살 되던 해에 입학했다가 불과 몇 개월을 견디지 못하고 중도 퇴학하게 된 프랑스의 가톨릭 학교에서 그는 결정적으로 크리스트교와 등을 돌리게 되며, 훗날 일본에 와서도 크리스트교 선교사와는 상종도 하지 않게 된다. 소세키의 소설 『산시로』에는,

> 그 때 만화를 그리던 사내[3]는, 죽은 고이즈미 야쿠모 선생님은 교수 휴게실에 들어가는 것이 싫어서 강의가 끝나면 언제나 이 주위를 빙빙 돌아다녔다고, 마치 고이즈미 선생님께 배운 듯이 말했다. 왜 휴게실에 들어가지 않았던 걸까? 하고 물었더니, "그거야 당연하지. 우선 그들의 강의를 들어봐도 알잖아. 얘기를 나눌 수 있는 상대가 있을 리 없지" 하고, 심한 말을 아무렇지도 않게 말하는 데는 산시로도 놀랐다. (『산시로』 37쪽)

라는 내용이 실려 있는데, 사실은 당시 도쿄대학에서 강의를 하고 있던 크리스트교 선교사들과 얼굴을 마주치는 것조차 끔찍해 한 것

3) 산시로의 친구가 될 사사키 요지로佐々木與次郎를 가리킴.

이 그 이유였다고도 한다.(한편, 헌이 타인과의 교제를 꺼리게 된 원인 중에는 키가 유럽인치고는 작은 편이었고 10대 때 왼쪽 눈을 실명한 것도 있었다. 일본에 와서 일본인들이 자신의 키와 비슷하다는 것을 알고는 비로소 키에 대한 열등감에서 벗어나게 되었다고 하며, 눈에 대해서는, 사진을 찍을 때 반드시 실명하지 않은 눈이 있는 쪽만을 찍게 했다.)

크리스트교와 서구에 대한 반감은 그를 서구 이외의 지역의 문화와 종교에 끌리게 하였으며, 그가 어릴 적부터 '실제로' 봐왔던 공포와 환상이 여기에 가세하면서 그의 괴담 취향이 성장해가게 된다. 『이문학유문』『중국괴담』 등을 저술하던 1884년에 그는 친구에게 "성공하려고 생각한다면 누구라도 어느 한 가지에 전력해야 합니다. 그래서 나는 이상한 것, 기묘한 것, 불가사의한 것, 외국에서 온 것, 기형의 것에 대한 예찬을 서약한 것입니다."(『근대문학연구총서』 제7권, 398쪽)라는 내용의 편지를 쓰고 있다. 그의 부인 세쓰는,

> (헌은) 괴담은 매우 좋아해서, "괴담 책은 나의 보물입니다"라고 말하곤 했습니다. 저는 고서점을 여기저기 열심히 찾아다녔습니다. 쓸쓸한 밤, 램프 심지를 끄고 괴담을 말했습니다. 헌은 저에게 이야기를 들을 때에도, 그럴 때에는 특히 목소리를 낮추고 숨을 죽이며 무서워하면서 저의 이야기를 듣고 있는 것입니다. 그 듣고 있는 모습이 또 너무나도 무서워서 어쩔 줄 모르는 모습이기 때문에, 자연히 저의 이야기에도 힘이 들어갑니다. 그 즈음의 저희 집은 유령의 집 같았습니다. 저는 때때로 무서운 꿈을 꾸고는 가위에 눌리기 시작했습니다. 이런 것을 이야기하면 "그러면 당분간 쉽시다"라고 하고는 쉬었습니다. 마음에 드는 이야기가 있으면 그 기쁨

> 은 보통이 아니었습니다.
>
> 제가 옛날 이야기를 헌에게 들려줄 때에는, 언제나 처음에 그 이야기의 줄거리를 대강 말합니다. 재미있을 것 같으면 그 줄거리를 적어둡니다. 그리고 나서 자세히 이야기해달라고 합니다. 그때부터 몇 번이고 계속 이야기하게 합니다. 제가 책을 보면서 이야기하면 "책을 본다, 안됩니다. 다만 당신의 이야기, 당신의 말, 당신의 생각이어야만 합니다"라고 말하기 때문에, 저의 것으로 소화해버려야만 했기 때문에, 꿈에서도 볼 정도가 되었습니다. (『고이즈미 야쿠모집』 372쪽)

라고 회고하고 있다. 헌은 일본어를 어느 정도 알아들을 수는 있었지만 말은 서툴었고(헌의 영어 직역조의 독특한 일본어는 '헤른씨 말ヘルンさん言葉'이라는 이름이 붙을 정도로 유명하며, 한국어로 어감을 살리기가 쉽지 않다) 일본어 책을 읽거나 일본어로 적는 것은 거의 불가능했기 때문에, 이야기의 전달자로서 아내에게 크게 의존했음을 알 수 있다. 이때 그에게 중요했던 것은 크리스트교 서구 문명에 물들지 않은 인간으로서의 아내였다. 어느 때인가, "부인이 헌으로부터 『만엽집万葉集』 등에 관한 어려운 질문을 받고는, 수준이 높은 여학교를 졸업하지 않은 것과 자유롭게 영어를 말할 수 없는 것을 유감으로 생각한다고 말하자, 헌은 자신의 저서를 넣어 둔 서재 앞에 부인을 데리고 가서는 '이만큼의 책은 누구의 고생으로 만들어진 것입니까? 당신에게 학문이 있으면 이런 재미있는 이야기를 해 주지 않습니다'라고 말했다. 부인이 재봉이나 청소를 하려 하면 '당신, 하녀가 아닙니다. 그

런 일은 하녀에게 시키세요. 그럴 시간이 있으면 책을 읽고 이야기를 들려주세요'라고 말했다. 책을 읽고 그 이야기를 부인 자신의 이야기로 만들어서 이야기 해달라고 했다"(『고이즈미 야쿠모 전집 별책』 393쪽). 그래서 그는 자신의 책 몇 권을 부인의 이름으로 출판하려고 했으나 부인이 사양하여 무산된 일도 있었다.

아, 다도해에서는
오렌지 향기 속에
폐허도 버젓이 놓여 있네,
눈물도 저주도 없이,

음울한 북양엔
안개와 니플하임이 흐르고
고대 문자와 미끼새의 속삭임은
지중해다운 하나의 운韻.

마침내 무변無邊의 바다에
진실과 환상이 한번 스치네.
장미꽃 재 속에서처럼
조약돌이 졸고 있네, 거인이 잠자네.

당신의 것은 그러나 발걸음,
당신은 한계, 시간,
영원을 믿게,
한계, 시간이 너무 크지 않도록 하게.

절반쯤 슬픈 바다의 비애
짙은 장미꽃, 짙은 폐허에서
사물을 영속토록 하라-,
지중해로부터 바다는 흐른다.

〈지중해적 Mittelmeerisch〉, 고트프리트 벤

시간으로는 고대, 공간으로는 남방에 대한 동경을 가리키는 이른바 '리구르 콤플렉스'는 비단 남방의 바다 지중해를 노래한 독일 시인 고트프리드 벤Gottfried Benn(1886-1956)만이 앓은 열병은 아니었다. "벤은 그가 속한 유럽에 절망하고 있었다. 그것은 그가 처한 현대 문명에의 절망을 뜻하며, 이 시대에 대한 절망을 동시에 뜻한다."[4] 남태평양 타히티로 떠난 고갱Paul Gauguin(1848-1903), 그리고 미국 남부와 서인도제도를 거쳐 일본에 정착한 헌에 이르기까지, 많은 유럽인들이 근대 유럽을 피해 자신의 이상향을 찾아 떠났다.

처음 일본에 도착한 헌의 눈에 비친 일본은『괴담』〈봉래〉의 첫머리 내용 그대로 요정의 나라였을 것이다.

작은 요정의 나라. 사람도 물건도 모두 작고 특이하며, 신비함을 띠고 있다. 파란 색 지붕 아래의 집도 작고, 파란 노렌暖簾[5]을 내건 가게도 작고, 파란 옷을 입고 웃고 있는 사람들도 작았다… (『ラフカディオ・ハーン-

4) 벤의 시 및 인용문은『올페의 죽음』70-73쪽 및 125쪽.

5) 자기 가게의 문양을 넣어 가게 입구의 처마에 거는 막.

異文化体験の果てに』 25쪽)

그가 처음으로 정착한 마쓰에 역시 그 당시까지는 거의 서구화되어 있지 않아, 영역본 『고사기』를 통해 알게 된 신화시대의 일본이 지금까지 내려오고 있다는 느낌을 헌에게 주기에 충분했다. 그러나, 마쓰에에 이어 살게 된 구마모토는, 근대화에 대한 욕망이 끓어오르고 있는 땅이었다(구마모토는 메이지 유신을 일으킨 네 번藩 중 하나였다). 일본은 이미 급격한 서구화의 길을 걷고 있었던 것이다. 신화 속의 봉래를 그리워하지만 현실 속의 봉래는 이미 소멸해가고 있으며, 봉래의 옛 모습은 이제 그림과 책 속에만 남아있다고 말하는 『괴담』의 〈봉래〉는, 라프카디오 헌 자신의 생각을 그대로 보여주고 있다고 할 수 있을 것이다. 조금 길지만, 1894년에 구마모토에서 친구에게 보낸 편지 전문을 인용한다.

친애하는 헨드릭 - 저번에는 직무상의 도의라는 점에 대해 서로 많은 이야기를 했지만, 오늘은 어떤 머리 좋은 일본 학생이 이 문제를 어떻게 생각하고 있는가를 보여주겠네.

"선생님, 선생님이 처음으로 일본에 오셨을 때, 구식舊式 일본인에 대해 어떻게 생각하셨습니까? 숨김없이 대답해 주십시오."

"자네가 말하는 구식 일본인이란, 옛 풍습이나 예의를 오늘날에도 그대로 고집하고 있는 노인을 말하는 것이겠지. 예를 들면 한문 선생인 아키즈키秋月 씨와 같은 사람?"

"그렇습니다."

"나는 그런 사람들이 현대 일본인보다 좋은 사람들이라고 생각하고 있어. 그런 사람들은 나에게는 일본의 여러 신들의 이상이 그대로 눈앞에 나타나 있는 것으로 생각된단 말이지. 모두 선량하고 기품 있는 사람들처럼 보였다네."

"그러면 선생님은 지금도 그런 노인에 대해 그런 식으로 생각하고 계십니까?"

"어느 쪽인가 하면, 노인들 쪽이 좋다고 생각하고 있지. 새로운 세대의 일본인을 보면 더욱 더 그런 노인들을 존경하게 돼."

"그래도, 선생님은 외국인으로서 그들의 결점도 관찰하고 계시겠죠?"

"어떤 결점?"

"외국인의 눈에 비치는 약점이라든가 결점 말입니다."

"아니. 사람은 자기가 속한 사회에 어느 정도 완전히 순응하면, 그 사람을 그 사회의 일원으로서 판단해야 해. 그 사람이 속한 사회와 전혀 다른 사회의 표준으로 그 사람을 판단하는 건 올바르지 않지."

"그건 말씀 그대로입니다."

"그래서 말이지, 그런 표준으로 판단한다면 구식 일본인 중에는 완전한 사람들이 있지. 그들은 그들 사회의 도덕을 완전히 발휘하고 있었네. 게다가 그들의 사회는 우리 서구 사회보다도 도덕적으로 우월한 것이었어."

"어떤 점에서 말입니까?"

"친절, 자비, 관용, 예절, 용맹함, 자기희생, 정직, 충의, 자제력, 결핍에도 편안해하는 마음, 효심이 지극한 점 등이지."

"그래도 선생님께서 찬미하시는 옛 일본의 그러한 특질은, 서양에서는 성공-실제생활의 성공에 쓸모 있는 것입니까?"

"아니, 쓸모없지."

"서양에서 실제생활에서 성공하는 데 필요하다고 되어 있는 것은, 옛 일본이 가지고 있지 않던 것이 아닐까요?"

"유감스럽지만, 그렇지."

"옛 일본 사회는, 선생님이 개인의 희생이라며 찬미하고 계시는 무욕, 예절, 자비와 같은 것들을 길러 왔습니다. 그런데, 서양 사회는 개인을 힘의 경쟁-지력과 계산력과 행동력의 경쟁 속에서 길러왔지요?"

"그렇지."

"일본이 열국 중에 어깨를 나란히 해가기 위해서는, 어떻게 해서든 서양의 산업과 재정 쪽을 받아들여야만 합니다. 일본의 장래는 무엇보다도 산업과 상업에 걸려 있습니다. 우리들이 만약 옛날 그대로의 도덕이나 습관에 계속해서 구애되어 있다면, 도저히 발전은 불가능합니다."

"왜지?"

"서양과 경쟁할 수 없다면, 그것은 멸망을 의미합니다. 서양과 경쟁하기 위해서는 서양의 방식을 배워야 합니다. 그것은 옛 도덕과는 정반대입니다."

"아마도-"

"저는 어떠한 일에도 '아마도'라는 건 없다고 생각하고 있습니다. 대규모의 사업을 하기 위해서는, 설령 타인이 그것에 의해 피해를 입는다고 하더라도 자기 자신은 이익을 얻어야 합니다. 경쟁이라는 것에는 구속도 장애도 없는데도 시시한 감정으로 자신의 목을 죄어서는 지고 맙니다. 이른바 생존경쟁의 법칙은 강한 자, 머리 좋은 자가 성공하고 약한 자, 어리석은 자는 진다 - 이것이 철칙입니다. 그런데, 옛 도덕은 이런 경쟁을 비난했습니다."

"자네 말 그대로지."

"그렇게 되면, 선생님, 옛 도덕이 아무리 좋아 보여도, 그것을 지켜나간다면 산업, 상업, 경제면에서 큰 발전이 불가능할 뿐 아니라, 나라의 독립조차 유지할 수 없게 됩니다. 우리들은 가능한 한 과거를 버리고 도덕을 법률로 교체하지 않으면 안 됩니다."

"하지만, 그건 좋은 교체는 아니라네."

"서양에서는 그것이 좋은 교체가 된 것처럼 보입니다만 - 특히 영국에서는. 물적 진보라는 것으로 판단하면 말이죠. 우리들은 감정에서가 아니라 이성이라는 면에서 도의적이 되어라, 라는 것을 익혀나가야만 합니다. 법률 지식, 그리고 법률에 따르려고 하는 이성, 이것이 결국 어떤 종류의 합리적 도의심을 익히는 것이 되는 것이겠지요."

일본의 일개 학생치고는 상당히 대단한 논객일 것이네. 이 학생은 다음 달에 대학에 진학하게 되는 우수한 남자이지. 일본 정부도 결국은 이런 인간을 해외로 유학 보내게 될 것이네. (『고이즈미 야쿠모집』 352-354쪽)

편지는 구마모토 학생의 의견에 대해 헌이 반론하지 못하는 형식으로 끝나고 있다. 편지 마지막의 체념적인 헌의 말에서는, 근대라는 악마를 피해 요정의 나라 일본이라는 이상을 찾아 온 헌이 맞닥뜨리게 된, 현실로서의 일본에 대한 당혹감과 절망감을 엿볼 수 있다. 물론 "서구문명의 결함이 집요하고 통렬하게 폄하되고, 그와 대비되어 옛 일본의 미덕이 칭송되고 있는 것이 눈에 띕니다. 야쿠모는 그것을 서구인에의(헌 자신도 포함해서) 경고로서 쓰고 있는 것입니다(야쿠모의 저서의 독자는, 말할 것도 없이 모두 서구인입니다. 야쿠모 자신은 일본인 독자를 대상으로 하여 쓰고 있지는 않습니다)"(平田呈一 〈八雲雜考〉, 『고이즈미 야쿠모집』, 388쪽)라는 지적과 같이, 그의 작품 속에서는 마치 제정 로마의 투키디데스가 『게르마니아Germania』를 쓰면서 게르만인들을 윤리적으로 이상화시켜 당시의 퇴폐한 로마사회에 경종을 울리려 했듯이, '옛' 일본이 이상화되어 그려지고 있다. 그러나 〈귀 없는 호이치의 이야기〉의 주인공 호이치와 같이, 헌은 서구 문명에 급속히 동화되어 가는 메이지 일본의 뒤꼍에서 사라져 가는 옛 일본을 지켜보면서, 헤이케의 망령들에게 헤이케 멸망의 이야기를 들려주는 심정으로 옛 일본의 이야기를 일본인과 서구인들에게 들려주는 자기 자신을 상상하고 있었을지도 모른다.

'옛' 일본이 아닌, 급격히 서구화되어가는 '근대' 일본에 대한 그의 시각은 비판적이다. 그는 편지에서 "이번 전쟁[6]은 뭐라고 해도 추한 사건이다. 이에 의해 일본은 도쿠가와 이에야스 시대와 같이 완전한 독립국이 되겠지만, 그러나 그것이 일본에게 있어서 최선의 것일지, 나로서는 보증할 수 없다. 국민은 여전히 선량하지만 상류 계급은 부패해가고 있다. 옛 예절, 옛 신의, 옛 온정은 햇빛에 녹아내려가는 눈과 같이 사라져가고 있다"(『고이즈미 야쿠모집』 355쪽)라고 적고 있기도 하다. 이즈음 이미 헌은 충분히 일본에 대한 환상을 깼지만, 그럼에도 불구하고 일본보다 덜 근대화된 땅을 찾아 일본을 떠나지 못한 이유는 자신의 부인과 아이 때문이었다. 불행했던 유년시절을 보낸 헌에게는 자신을 버린 아버지에 대한 증오와 자신의 어머니에 대한 그리움이 평생 따라다녔다. 부인 세쓰의 증언에 따르면, "장남이 태어나려고 할 때에는 대단히 걱정하면서도 또한 기뻐하고 있었습니다. 저를 고생시켜서 미안하다고 하는 말과, 아무

6) 청일전쟁.

탈 없이 낳아달라는 말을 몇 번이고 했습니다. 이럴 때에는 공부하고 있는 것이 가장 좋다고 하면서, 떨어져 있는 방에서 글을 쓰고 있었습니다. 처음으로 애기의 울음소리를 들었을 때에는, 뭐라고 말할 수 없는 일종의 묘한 느낌이 들었다고 합니다. 그 느낌은 이제까지 한 번도 느낀 적이 없었다고 했습니다. 애기와 첫 대면했을 때에는 한 마디도 없이 이렇다 저렇다 말이 없는 겁니다. 나중에, 이때는 숨이 막혀서 아무 말도 못했었다고 말했습니다."(『고이즈미 야쿠모집』 379쪽)라고 하며, 헌이 친구에게 보낸 편지에서도 "세상에는 자기 아이를 낳아준 여자를 학대하는 남자도 있다고 생각하니, 아연해져서 이 세상이 일순간 깜깜해지는 느낌이 들었습니다."(『ラフカディオ・ハーン-異文化体験の果てに』 128쪽)라고 말하고 있다.

아이가 태어난 뒤 헌은 자기가 죽은 후의 자신의 집안과 아이의 미래를 생각하여 일본에 귀화하게 되고, 이로써 그는 더 이상의 방랑을 접고 완전히 정착하게 되는 것이다. "지금 저에게 시간만큼 귀중한 것은 없습니다. 저는 쓸데없는 이야기를 들으러 가거나, 결혼할 가망도 없는(이미 부인이 있으니까) 미인을 보러 가거나, 시간을 때우기 위해 카드를 하거나, 혹은 아름다운 것도 진실한 것도 이야기하고 있지 않은 편지에 답장을 쓰거나 해서 시간을 낭비할 수는 없습니다. 물론 저도 가끔 이런 일을 하는 경우도 있지만, 그러나 그런 시간만큼 나의 일생이 낭비되었다고 나중에 절실히 후회합니다. 그러한 것에 태연한 사람도 있지만, 인생의 가장 좋은 시기를 쓸모

없이 낭비한 저는 그럴 수 없습니다. 그 보상으로, 죽을 때까지 계속해서 공부하겠습니다. 저는 훌륭한 일을 할 수는 없지만, 조금씩 배워 가는 듯합니다." (『고이즈미 야쿠모 전집 별책』 258쪽)

그러나 일본에 귀화한 후의 그의 진정한 속마음을 엿볼 수 있게 해 주는 것이, 그의 사망 당일 아침의 꿈 이야기이다.

돌아가신 26일 아침 6시 반경에 서재로 가니, 벌써 깨어서 담배를 피우고 있었습니다. "안녕하세요"라고 인사를 했지만, 무언가 생각하고 있는 것 같았습니다. 그리고는 "지난밤에는 아주 신기한 꿈을 꾸었습니다"라고 말했습니다. 저희들은 언제나 서로 꿈 이야기를 하고는 했습니다. "어떤 꿈이었죠?"라고 물으니, "아주 먼, 먼 여행을 했습니다. 지금 여기에 이렇게 담배를 피고 있습니다. 여행을 한 것이 정말입니까, 꿈의 세상 속" 등을 말하고 있었습니다. "서양도 아닌, 일본도 아닌, 신기한 곳이었습니다"라고 말하고는 혼자서 즐거워하고 있었습니다. (『고이즈미 야쿠모집』 382쪽)

자신이 『괴담』의 〈나비〉에 적은 장자의 나비의 꿈과 같은 꿈, 서양도 아닌 일본도 아닌 먼 곳으로의 방랑을 꿈꾸며 그는 1904년 9월 26일에 협심증으로 사망했다.

메이지 시대의 일본에는 수많은 유럽, 미국인이 그들의 스승으로서 왔다. 그러나 헌이 나쓰메 소세키에게 밀려났듯이, 그들은 대부분 일본에 정착하지 못하고 도망치듯 일본을 떠나야만 했다. "메이지 시대에 일본에 온 그룸이라는 영국인이 있었다. 외국 상사의 사원이었으나 일본 여자를 아내로 맞이하고, 그 자식들은 영어를 쓰지 못하게 하고 양복도 못 입게 한 귀화인이었다. 이웃에 대해서도 좋은 일을 하였다고 하여 그가 죽은 뒤에 이웃에서 기념비까지 세운 것은 좋았다. 그러나 2차 대전 때에 일제의 관리들이 그 기념비를 부숴 버렸다. 그런데 전후에 그 비를 다시 세워준다고 하였을 때에, 그의 후손들은 한사코 거절하였다. 언제 또다시 부숴질지도 모르는 것을 왜 또 세울 필요가 있겠는가 하는 말이다. 라모에스라는 포르투갈의 문학자는 하도 일본을 좋아하기 때문에 어느 일본 사람이 그를 평하여 '슬플 정도로' 일본을 사랑하였다고 하였다. 가톨릭교를 버리고 불교를 믿고 일본 옷을 입고 일본 궁성에 대하여 멀리서 합장 예배할 정도였다. 그러나 후일 어느 포르투갈의 외교관은 일본신문에 기고하여 '그는 자기가 일본인이라고 생각하였으나 그를 사랑하는 일본인은 한 사람도 없었다. 아무리 애를 써도 일본인이 될 수 없다는 사실은 그 자신이 잘 알고 있었을 터인데'라고 하였다."(『현대일본의 해부』 284쪽) 이러한 결말에 비하면, 1915년에 일본 정부로부터 종4위從四位라는 직위도 받고, 여러 일본 문학 서적에서 빠짐없이 언급되듯이 오늘날까지도 '일본인' 작가로서 인식되는 헌의 경우는 행운이라도 말할 수 있을지도 모른다.

그러나 이렇듯 철저히 일본인이 된 결과, 그의 생전에는 물론 사후에도 그에 대한 평가는 늘 엇갈렸다. 특히 2차 대전에서 일본을 적국으로 전쟁을 하게 된 영국과 미국에서의 평가는 점점 더 나빠

져만 갔다. “일본 전문가 사이에서는 헌의 이름은 물론 알려져 있다. 그러나 그것은 헌이 문학자로서 훌륭하다든가 일본연구자로서 탁월했다라든가 하는 의미에서는 아니다. 그와는 정반대의 부정적 의미에서이다. 오늘날의 미국에서 헌에게 긍정적인 의미를 인정하려고 하는 젊은 일본전문가는 적어도 주류파에 의해 외면당할 것이다. 나는 제2차 세계대전 이후의 미국에 있어서 헌의 이러한 낮은 평가와 최근 10년간 일본에 있어 헌에 대한 높은 평가 사이의 갭을 흥미롭게 생각했다. 일본해군항공대가 1941년 12월 7일 일요일, 진주만을 기습하여 미국 태평양함대 주력을 격파했을 때, 이미 1930년대를 통해 낮아질 뿐이었던 헌에 대한 평가는 괴멸적인 타격을 받았다. “저 증오스러운 일본이라고 하는 나라를 미화하여 미국민을 속인 헌”이라는 반응 – 바꾸어 말하면, 중이 미우면 가사까지 밉다, 라는 전시하의 흥분의 희생이 되었던 것이다. 영국에서도 그 해 발간된 『캠브리지영문학사』는 헌의 강의록을 “전혀 가치가 없다”라는 한마디로 정리해버렸다. completely valueless라는 이 말의 거친 어감은 당시의 영일관계의 험악함을 반영하고 있는 것으로 생각된다. 그도 그럴 것이, 같은 영국에서도 1920년대 초에는 당대 최고의 비평가 에드문드 고스가 헌의 강의록의 힘 있는 분석, 세련된 취미, 청중에게 생생하게 전달하는 그 열기 띤 인상 등의 미점에 대해 찬사를 아끼지 않았기 때문이다(Edmund Gcsse : Silhouettes, p.226).

제2차 세계대전이 일본의 패배에 의해 끝난 뒤에도, 헌은 영어권 여러 나라에서 부활하지 않았다. 영미에서는 새로운 세대의 일본연구자가 등장하여 japan interpreter로서의 헌을 대신했기 때문이다. 미국인으로서 전전의 일본에서 교육받은 영재나 각 대학의 수재들은, 전시 중에 일본어 강화훈련을 받은 뒤 전후 미국 점령군의 요원으로서 일본에 진주하였고, 제대 후에는 대학에 남아서 영미권 일본연구의 주력이 되었다. 그들은, 자신들은 헌과 달리 일본어로 읽고 쓰고 말하기도 할 수 있다는 자신이 있었다. 그 일본연구자 중 몇 명은 라이샤워 교수를 비롯하여 일찍이 선교사의 자제로서 도쿄 메구로目黒의 아메리칸 스쿨 및 고베의 카나디언 아카데미 등에 통학하던 사람들이었다(말하자면, 재외 근무하는 일본인의 자제로서, 현지 학교가 아닌 일본인 초·중학교를 다니고 있는 사람들과 같다. 현지에 대해 특별한 시각을 갖는 사람들이다). 그들은, 일찍이 그들의 부모가 크리스트교 선교사로서 열심히 자신들의 가치관을 이교도 사이에 퍼뜨리려고 한 것처럼, 패전 후의 일본에 민주주의와 미국식 생활양식을 퍼뜨리려고 했다. 점령군의 요원으로서 항복한 일본에 온 사람들은, 자신들의 미국인으로서의 삶의 방식에 자신을 갖고, 서양문명의 우월성에 대해 하등의 회의도 품지 않았으리라.

그러나 헌이 일본에 왔을 때의 기분은 달랐다. 훌륭한 예술작품을 낳고 싶다는 문예적 사명감은 갖고 있었으나, 작가가 직업이었던 헌은 서양적 가치관을 일본에 퍼뜨린다든가, 크리스트교적 문명의 우위 및 그 신앙을 설한다는 선교상의 사명감은 전혀 없었다. 전혀 없었을 뿐 아니라, 그런 종류의 선교적 사명감이야말로 일본 이해를 방해하는 장애물로서 배척하고, 나아가서는 선교사 그 자체를 혐오했다. 크리스트교 선교사를 혐오했던 헌이, 그 자제되는 라이샤워 교수 이하의 사람들에게 인정받지 못한 것은 오히려 논리적 필연일지도 모른다. 어쨌든, 라이샤워 교수의 『아메리카 합중국과 일본』이라는 미일관계사에 헌의 이름은 한 번도 나오지 않는다."
(『고이즈미 야쿠모-서양탈출의 꿈』 323-325쪽)

한 인간이 모든 시기에 모든 사회에서 좋은 평가를 받는다는 것은 불가능하다. 그리고 자신에 대한 서구인들의 이러한 평가에 대해 헌은 그다지 신경 쓰지 않았을지도 모른다(참고로, 2차 대전에서 일본과 상대하게 된 미국의 정책적 목적에서 작성된 루스 베네딕트Ruth Benedict의 『국화와 칼The Chrysanthemum and the Sword-Patterns of Japanese Culture』(1946년)에는 헌의 『일본: 해석의 시도Japan: an Attempt at Interpretation』(1904년)의 한 구절이 인용되어 있다). 크리스트교의 서구문명과 맞서고 그로부터 도망하여 평생을 방랑한 그가 아니었던가. 그는 어쩌면 반드시 일본이 아니었어도 좋았을 것이다. 『이문학유문』이나 『중국괴담』에는 핀란드, 이슬람, 유대, 인도, 중국의 이야기가 가득하다. 어떤 일본인 연구가들은 그가 결국은 일본을 최후의 안착지로 삼기를 원했다고 말하지만, 만약 아이가 생겨나서 그의 유년의 기억을 자극하고 그에게 책임감을 안겨주지 않았던들, 그는 급속히 서구화되어 가는 일본을 미련 없이 떠나 그 지역들 중 하나를 택했을지도 모른다. “헌이 중국에 가지 않고 우연히 일본에 온 것은 일본에 있어서는 천우신조였다. 그 까닭은, 만약 헌이 일본에 오지 않고 우연히 중국에 갔다고 한다면, 똑같이 어떤 점까지는 중국의 풍속 습관의 아름다움을 발견하여 그 문명을 백인에게 가르쳤을 것이기 때문이다”(『고이즈미 야쿠모 전집 별책』 420쪽).

어찌되었건 그는 일본에 정착하게 되었고, 그에 대해 일본인들은 여전히 호의를 갖고 있다. “우리는 누구나 〈귀 없는 호이치〉의 괴담이 어떤 이야기인지 알고 있지만, 그것은 우리가 덴메이天明[7] 연간에 간행된 잇세키산인一夕散人의 『와유기담臥遊奇談』 목판본 속의 이야기를 읽었기 때문이 아니다. 오늘날 〈비파의 숨은 명곡이 유령을 울리다琵琶秘曲泣幽靈〉를 읽은 기억이 있는 사람은 극히 드물 것이다. 또한 우리들이 〈설녀〉나 〈너구리〉의 이야기를 알고 있는 것은, 소년 시절에 영어나 일본어역으로 『괴담』을 읽었기 때문이다. 일본의 국문학에서 고이즈미 야쿠모를 논하는 경우는 적지만, 『괴담』 등의 재화물再話物은 ‘영어로 쓰여진 일본문학’으로서 오랫동안 귀중하게 여겨질 것임에 틀림없다”(『고이즈미 야쿠모-서양탈출의 꿈』 152쪽).

일제 시대에 한국의 미를 연구하고 칭송한 야나기 무네요시柳宗悅라는 사람이 있었다. 그는 1919년 3월 1일의 만세운동이 일어난 두 달 뒤, 『요미우리신문讀売新聞』 5월 20일부터 24일에 걸쳐 〈조선인

7) 1781-1789년 사이의 일본의 연호.

을 생각한다朝鮮人を想ふ〉라는 제목의 글을 연재했다.

…나는 앞에서도 말한 것처럼 조선에 대해 아무런 학식도 갖고 있지 않지만, 다행히 예술에 나타난 조선 사람의 마음의 요구를 음미함으로써 조선에 대해 충분한 애정을 지닌 사람이 되었다고 느끼고 있다. 때때로 생각하는 바이지만, 어느 한 나라의 사람이 다른 나라를 가장 깊이 있게 이해하는 길은 과학이나 정치상의 지식이 아니라 종교나 예술적인 내면을 이해하는 것이라고 생각한다. 바꾸어 말하면 경제나 법률 지식이 우리를 다른 나라의 마음으로 이끄는 것이 아니라, 순수한 애정에 기초를 둔 이해가 그 나라를 가장 깊이 또 속속들이 맛볼 수 있게 한다고 생각한다. 나는 일본에서의 라프카디오 헌과 같은 경우를 그 적절한 예라고 생각한다. 아마 지금까지 헌만큼 일본을 내면으로 이해한 사람은 없을 것이다. 외국인이 일본에 관해 쓴 책이 몇백 권이 되는지 알 수 없지만, 그의 저작만큼 아름다움과 예리함과 따스함으로 충만한 책은 없을 것이다. 그는 어떤 일본인보다도 일본을 더 잘 이해한 예술가였다…

조선에 살며 조선을 말하는 사람들 사이에는 아직 헌과 같은 사람은 한 사람도 없다. 고분을 파헤쳐 옛 예술품을 모은 사람은 있을지 모르겠지만, 그것을 통해 조선에 대한 사랑을 실천한 사람은 한 사람도 없는 것 같다. 그들이 그곳에서 어떠한 아름다움을 볼 수 있었겠는가? 일찍이 그들에게서 눈물이 솟아난 적이 있는가? 일본은 많은 돈과 군대와 정치가를 그 나라에 보내기는 했지만 언제 참된 사랑을 보낸 적이 있는가? 일본의 어떤 예술가가 그들 사이에 있었던가? 하물며 일본의 어떤 종교가가 조선의 영혼을 구제하려고 했던가? 나는 생각한다. 대부분의 조선 사람은 돈보다도 정치보다도 군대보다도 오직 한 가닥의 인정에 더 굶주리고 있는 것이다. (『조선을 생각한다』 14-16쪽)

라프카디오 헌에 대해 언급하는 일본의 학자들은, 헌에 대한 야나기 무네요시의 이러한 발언을 중시한다. “야나기 무네요시의 발언이 옳은지 그른지는 차치하더라도, 나에게는 이 발언에서 보이는 헌에게서 야나기로의 자극 전파가 흥미롭다. 야나기는, 서양인인 헌이 일본의 마음을 이해했듯이, 이번에는 일본인인 자신이 조선의 마음을 이해하고 싶다고 적은 것이다 (중략) 오늘날 해외에 나가는 일본인의 수는 일찍이 유래가 없을 정도로 많다. 그러나 그 중에 일본인 거류지의 경계를 넘어서 그 지역의 내부로 옮겨 가, 그 땅의 내면 생활을 자신도 함께 살아가려는 사람은 나오지 않는 것일까”(『고이즈미 야쿠모-서양탈출의 꿈』 262-263쪽)라든가, “예를 들면 한국의 도자기의 미를 발견하고 민예운동民芸運動을 창시한 야나기 무네요시는, 헌의 〈일본인의 미소〉론에 큰 감명을 받아, 자기 자신의 한국 문화이해의 규범으로서 내세운 것이다”(『라프카디오 헌-이문화체험의 끝에』 115쪽)라는 등의 발언이 그것이다. 이에 대해, 일제 당시 수많은 도자기를 수집한 것으로 저명한 박병래 씨 같은 경우에는, 라프카디오 헌의 경우와 비교하여 야나기 무네요시를 비판적으로 평가하기도 했으며(『도자여적』 94-99쪽), 야나기 무네요시의 조선미 탐구가 제국주의적 입장에서 바라본 오리엔탈리즘에 지나지 않는다는 주장은 한국에서 통설이 된 느낌이 있다.

그러나 야나기 무네요시가 처한 당시 상황을 고려하는 한편, 20년대 후반 이후 그가 생각하는 조선미가 ‘비애의 미’를 벗어나서 더욱 낙관적이고 긍정적인 시각으로 바뀌어갔음을 상기해볼 때, 역시 일정 정도 인정할 부분은 있다고 생각된다. 그리고 야나기 무네요시로 하여금 그러한 입장을 취하게 만든 배경에는, 일본을 나아가 '동양'을 사랑한 라프카디오 헌의 열정이 자리 잡고 있었던 것이다.

마지막으로, 10년간 잠들어 있던 이 번역 원고의 간행을 수락하여 준 고려대학교 일본연구센터와, 이와 같이 단정한 책을 만들어 주신 도서출판 문의 이경민 선생님께 감사드린다.

2001년, 2010년

라프카디오 헌 작품 목록

1882년 『클레오파트라의 한 밤, 기타One of Cleopatra's Nights, and other Fantastic Romances』(번역)

1884년 『이문학유고Stray Leaves from Strange Literature』

1885년 『곰보 재베스Gombo Zhebes』

1885년 『라 퀴진 크리올La Cuisine Creole』

1885년 『뉴올리언스의 역사적 스케치 및 안내기The Historical Sketch Book and Guide to New Orleans』

1887년 『중국괴담Some Chinese Ghosts』

1889년 『치타Chita』

1890년 『유마Youma』

1890년 『프랑스령 서인도의 이년간Two Years in the French West Indies』

1890년 『실베스트르 보나르의 죄The Crime of Sylvestre Bonnard』(번역)

1894년 『알려지지 않은 일본의 모습Glimpses of Unfamiliar Japan』

1895년 『동방에서Out of the East』

1896년 『마음Kokoro』

1897년 『부처 밭의 이삭Gleanings in Buddha Fields』

1898년 『이국 정취와 회고Exotics and Retrospectives』

1899년 『영靈의 일본In Ghostly Japan』

1900년 『그림자Shadowings』

1901년 『일본잡록A Japanese Miscellany』

1902년 『일본의 요정 이야기Japanese Fairy Tales』

1902년 『골동Kotto』

1904년 『괴담Kwaidan』

1904년 『일본 : 해석의 시도Japan : an Attempt at Interpretation』

1904년 『은하수 이야기, 기타The Romance of the Milky Way and Other Studies and Stories』

* 이 책은 학술서가 아니기 때문에 번잡함을 피하여, 역주나 해설에 인용문을 실을 때마다 그 출전을 표기하지는 않았다. 이 책에서 인용한 서적들의 서지 사항은 아래와 같다(일반적인 사전류의 서지사항은 제외했다).

간보, 『수신기-고대 중국 민담의 재발견2』(세계사, 1999)

감산, 『감산의 장자풀이』(서광사, 1990)

고트프리트 벤, 『올페의 죽음』(민음사, 1991)

김룡옥, 『도마복음서 연구』(대한기독교출판사, 1983)

나쓰메 소세키, 『산시로』(한국외국어대학교 출판부, 1995)

라프카디오 헌, 『동양인을 위한 영국문학사-동경대학 강의록』(동과서, 2002)

박병래, 『도자여적』(중앙일보사, 1974)

사마천, 『사기 2-표서 · 서』(까치, 1996)

야나기 무네요시, 『조선을 생각한다』(학고재, 1996)

열자, 『열자』(광문출판사, 1966)

원가, 『중국신화전설Ⅱ』(민음사, 1998)

전해종 외 『현대일본의 해부』(한길사, 1992년 12판)

최관, 『주신구라』(민음사, 2001)

프레이저, 『황금가지 I』(삼성출판사, 1990)

라프카디오 헌, 『小泉八雲全集 第七卷』(第一書房, 1928)

라프카디오 헌, 『小泉八雲全集 別冊』(第一書房, 1928)
라프카디오 헌, 明治文学全集48 『小泉八雲集』(筑摩書房, 1970)
라프카디오 헌, 『日本昔話事典』(弘文堂, 1977)
라프카디오 헌, 『インド神話傳説辞典』(東京堂出版, 1985)
라프카디오 헌, 『日本伝奇伝説大事典』(角川書店, 1986)
牧野陽子, 『ラフカディオ・ハーンー異文化体験の果てに』(中央公論社, 1992)
昭和女子大学近代文学研究室, 『近代文学研究叢書 第七巻』
(昭和女子大学近代文化研究所, 1957)
平川祐弘, 『小泉八雲ー西洋脱出の夢』(新潮社, 1981)
平川祐弘, 『小泉八雲名作選集ー怪談・奇談』(講談社, 1990)

일본명작총서

한 · 일 양국은 지정학적인 위치뿐만 아니라, 정치 · 경제 · 사회 · 문화 등 제반 분야에서 그 어떤 나라보다도 가까운 이웃이라 할 수 있다. 그렇지만 양국은 '가깝고도 먼 나라'라는 표현처럼 서로를 심리적으로는 가까이 하기 어려운 대상으로 여겨왔고 지금까지도 그러한 경향이 적지 않게 남아 있는 것 또한 사실이다. 일견 이 모순되는 상황은 양국의 역사적인 갈등과 대립에 의해 형성된 측면도 있지만, 그보다 더 본질적인 원인은 서로에 대한 심도 있는 인식과 이해가 부족하다는 점에서 찾을 수 있다.

21세기 글로벌 시대를 맞아 일본을 재인식하자는 분위기가 점차 고조되고 있으며, 그에 발맞춰 과거 국내에서 행해졌던 일본연구에 대한 반성과 더불어 새로운 비전 설정이 요구되고 있다. 이에 따라, 피상적인 일본이해를 벗어난 분석적이고 본질적인 일본이해의 필요성과, 일본의 특정 분야 연구에서 끝나지 않는 열린 연구에 대한 지향성이 요구되고 있으며, 금후의 한일관계를 공존 · 공영이라는 큰 틀 안에서 재정립하기 위해서 동아시아적 시각으로 세계의 구조 속에서 일본을 파악할 필요성이 대두하고 있다고 하겠다.

이에 고려대학교 일본연구센터에서는 기존의 연구 성과를 정리하여 일본연구를 체계화하고 새로운 방향성을 설정하고자 〈일본총서〉시리즈의 간행을 기획하게 되었다. 〈일본총서〉 시리즈는 〈일본총서〉시리즈의 간행을 기획하게 되었다. 〈일본총서〉 시리즈는 국내 학자들의 일본연구서, 교양서 등의 저서를 모은 [일본학총서]와 일본이해의 기반을 이루는 고전명작을 해당 전문가가 번역한 [일본명작총서], 그리고 현대일본의 정치・경제・사회・문화 등 제 분야를 다룬 명저나 번역서로 된 [현대일본총서]로 이루어져 있다. 본 간행 사업은 거시적인 안목에서 지속적으로 추진해 나갈 예정이며, 이를 통해 한국에서 일본이해의 질적 향상과 더불어 인문학 발전에 기여할 수 있기를 바란다.

고려대학교 일본연구센터

〈일본총서〉 시리즈 간행위원회

▮저자 **라프카디오 헌**(Lafcadio Hearn)

1850–1904년. 영국계 미국인 작가. 뒤에 일본국적을 취득하였다. 일본명은 고이즈미 야쿠모(小泉八雲). 가난한 유년시절을 거쳐 청년기에 미국으로 이민, 작가 및 번역가로 주목받기 시작한다. 1890년에 ≪하퍼스 먼슬리≫의 특파원으로 일본에 입국한 그는, 마쓰에·구마모토 등의 학교 교사를 거쳐 1896년에 도쿄대학 영문학 강사가 된다. 1903년에 타의에 도쿄대학을 사직한 뒤에는 1904년에 와세다대학에 출강하였으나, 같은 해 사망하였다. 영국인 아버지와 그리스인 어머니 사이에서 태어나, 영국과 프랑스에서 교육을 받고, 미국(신시내티·뉴올리언스), 서인도제도(마르티니크 섬), 일본(마쓰에·구마모토·도쿄) 등, 다양한 지역과 국가를 떠도는 삶 속에서 접한 각 지역의 신화·전설을 자신의 관점에서 재해석하여 새로운 이야기로 풀어내는 재화문학(再話文學)이라는 기법을 통하여, 독특한 정취를 지닌 작품을 다수 집필하였다. 서구 거주 시기의 『치타』·『유마』, 일본 거주 시기의 『알려지지 않은 일본의 모습』, 『골동』, 『괴담』 등 20여 편의 작품이 있다.

▮역자 **김시덕**(金時德)

1975년 서울 출생. 고려대 일어일문학과 학부 및 석사, 국문학연구자료관 박사. 현재 서울대학교 규장각한국학연구원 교수. 주요 저작으르 『이국 정벌 전기의 세계–한반도·유구·오호츠크해 연안』(가사마쇼인), 『히데요시의 대외전쟁』(가사마쇼인, 2011), 『그들이 본 임진왜란』(학고재, 2012), 『교감 해설 징비록 – 한국의 고전에서 동아시아의 고전으로』(아카넷, 2013), 『그림이 된 임진왜란』(학고재, 2014) 등.

hermod_k@naver.com

http://hermod.egloos.com

일본명작총서 14

일본 괴담집怪談

초판 1쇄 발행 2010년 8월 20일
초판 2쇄 발행 2015년 3월 27일

지은이 라프카디오 헌
옮긴이 김시덕
발행자 김흥국
펴낸곳 도서출판 | 문

책임편집 이경민
표지디자인 오동준

주 소 서울특별시 성북구 보문동7가 11번지
전 화 929-0804(편집부), 922-2246(영업부)
팩 스 922-6990
ISBN 978-89-94427-04-1 03830
정 가 12,000원

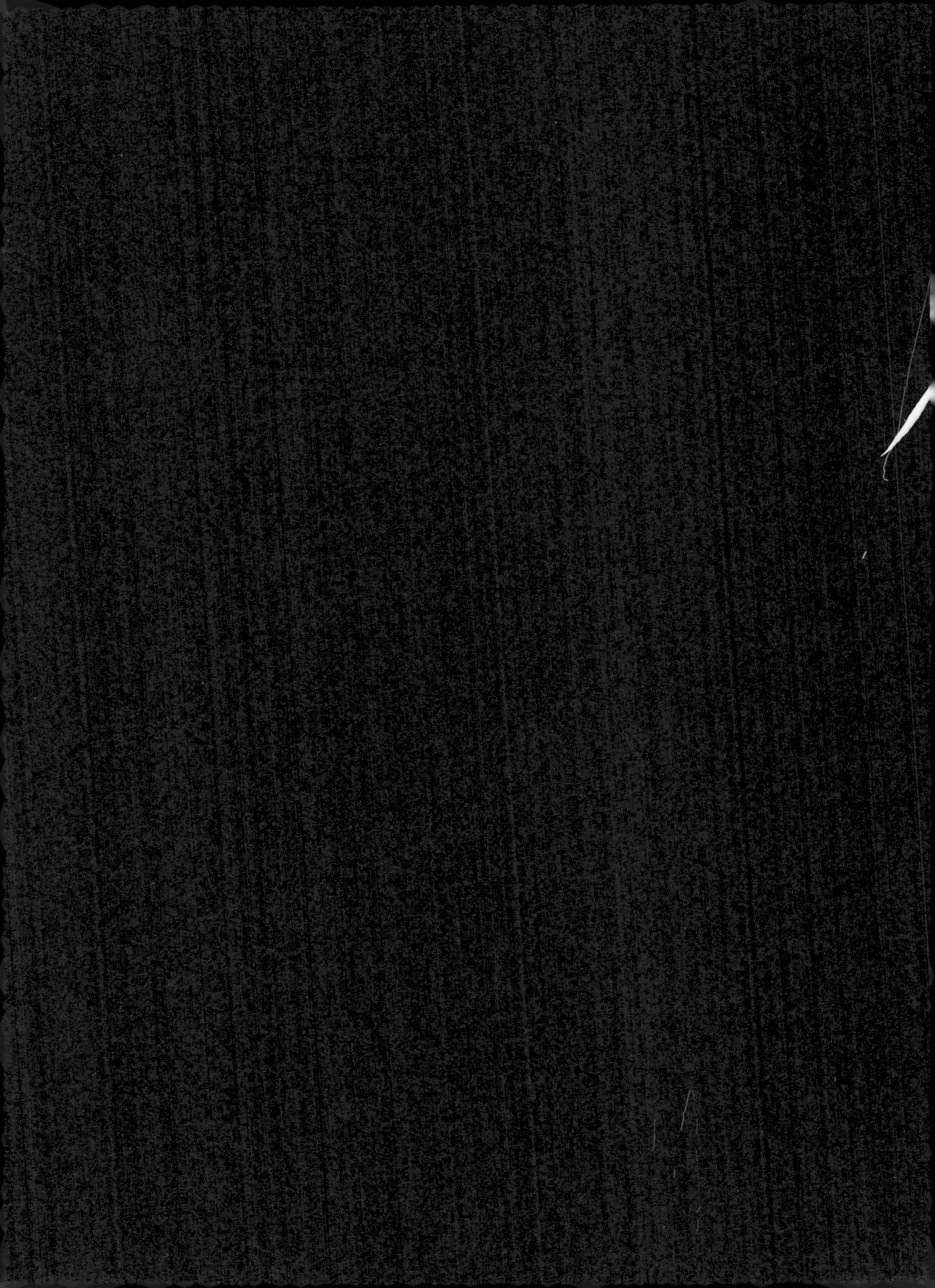